名师名校名校长

凝聚名师共识
回应名师关怀
打造名师品牌
培育名师群体

家校社协同做"真心育"

苏巧妙 著

陕西师范大学出版总社 西安

图书代号　JY24N2373

图书在版编目（CIP）数据

家校社协同做"真心育" / 苏巧妙著. -- 西安：陕西师范大学出版总社有限公司, 2024. 11.
ISBN 978-7-5695-4928-7

Ⅰ. G444

中国国家版本馆CIP数据核字第2024FQ8261号

家校社协同做"真心育"
JIA XIAO SHE XIETONG ZUO "ZHENXINYU"

苏巧妙　著

出 版 人	刘东风
出版统筹	杨　沁
特约编辑	刘彦妮
责任编辑	张慧君　魏　宁　温彬丽
责任校对	王　婉
封面设计	言之凿
出版发行	陕西师范大学出版总社 （西安市长安南路199号　邮编 710062）
网　　址	http://www.snupg.com
印　　刷	北京政采印刷服务有限公司
开　　本	710 mm×1000 mm　1/16
印　　张	16.5
字　　数	250千
版　　次	2024年11月第1版
印　　次	2024年11月第1次印刷
书　　号	ISBN 978-7-5695-4928-7
定　　价	58.00元

读者使用时若发现印装质量问题，请与本社联系、调换。
电话：（029）85308697

序言

序一

儿童青少年是中国特色社会主义事业的接班人,是祖国未来的建设者,关心和爱护儿童青少年身心健康成长,教育和保护好下一代,是立德树人根本任务的集中体现。随着经济社会快速发展,成长环境不断变化,儿童青少年心理健康面临新的挑战。作为儿童青少年成长过程中的三大支柱,学校、家庭、社会各界要切实提高思想认识,以对国家和民族未来高度负责的使命感,以"时时放心不下"的责任感,紧密结合当前儿童青少年心理健康现状和发展趋势,全面加强和改进新时代儿童青少年心理健康工作。

苏巧妙老师的新作《家校社协同做"真心育"》正是在这样的背景下应运而生,为儿童青少年心理健康教育工作提供了一个新视角、新思路、新方法。

苏巧妙老师是闽南师范大学心理学首届本科优秀毕业生,因其在学校心理健康教育尤其是家校社协同育人方面的开创性工作,经常以优秀校友身份或者以我校教育专业硕士心理健康教育方向的实践导师身份回校教学、研讨,因而我能感受到她多年来在专业基础、实践经验中的厚实积累,也自然被她勤勉思考、奋力实践的辛勤付出所感动。

在《家校社协同做"真心育"》一书中，巧妙老师深入探讨了家校社协同心育的现状和存在的问题，通过独到的分析和丰富的案例，向我们呈现了当前心理健康教育中的不足，并提出了一系列切实可行的解决方案。这些方案涵盖了家庭教育的深化、学校教育的创新以及社会资源的整合，为构建一个全面、协调、高效的心理健康教育生态圈提供了理论基础和实践路径。

本书在强调理论指导的同时，引导读者如何理解并掌握家庭、学校和社会等三个层面实施心理健康教育的具体方法策略，为儿童青少年健康成长提供有力支撑，体现了作者对于儿童青少年心理健康问题的深切关怀和高度责任感。它不仅丰富了心理健康教育的学术研究，更为推动家庭、社会对儿童青少年心理健康问题的关注和解决提供了宝贵的资源。

作为巧妙老师的同行和老师，我衷心希望她的《家校社协同做"真心育"》能为教育工作者、政策制定者开展工作提供有益的借鉴，并成为千千万万家长思考家庭教育时的枕边书、口袋书，能从中获得宝贵的知识和教育启示，共同为儿童青少年的心理健康和全面发展贡献智慧和力量。

陈顺森

2024年9月10日

（作者系闽南师范大学教育与心理学院院长、福建省未成年人心理健康成长指导中心主任、福建省心理学会副理事长）

序二

在当今这个充满挑战与机遇的时代，儿童青少年的心理健康问题日益成为社会关注的焦点。随着社会竞争的加剧和生活节奏的加快，孩子们面临着巨大的心理压力。然而，传统的心理健康教育模式往往局限于学校教育的范畴，忽视了家庭和社会在儿童青少年心理健康发展中的重要作用。这种单一的教育模式已难以满足当代儿童青少年的心理健康需求，亟需一种更为全面和深入的教育模式来应对这一挑战。这一挑战要求多方合力，超越单一的教育模式，构建一个多维度、互动性强的生态圈。这个生态圈以家庭为基础、学校为桥梁、社会为环境，三者协同合作，共同营造一个有利于儿童青少年心理健康发展的综合体系。《家校社协同做"真心育"》这本书正是在这样的背景下应运而生。

通过对当前家校社协同心育的现状进行深入分析，我发现存在诸多问题：家长在心理健康教育方面的知识与技能不足，学校心理健康教育资源分配不均，社会对心理健康的重视程度不够，以及三者之间缺乏有效的沟通与协作机制。这些问题的存在，不仅影响了心理健康教育的效果，也制约了儿童青少年心理健康水平的提升。

为了全面了解家校社协同心育的现状与一线经验，我走访了北京、上海、南京、苏州、杭州、武汉、广州、贵阳、西安、兰州等地，考察了不同地区在心理健康教育方面的创新做法和实践经验。从东部沿海发达城市的先进模式到西部地区的特色实践，我深入学校、家庭和社区，调查、记录并分析了各种教育模式的实际效果和面临的挑战。在这一过程中，我有幸与心理健康教育领域的专家学者进行了深入的对话。我请教了教育心理学家、学校管理者、社会工作者以及家庭教育专家，他们对家校社协同的重要性和实施策略提供了独到的见解。这些专家的智慧和经验，极大地丰富了我对家校社协同心育的认识和理解。

本书的核心在于探索和实践家校社协同心育的新路径，通过构建一个开放、互动、共生的心理健康教育生态圈，促进家庭、学校和社会三方的深度融合与协同发展。在这个生态圈中，家庭的关爱与支持、学校的教育与引导、社会的资源与环境，共同构成了儿童青少年心理健康教育的坚实基石。

第一章"从学校走向家校社协同的心理健康教育"，从中小学心理健康教育现状与瓶颈的分析，如何共建儿童青少年心理健康教育新生态，以及积极心理视域下的家校社共同体的构建等方面阐述，以期引导读者看见"孩子是系统中的孩子，我们必须把孩子放回他的成长系统里，才能看清他所面临的成长问题，才能帮助其更好成长与发展"。

第二章"家庭里的'积极养育'"，基于积极养育理念与方法，从创新与进步的理念、民主且温暖的家庭、温和而坚定的父母、积极而不完美的孩子等维度，探索积极养育下家庭心理健康教育的主要内容与实施途径，开发系统课程，优化培训模式，以期能探索出一条促进家庭心育深化、家长素质提升、儿童青少年健全发展的家校共育之路。

第三章"学校里的'阳光心育'"，分别从丰富"阳光心内涵"、上好"阳光心理课"、构建"阳光心乐园"、联动"阳光心资源"、彰显"阳光心精彩"五方面详细阐述了如何充分调动多方资源，以心理课堂为主阵地，辅之以学生喜闻乐见的活动，为学生提供心理需要的基本支持，以激发其自我完善的内在动机，进而形成良好的个性心理品质。

第四章"社会里的'积极生态'"，通过优化合力奠基成长"暖阳体系"，打造心育生态系统"营养专线"，筑牢青少年心理健康"防护屏障"、实现全员全心全育"共生共长"，为青少年形成积极心理品质，促进其身心全面和谐发展，打造家校社合力育人、共生共长、可持续发展的"生态圈"。

第五章"家校社共同体的未来之路"，阐述如何通过强化政府组织领导，建立智能化监测服务机制，规范心理服务行业管理，加强心理健康医疗资源建设，扎实落实"五育并举"和"双减"，构建家校社协同联动机制等措施，打通构建家校社协同心理健康教育新样态的"最后一公里"。通过发展医教协同和数字赋能，推动家校社协同发展，形成全域心理健康教育。

希望本书的出版不仅能为心理健康教育实践者提供新的理论指导和实践策略，为政策制定者和社会工作者提供宝贵参考，还能为每一个关心儿童青少年心理健康的家长、教师和社会成员提供行动的指南和思考的视角。我相信，通过我们的共同努力，能够为儿童青少年的心理健康和全面发展提供更加坚实的支持。

苏巧妙

2024年7月于厦门

目录

第一章
从学校走向家校社协同的心理健康教育

第一节	中小学心理健康教育现状与瓶颈	2
第二节	共建儿童青少年心理健康教育新生态	12
第三节	积极心理视域下的家校社育人共同体	26

第二章
家庭里的"积极养育"

第一节	创新与进步的理念	38
第二节	民主且温暖的家庭	55
第三节	温和而坚定的父母	66
第四节	积极而不完美的孩子	80

第三章
学校里的"阳光心育"

第一节	丰富"阳光心内涵"	92
第二节	上好"阳光心理课"	101
第三节	构建"阳光心乐园"	127
第四节	联动"阳光心资源"	141
第五节	彰显"阳光心精彩"	150

第四章
社会里的"积极生态"

第一节	优化合力奠基成长"暖阳体系"	160
第二节	打造心育生态系统"营养专线"	173
第三节	筑牢青少年心理健康"防护屏障"	184
第四节	实现全员全心全育"共生共长"	195

第五章
家校社共同体的未来之路

第一节	打通"最后一公里"	210
第二节	医教协同护航心灵	222
第三节	数字赋能协同育心	232

参考文献	244
后　　记	250

第一章

从学校走向家校社协同的心理健康教育

本章探讨了中小学心理健康教育的瓶颈,并提出以家校社协作为核心的解决之道。心理健康教育需超越学校"围墙",融入家庭与社区,形成支持儿童青少年全面发展的协同体系。通过积极心理学的视角,希望社会各界共同关注并参与儿童青少年的成长,确保他们能在一个理解与支持的环境中茁壮成长。

第一节　中小学心理健康教育现状与瓶颈

作为一名心理教师，对于校园里班主任、德育教师、教务部门转介来的各种学生，虽秉持着"没有问题学生，只有学生问题"的信念，却实施着"头痛医头，脚痛医脚"的被动应对策略。笔者的学生来访者们常常是郁郁地走进心理辅导室，平静地离开心理辅导室，没过几天又郁郁地走回心理辅导室。"孩子是系统中的孩子，我们必须把孩子放回他的成长系统里，才能看清他所面临的成长问题，才能帮助其更好地成长与发展。"一次，在盛晓春教授系统式家庭治疗工作坊学习中，笔者开始审视与反思自己之前仅在学生个体层面或者学校教育层面做心理健康教育的"已然"与"未达"。而这，也是目前多数学校心理健康教育工作者所处的境地。

一、中小学心理健康教育工作的"已然"

（一）"已"将心理健康教育课纳入学校校本课程规划

随着社会的发展变化，学生群体普遍面临的心理问题已经引起了社会各界的广泛关注。在新时代背景下，强化学校心理健康教育，有效提升教育质量，是实现立德树人目标的关键一环。2021年，教育部办公厅发布了《加强学生心理健康管理工作的通知》，强调要提高心理健康教育的针对性和实效性，加强专业指导和科学管理，以全面提升学生的心理健康水平。北京、上海、深圳、浙江等省市纷纷出台相关文件，要求中小学要将心理健康教育课纳入校本课程，同时注重安排形式多样的生命教育、挫折教育。这对于时下备受重视，但仍苦于不是国家课程，无明确课程标准，也无指定教材的中小学心理健康教育，无疑是一场及时雨。中小学心理健康教育不是一门学科，却必须要有与其他学科一样的课时保障才能避免学校将其置于"查起来重要，做起来重要，忙起来不要"的尴尬地位。而让心理健康教育进入中小学课堂真正的价值在于，其通过立法手段助推《中小学心理健康教育指导纲要》（2012年修订版，以下简称《纲要》）中关于"坚持预防发展与危机干预相结合"原则的落实，是这一种"治未病"的思想体现，也是对中小学心理健康教育总目标的有效实施途径，即"提高全体学生的心理素质，培养他们积极乐观、健康向上的心理品质，充分开发他们的心理潜能，促进学生身心和谐可持续发展，为他们健康成长和幸福生活奠定基础"。

（二）"已"关注提升学校心理教师师资队伍的专业化水平

心理健康教育刚进入中小学初期，心理健康教育师资队伍的人员构成复杂，专业化水平良莠不齐。大部分专职心理教师以中小学心理教师岗位被招录之后，担任着其他学科的教学工作或兼任着繁重的行政工作，"巧妇难为无米之炊"，往往无法在学校施展专业所长，更谈不上有效开展心理健康教育工作。近年来，中小学生心理问题凸显，心理教师对学校心理健康教育的重要性被唤醒。教育部等十七部门关于印发《全面加强和改进新时代学生心理健康工作专项行动计划（2023—2025年）》的通知明确要求，配齐心理健康教师。中小学每校至少配备1名专（兼）职心理健康教育教师，鼓励配备具有心理学专业背景的专职心理健康教育教师。广东、浙江、北京、上海、厦门等省市也出台相应文件，设置心理健康教育教师专项编制，厦门市教育局更明确要求学校按照师生比1∶1 000的标准配备专职心理健康教育教师，人数不足1 000的至少配备1名专（兼）职心理健康教育教师。陕西省教育厅等四部门联合印发《关于加强学校心理健康教育教师队伍建设的意见》，完善心理健康教育教师队伍建设的顶层设计。"让专业的人做专业的事"，专业化的心理健康教育师资队伍，为中小学开展常态下的心理健康教育工作提供了人力保障，这是促进学生身心健康发展的重要举措。

（三）"已"不断强化和规范中小学心理辅导工作

在中小学心理健康教育工作中，心理辅导工作一直被学校视为重要内容。

但受到学校重视程度和心理教师能力水平的影响，各校开展学生心理辅导工作的效果参差不齐。为提升中小学心理健康辅导室的建设标准和管理效能，确保其在增强学生心理素养、防范和处理学生心理问题方面的关键作用，2015年，教育部办公厅发布了《中小学心理辅导室建设指南》。其从建设目标、功能定位、基本设置、管理规范等方面，对心理辅导软、硬件设施配备进行了细致的规范。各地市按照该指南的建议，结合本地具体情况，制定了相应的建设标准，并通过定期开展教学研究、案例分析、专家咨询以及进行心理健康状况的普查和研究，不断提升心理辅导服务的专业性和有效性。例如，笔者所在学校在开办之初便设有心理中心——"育见"学生成长中心。中心占地面积600多平方米，设有心理办公室、心理测量室、个体辅导室、箱庭游戏室、心理放松室、心理宣泄室、团体辅导室、生涯辅导室、家教中心、资源教室、心理书吧、心理长廊等功能区域。中心常态化开展对学生心理健康情况的摸排工作，落实重点学生"一生一档"制度，定时开放，采用心理教师轮值的方式，为在校学生提供及时的心理辅导服务。

（四）"已"开展形式多样的校园心理健康教育活动

富有趣味性、体验性与意义感的心理健康教育活动深受中小学生喜爱，能起到对学生有效进行心理健康知识宣传科普的作用，对校园心理危机起到防范的效果。随着心理健康教育的常态化，中小学校通过多种渠道如媒体宣传、团队辅导、专题讲座和心理剧等，开展了一系列心理健康教育活动，旨在普及心理知识，培养学生的心理健康意识，教授他们心理调适技巧，帮助他们识别异常心理状态，并学习基本的心理自我保健方法和技巧。在厦门，每年的11月（现为5月）被定为心理健康教育宣传月，各学校都会围绕特定主题举办多样化的、富有教育意义的心理健康活动。如，围绕"严于律己，宽以待人"主题，笔者所任教的学校先后推出了"我的21天修炼计划"自律能量卡、"自律，我能行"朋辈互助计划、"遇见'育见'"、"育见"学生成长中心规划主题绘本、"畅游'心'世界，开启多元智能"校园心理游园会、"严于律己，宽以待人"分层心理竞赛、"自信自律自强"各类优秀心理作品展、"送你一轮明月"宽容主题团体心理辅导活动、"小苔花"资源教室第一期成长团体、"正念助你提升幸福感"教师心灵成长工作坊、"严于律己树榜样，宽以待人育栋梁"家庭心理健康教育工作坊等系列精彩活动，运用特色活动引领、细节渗透等有效的策略，引导学生挖掘心理潜能，培养自律与宽容心理品质。

（五）"已"在健全完善心理危机预防干预机制

各中小学不断健全学生心理健康档案管理制度，逐步建设省、市、县（市、区）、学校一体化学生心理健康信息数据库，同时基于人工智能和大数据的方法技术，对一般的、典型的或突出的心理问题进行科学研判和预测。各地、各学校要针对有心理问题倾向的学生，按照"一生一档"原则，为其提供个性化的心理疏导和咨询、稳定的危机评估与干预，定期由班主任或任课老师与这些学生及其监护人谈心谈话，由心理老师定期分析评估心理诊疗的措施及成效，为这些学生建立并形成个性化的心理发展与诊疗档案。江苏、浙江、广东等省份开发了针对中小学生心理危机预防和干预的指导手册，促进了地方与当地精神卫生服务机构之间建立学生心理危机快速转介机制，同时推动了中小学校构建起涵盖学校、年级、班级三个层级的全面心理危机预警系统。近年来，各中小学加强了春季、入学季、考试季、毕业季等特殊节点上特殊群体的心理危机排查力度，全面建立中小学生心理危机个案分析报告制度和专家会诊机制，确保及时发现、妥善应对、适时转介的措施到位。强化与检察院、网信办、卫生健康委员会、文明办、共青团等部门的协作，向遭受校园欺凌、家庭暴力、性侵等问题的儿童和青少年提供迅速的心理创伤援助；对表现出抑郁迹象或过度依赖网络的中小学生实施及时的心理辅助治疗。

二、中小学心理健康教育工作的"未达"

通过"走进教室、专业师资、设施升级、普及知识、预防危机"等综合策略，各中小学校根据各自情况，实施了多种措施，有效推进了学生心理健康教育的发展，展现出积极的发展趋势。这使得国内中小学心理健康教育在约三十年的时间内实现了从起步到完善的转变。在新时代背景下，中小学心理健康教育领域仍面临一些挑战，包括体制和机制不够顺畅、基础条件不足、资源保障有限、服务水平有待提升等问题。不同地区和学校在心理健康教育方面的发展也存在差异，尚未建立起政府、学校、家庭和社会共同参与的学生心理健康教育体系。同时，心理问题学生的数量呈上升趋势，学生心理危机事件也偶有发生。身为一名致力于学校一线心理健康教育的教师，在推动相关工作的过程中，笔者深切感受到几个显著问题：课程安排的不足和专业师资的短缺，这影响了心理健康教育的专业性与标准化；过分强调心理咨询和辅导，而忽略了根据学生身心发展特点进行的发展性、预防性心理健康教育；过于集中关注学生个体，而对影响学生健康成长的整体生态环境缺乏深入分析、有效整合和有力措施；在面对新时代挑战和解决问题的能力上，还存在着认识和技能上的不足。

（一）"未"真正落实好"坚持预防发展与危机干预相结合"的原则

"坚持预防发展与危机干预相结合"是《纲要》关于中小学开展心理健康教育特别指出的四大基本原则之一。普遍观点认为，心理学承担着三大核心任务：一是治疗个体的心理或精神障碍；二是协助普通人追求更加丰富和幸福的生活；三是挖掘与提升个体的潜在能力。然而，不可否认的是，在教育体系乃至整个社会中，人们最为关注的往往是心理学的第一项任务，这也是心理学目前影响最为显著的范畴。2001年，北京师范大学林崇德教授撰写了一篇题为《心理健康的路一定要走正》的文章，即使在二十几年后的今天，他依然保持着这一看法，认为"学校心理健康教育应该遵循教育模式，而非医学模式"。林崇德强调，加强心理健康教育的真正意义，并非仅仅因为学生存在心理问题，而是为了全面提升学生的心理素质，帮助他们实现身心的和谐、全面成长。因此，摆脱"重辅导，轻发展"的误区，真正实施"预防性发展与紧急干预并重"的方针，是当前中小学心理健康教育的必然走向。中小学应以学生为中心，以预防为先导，确保学生的主体性，对所有学生进行心理健康教育，深入激发学生的心理潜力，培育他们冷静、乐观的心理特质，推动学生的全方位成长，协助学生认识自我、管理自我、达成自我、超越自我，全面提升学生的心理素质及心理健康标准。

（二）"未"遵循学生身心发展规律规划好心理健康教育课程体系

心理健康教育课虽然已列入校本课程规划，但因其并非国家课程，心理健康教育正面临课程标准不统一、教学内容零散和课时分配不足等问题，亟需构建更加系统和连贯的教育模式以提升其实际效果。这种趋势促使心理健康教育课程体系进行革新，即课程体系需遵循学生身心发展的规律和心理健康教育的内在规律，将直接教学与间接教学、心理问题的解决与实际问题的解决相融合，超越目前心理健康教育课程仅停留在表面、肤浅、形式上的局限，引导学生实现深入、本质、彻底的理解，有效提高课堂教学在提升学生心理素养方面的实际效果。而随着核心素养的出台，各学科教学从"教知识"转向"育素养"，心理健康教育课程也应从"解决学生问题解决取向"转变为"培养学生心理素养取向"。根据学生心理成长的规律和心理健康教育的原则，划分不同的学习阶段和深度，明确心理素养的培育目标，编写适宜的中小学心理健康教育教材。在中小学教育中逐步深入、循环递进地安排心理健康课程，重点培育学生的自我管理、自我帮助和自我教育的能力，提高他们调节情绪、抵抗挫折和适应环境的能力，同时塑造健全的人格和良好的个性心理特质，推动学生身心的和谐与持续发展，为他们的健康成长和幸福生活打下坚实的基础。

（三）"未"形成家校社协同下的心理健康教育服务体系

家校社协同模式即通过家庭、学校以及社会的协调配合，形成以学校为主导、以家庭为基础、以社会为依托的三方合力、三位一体的协同育人服务体系。前文提到，如果学生的心理辅导工作只停留在"只看见学生身上的问题"，仅在"学生个体层面"做干预工作，辅导效果往往差强人意。笔者常常在心理辅导的过程中，听到学生很无奈地说："老师，您说的我都做了。但只是我在改变，我的父母还是留在原地，还是那样看待我，我很有挫败感。"这类抱怨的声音，引发笔者对当下中小学心理健康教育工作的思考，学生的成长是在系统中实现的，他们在发展过程中遇到的问题也应放回到系统中去解决，学校应该整合家庭、社会的资源，联动各方力量，改善学生的成长系统，助力其健康成长。学生在多样化的环境条件下发展，他们的心理和行为适应性取决于与这些环境的交互作用。因此，要完善家校社协同构建心理健康教育机制，必要时争取能获得校外专业机构的支持。学校作为育人的主要阵地，理应承担主要责任，但学校自身的教育力量是有限的，有些学生身上反映出的看似是其行为或者学习上的问题，根源很可能与家庭教养方式、个人成长经历、生活环境特点有关，而类似于早期心理创伤、家庭重大变故、亲子关系紧张等情况，如果没有专业人员的支持，单凭学校一方之力很难得到有效解决。在学校和社区等地设立家长学校，定期提供心理健康与家庭教育相关课程，协助家长理解孩子的成长阶段和需求，学习心理健康教育的基本原则和技巧，从而增强家庭环境的正面影响力。强化对社会心理健康服务组织的监管和评价，以推动其向更专业和规范的方向发展。集合来自卫生、教育、医疗机构及社会资源，共同制定适应不同学习阶段学生的心理健康状况标准，并研发适合各年龄段学生的心理健康评估工具。激励心理研究机构和学术组织利用其专业优势，向学生提供公益性质的心理健康支持。

（四）"未"健全管理与考评机制督导心理健康教育工作实效

第一，心理健康教育工作需进一步健全管理体系。落实政府职责，切实将心理健康教育纳入各级相关部门（单位）的重要工作内容，融入各级各类学校德育工作体系，聚焦学校心理健康教育重点和难点，积极统筹各方力量，破解突出问题，协同推进学校心理健康教育取得实效。第二，需加强心理健康教育工作条件保障。将心理健康教育经费纳入各级财政预算，确保心理健康教育日常工作、设备配置和队伍建设的经费需要。经市教育局认定后，市财政对标准化和示范性心理辅导室给予适当补助。第三，必须强化对心理健康教育实施情况的监督检查。完善并实施心理健康教育的专门督导机制，确保心理健康教育成为政府教育职责履行、文明校园评价和学校管理团队年度评估的关键指标。切实推动相关部门、学校认真履职尽责，确保工作抓出成效。第四，需健全心理健康教育工作的长效机制。各有关部门、各级各类学校要积极探索、认真总结学生心理健康教育工作的有效做法和成功经验，建章立制，努力构建学校心理健康教育的长效机制。

纵观上述梳理的"已然"与"未达"，足见中小学心理健康教育正走在一条"从无到有"转向"从有到好"的发展道路上。立足立德树人根本任务，根据不同年龄阶段学生身心发展特点和规律，充分利用所有积极资源，巩固基础、发挥长处、弥补不足、强化薄弱环节，致力于建立完善的学生心理健康教育体系，致力于优化学生心理健康服务架构，致力于强化心理健康教育师资队伍，致力于提升心理健康教育工作的专业性、针对性和有效性，以培养学生自尊自信、理智平和、乐观进取的健康心理状态，以提高学生的心理健康素养。

三、中小学心理健康教育工作的发展方向

党的二十大报告中强调了心理健康和精神卫生的重要性，提出了要"重视心理健康和精神卫生"。报告中指出，健康是经济社会发展的基础条件，是民族昌盛和国家富强的重要标志，也是广大人民群众的共同追求。在推进健康中国建设的过程中，需要全方位、全周期保障人民健康，包括心理健康。俞国良教授在接受《中小学心理健康教育》杂志采访中提出，学校心理健康教育工作的未来发展方向应"以人格发展为核心，构建心理健康教育一体化新格局"。显然，家庭、学校和社会三方共同打造心理健康教育服务体系在新时代的教育工作中扮演着至关重要的角色。这种服务体系的构建具有其独特的价值性、全面性和合作性特点。它以促进学生的健康成长为核心目标，显著地展现了教育在改善民生、贡献国家、服务社会方面的作用；基于心理健康教育的公共平台和财政支持，为学生及其家庭提供连贯的心理健康教育指导和服务，形成了一个价值观一致、目标一致、共同承担社会责任的命运共同体。

（一）构建家校社协同的心理健康教育服务体系，需要思考的第一个问题

构建家校社协同的心理健康教育服务体系，需要思考的第一个问题是，构建该体系将达成什么样的育人目标，即回答"培养什么样的人"的问题。《纲要》指出，学校心理健康教育的总目标为："提高全体学生的心理素质，培养他们积极乐观、健康向上的心理品质，充分开发他们的心理潜能，促进学生身心和谐可持续发展，为他们的健康成长和幸福生活奠定基础。"可见，心理健康教育的最终目标是促进学生的心理发展。学生的心理成长指的是其内心世界经历的正面转变，这一过程体现了从初级到高级、从简单到复杂的演化。心理成长是学生与其所处环境互动的产物，其核心动力源自学生现有心理状态与新成长需求之间的矛盾，通过这些矛盾的解决，学生实现了个性化与社会化心理特质的和谐统一。"培养他们积极乐观、健康向上的心理品质，充分开发他们

的心理潜能"意味着积极的心理特质是心理成长过程中的自然产物。积极的心理素质是个体心理成长的重要成果。帮助学生培养这种心理素质，不仅能赋予他们强大的内心力量和深刻的生活体验，还能有效增强他们的心理抵御能力，形成一种天然的防护，抵御心理问题或异常。潜能的开发和心理成长是面向所有学生的教育目标。学生在学习和生活中所处的各种环境因素，都会以不同的方式影响他们的心理发展，尤其是学校和家庭，对其心理成长具有决定性的影响。因此，在心理健康教育中，学生、教师和家长既是自我教育的主体，也是教育的接受者。在家庭、学校和社会共同建立的心理健康教育服务体系中，他们相互成为影响因素，既帮助对方获得教育，也实现自我发展。

（二）构建家校社协同的心理健康教育服务体系，需要思考的第二个问题

构建家校社协同的心理健康教育服务体系，需要思考的第二个问题是，该体系将采用什么样的方式育人育心，即回答"怎样培养人"的问题。俞国良教授对此问题给出了方向性的指导。

一是全方位、多路径提供高质量心理健康教育服务。要有效地实施学校心理健康教育，需要通过个别辅导、集体辅导、紧急情况干预以及医疗与教育的合作等多种实际操作方式来进行，确保这项工作能够深入实际、解决关键问题，并取得明显的成效。个别咨询包括门诊咨询、网络咨询、电话咨询等。建立与心理辅导室求助学生之间的积极咨询关系，要求咨询师不仅要有优秀的个人品质，还要熟练运用特定的沟通技巧和咨询方法，这为来访者积极面对现状、挖掘自身潜力打下了基础。团体心理辅导创造了一个充满信任、温馨和支持的环境，让成员能够相互映照，形成积极的自我认识，增强自我效能，同时成为彼此的社会支持网络。因此，在学校中应用这一技术，能够实现高效的教育成效。此外，构建一个以"学校为主导、多部门协作、社会广泛参与"的危机干预体系以及分级预防的实操机制至关重要，目的是实现早期发现、早期识别、早期治疗。创建一个垂直的危机应对联动体系，确保能够在危机发生的第一时间做出快速反应，提供必要的支持和援助，这是确保有效管理危机的关键。特别要重视学生极端事件的发生。同时，需要加强学校与医疗机构的协作，确立一个包括综合医院的心理科或精神科以及精神专科医院在内的学校危机干预合作体系。通过实施医教结合和医教协同的策略，创建一个心理危机的转诊和治疗机制。这将确保从学校心理健康教育中心到精神卫生专业机构的转诊流程顺畅，以便迅速将可能存在严重心理或精神健康问题的学生引导至专业医疗机构进行进一步的诊断与治疗。

二是发展家庭、学校和社会三方协作的教育模式，共同培育学生的全面发展。学校应开设专门的心理健康教育课程，并将心理健康教育的理念融入各学科教学中。专业的心理教育课程应结合知识教授、心理体验和行为训练，而学科教师也应将心理健康教育自然融入教学，并以身作则，提升教学的生态效益。学校需利用电子显示屏、广播、校园网络、校报等多种媒介，广泛宣传心理健康知识。通过校园活动和文化建设，创造一个正面、健康、有品位的校园文化；通过同伴互助、观看心理剧等手段，培养学生相互关心和支持的品质。在家庭与学校的合作中，家庭应积极支持学校教育，关注孩子的成长，而学校应对有特殊需求的家庭或学生提供指导和帮助。学校还应与政府、医疗机构、社区组织等建立联系，共同举办有益于学生身心发展的活动，扩大心理健康教育的影响范围，实现学校教育与社会教育资源的有效结合，形成教育的合力。

（三）构建家校社协同的心理健康教育服务体系，需要思考的第三个问题

第三个需要思考的问题是，构建家庭、学校和社会三方合作的心理健康教育服务体系能实现什么样的社会功能，即解决"为谁培养人"这一问题。这种体系的建立是新时代落实党的教育政策、坚持德育为先、全面育人的反映。教育应以服务人民为核心，确保教育成果更广泛、更公正地使所有人群受益，提供公正且高质量的教育，满足人民对更优质教育的持续追求，提高人民对教育的满意度，确保每个人都有展示自我才华的平台。建立家庭、学校和社会合作的心理健康教育服务体系，需要保持这种教育的初心，承担起育人的责任，实现教育的"四为服务"目标：培养学生完善的人格和健康的心理特质，提升他们的心理健康水平，并最终引导学生担负起实现中华民族伟大复兴的使命，不断强化作为中国人的自信、自尊和自强，努力成为能够担负起中华民族复兴重任的新时代人才。

第二节　共建儿童青少年心理健康教育新生态

中小学心理健康教育是提高中小学生心理素质、促进身心健康和谐发展的教育，是健康中国、和谐社会建设的重要组成部分。2021年，国家发展和改革委员会联合22个部门发布了《关于推进儿童友好城市建设的指导意见》，旨在为儿童的健康成长和美好未来创造条件。因此，将青少年心理健康教育视为一项基础而关键的任务，融入教育的全过程中，构建起全方位、覆盖全体、持续全程的儿童青少年心理健康教育新"生态圈"势在必行。

共建儿童青少年心理健康教育新生态，需要政府从实际出发创新制度和政策设计，统筹搭建沟通和协作平台，科学制定激励和监督机制，并提供人才、经费、物质和组织保障，把学校、家庭、医院、社区和社会等多方力量整合调动起来，形成多元镶嵌、协同联动的常态化心理健康服务体系，其实质是以广阔和开放的视野整合形成儿童青少年心理健康服务共同体。共同体各方根据不同梯次未成年人群体的心理健康特点和服务需求科学创新协同理念，动态变更协同机制，多层次提供"适合的"心理健康服务。

基于此，这些年来，全国各地市加强重视中小学生心理健康工作，不断完善体制机制，积极创新教育形式，突出强化预防干预，凝聚家校社工作合力，不断形成具有区域特色的学生心理健康服务体系，为儿童青少年的健康成长保驾护航。

一、完善体制，构建成长体系"心"框架

（一）注重纵向延伸

在新时代背景下，各地市教育部门纷纷出台《中小学心理健康教育工作的意见》，科学构建学校心理健康教育工作机制；出台《中小学心理辅导室建设标准》《中小学心理辅导室使用与管理办法》，规范学校心理辅导室建设标准和使用与管理；出台《中小学家庭心理健康教育工作指南》，推进制度、课程、阵地、队伍和机制建设，制定家庭心理健康教育工作评价指标体系，设立组织保障、队伍建设、宣传普及、课程建设、工作成效，对构建家校社协同教育提出了明确要求。

（二）注重横向覆盖

有的地市教育部门联合公安、卫健、司法等多部门出台《关于健全完善儿童青少年心理健康工作机制平台的若干意见》，成立儿童青少年心理健康联防联控工作专班，召开联席工作会议交流推进情况；制定《"心理专家进校园"工作实施方案》，遴选一批心理专家走进校园开展心理门诊、心理讲座等活动，实现区域所有中小学校与高校、医疗机构心理专家结对覆盖率100%；联合市卫健局、市公安局等多部门出台《儿童青少年心理危机干预指导意见》，切实加强学生心理健康教育工作，对可能出现的青少年心理危机事件，做到及早预防、及时疏导、快速干预、有效控制，避免或减少儿童青少年群体中因心理危机引发的伤害事件的发生。

二、全域覆盖，织牢"市区校一张网"

（一）总站引领，市域统筹联动

建成市级儿童青少年心理健康服务总站，构建"市、区、片、校"四级心理服务体系，协同市级未成年人心理健康教育辅导中心、市级家庭教育指导服务中心、市级心理危机干预小组，带动各级心理健康教育辅导站及学校协同跟进、联动发展。充分发挥总站资源链接功能，与高校、医疗机构等开展合作，畅通学校与社会、教育与卫健之间的共享通道。各地市未成年人心理辅导

站,纷纷开通"24小时不打烊心理援助热线",为儿童青少年的心理健康保驾护航。

在区域心理健康教育服务体系的构建中,教育行政机构发挥着关键的引领作用,动员社会各界的广泛参与。其运作机制主要涉及依托教育行政部门,履行政府职能,推动心理健康教育服务的开展,包括决策的制定、过程的监督、结果的评估和问责等环节,并建立相应的制度、方案和组建专业团队。

区县级心理健康教育领导小组利用联席会议这一平台,承担决策和领导的重要任务。该小组的职责是将市级相关部门如教育、文明建设、卫生健康、妇女儿童事务、教育行政、共青团和青少年保护等领域的指导方针在本区域落实。同时,小组还负责与各街道、城镇沟通协调,确保行政管理与专业指导的有效融合。此外,该小组还与各中小学校及社区教育机构建立合作关系,共同推进心理健康教育的全面实施。

以创建示范性及达标学校为核心手段,进行心理健康教育的专项管理。厦门市通过建立市级心理健康教育示范学校和达标学校,组建了专门的"心理健康教育示范校、达标校工作小组",以确保区域心理健康教育达标校工作的顺利进行,并全面提升学校的心理健康教育水平。例如,通过组织市级和区级专家对申请学校进行材料审核、现场考察、课堂观摩、访谈和问卷调查等活动,向学校相关负责人及心理教师详细解释评估标准,并就如何编写自评报告和申报表格提供指导。

(二)资源整合,实现医教协同

如在青岛,总站及各县级站建立"驻站办公—集中备课—组团服务—会诊研判–服务升级"的螺旋式上升型心理服务模式。汇聚学校专职心理教师力量,抽调学校专职心理教师驻站集中办公,以服务团组形式下片区、下校现场把脉,开展区域心理健康服务及学校心理健康服务指导。同时定期收集和汇总问题反馈信息,通过团队集中会诊、研判策略、优化方法、再次实践,以此循环往复,实现服务迭代升级。

上海市普陀区则注重采取多种措施,完善心理健康教育服务体系。该区开展面向不同群体的心理咨询、宣传教育服务,并针对特定群体建立了危机干预和预警系统。这些措施包括组织专业团队为不同需求的群体提供定制化的心理健康支持，以及开发和实施针对性的预防和响应机制，确保在必要时能够迅速有效地提供帮助。

区级通过建立区域和学校两级数据库，对存在严重心理问题的学生进行定期的年度评估和管理。区心理中心的团队成员每学期都会对这些学生进行回访，加强对潜在危机个案的持续监督。通过迅速的信息上报、档案建立和跟踪管理，确保区域和学校两级在危机预防和干预方面的机制能够高效运作。

区县级心理健康教育中心发挥核心作用，通过与市级精神卫生中心的儿童青少年精神科以及区级精神卫生中心建立紧密的合作关系，确立了一条紧急通道。这个通道旨在保障区内面临严重心理问题的学生能够迅速获得必要的医疗援助，确保学生能够被及时转介至专业医疗机构，接受专业的诊断和治疗。此举旨在提高转诊流程的效率，同时确保学校在心理辅导方面的措施更加具有针对性和有效性。

区级心理健康中心强化了对关键个案的监督与指导深度，实行了双周一次的督导会议，并邀请了专业团队参与。例如，一名学生在区心理健康中心的转介下，被市精神卫生中心诊断为重度抑郁症，需要接受住院治疗。在治疗过程中，该学生经历了改良电抽搐治疗，出现了遗忘等副作用，学校的心理教师和班主任担心这可能影响其学习。针对这一情况，区心理健康中心对该个案进行了深入的督导，安排了学校教师与主治医生的直接对话，以便从教育角度提供恰当的支持，帮助该学生顺利地重返学校学习和生活。

区级心理健康教育中心制订了标准化的操作流程，通过编写校园危机干预手册，明确了学校和家庭在应对危机事件时的紧急响应、即时报告和迅速处理的步骤。这一流程旨在联合学校、区心理健康中心、区精神卫生中心等机构，共同执行学生心理危机的预警、预防、处理、干预和转介任务。通过这种方式，确保了心理危机预防、干预和转介机制的畅通和高效运作，构建了一个全面的学生心理危机预警和干预系统，以实现早期预警和科学干预。

（三）一校一点，校域全面升级

以学校心理辅导室为站点，全面提升学校心理健康服务品质，实现心理健康教育"校校有阵地""一校一品牌"。建立健全学校心理辅导工作制度，更新学校心理辅导室设备并优化内部环境，打造学校心理健康教育阵地建设的示范标杆。

　　2020年至2022年，笔者基于所任教的学校实际，以积极心理学理念，提出了"12345"心理防护策略，聚焦积极心理学发展性功能，倡导"助人自助"，充分发挥个体的自主防护能力和群体的协同防护力量，同时形成家校合力，完善科学防控机制，以实现心理防护的预防功效。其中，"1"即培养一套积极心理品质，激发个体自主防护潜能；"2"即开展两项朋辈互助行动，发挥群体共同抗疫力量；"3"即建立三份动态心理档案，把握防疫期间心理状态；"4"即健全四级预警防控机制，完善心理危机干预预案；"5"即达成五条家校育人共识，提升积极应对疫情能力。

1. "1"：培养一套积极心理品质，激发个体自主防护潜能

　　积极心理学提出的二十四项积极心理品质，构成了六大核心美德，分别是智慧、勇气、仁爱、正义、节制和卓越。研究表明，培养积极的心理品质有利于个体更好地面对逆境与危机事件。倘若学校能在疫后有意识地培养学生拥有这一套积极心理品质，将有利于激发其自主防护潜能和增强其自身心理韧性。同时，积极心理学在归因方式上主张发挥个体潜在的具有建设性的品质与优势力量进行积极归因。这对疫后学生心理防护工作的启发在于，学校可通过培养学生的积极心理品质和发挥其美德优势，激发学生自主防护潜能，以乐观的方式解释疫情及其带来的影响（如对居家隔离赋予积极思考，增进家庭成员代际沟通），以成长型思维挖掘抗击疫情期间具有正向价值的内容（如对自然的敬畏，对最美逆行者的感恩），增强自我控制感，以积极的行为自主做好身心防护，同时能以专注的状态投入新学期的学习中去，继而从中获得积极体验，提升自我效能感，更加坚定成长的自信。

2. "2"：开展两项朋辈互助行动，发挥群体共同抗疫力量

　　积极心理学认为，良好的人际关系与个体的主观幸福感有显著的正相关。"朋辈互助行动"是以"自助—助人—互助"为机制的心理支持活动，即为学生在专业心理老师指导下，发挥该群体自我干预的能力，对需要心理帮助的同

学给予理解、支持与鼓励的心理援助方式。由此可见，基于积极心理学理念开展朋辈心理辅导，将有利于个体在良性的同伴互动中，获得面对疫情的勇气与力量。疫后复学，开展积极心理学取向的朋辈互助行动是各中小学心理援助和危机干预的重要一环，可以通过朋辈的支持，有效帮助学生消除恐慌心理，坚定防护信心。其中，开展"朋辈1+1"两项积极互助行动将有利于调动学生群体自主教育与帮扶的积极性，形成群体共同抗疫的力量。"朋辈1+1"积极互助行动，为一项班级心理情况摸排行动（"防疫心晴"学生心理体温表的填报）和一项同伴结对心理援助行动（"防疫心灵好伙伴"）。学校心理辅导室在各班甄选若干名拥有良好个性心理品质且学有余力的学生，对其进行简单的朋辈心理援助技能培训。这些学生将协助心理辅导室做好每日的班级心理摸排工作，并以"倾听、共情、积极关注"等方式为在抗疫中存在心理困扰的同学提供心理援助，协助其在负面事件中寻找正向能量，以最佳心态度过特殊时期，找回平稳的心态面对新学期的学习与生活。

3."3"：建立三份动态心理档案，把握防疫期间心理状态

传统的学生心理档案往往侧重于筛选"问题学生"和"学生问题"。而基于积极心理学的视角建立的学生心理档案，能清楚地呈现个体动态的持续成长，使家校社更加关注中小学生积极品质的形成和内在潜能的开发过程，以构建发展性与预防性兼具的心理档案服务体系。疫后返校，建议各中小学可建立三份动态心理档案，分别为上述提及的运用朋辈互助方式做好班级心理情况摸排的《"防疫心晴"学生心理体温表》（由朋辈心理辅导员填写），为跟踪了解每一个学生的积极心理品质养成情况而建立的《"'疫'路成长"学生积极抗疫心理品质培养档案》（由年段长、班主任协助心理老师做好记录），以及针对在防疫中出现心理问题需要个别辅导的学生而建立的《"一心一'疫'"学生个体心理辅导记录》（由心理老师做好记录）。三份档案既相互独立又相互联系，既能有效地锻炼学生自主防护的能力，又能为学校全面地掌握学生防疫期间的心理动态提供可靠的依据。

4."4"：健全四级预警防控机制，完善心理危机干预预案

就中小学的防疫工作而言，健全的学校四级预警防控机制是指学校建立家庭、班级、心理辅导中心、学校四级预警防控体系，完善心理危机干预工作预案，做好对心理危机学生的跟踪服务，注重做好疫中与疫后的心理危机预防与干预工作。积极心理学研究发现，积极心理品质能增强个体心理资本，雄厚的心理资本能进一步保障个体心理的健康发展和面对危机事件时能积极应对的心态。中小学应在健全四级预警防控机制基础上，借助专业力量完善心理危机干预预案，推进积极心理教育以增强师生、家长的心理资本，提升其面对危机事件的处理能力。同时也应该认识到，当危机事件发生时，需要有强有力的危机干预团队介入。其中，进行心理危机干预的教师，根据危机干预六步法，在确定问题，保证个体安全后，给予个体支持时，应遵循积极心理学中对个体潜在积极心理能量的肯定、鼓舞和信赖，相信个体的治愈能力，目的在于促进其心理弹性的恢复与心理资本的增强，而不是局限于治疗其心理问题。

5. "5"：达成五条家校育人共识，提升积极应对疫情能力

积极心理学指出，社会支持能够提高人体身心免疫力，降低患病风险，提升主观幸福感。为此，在疫情面前，学校应重视与家庭的协作关系，达成五条育人先育心、用"心"战"疫"的共识，指导家庭以科学、有效的方式提升孩子积极应对疫情的能力。一是"明辨信息，坚定信心"。关于"疫情"的各类信息弥漫在家庭与学校中，孩子的情绪容易受到扰动，伴随着情绪波动，孩子可能还会出现分心、注意力下降、身体疲劳等一些生理上的反应。家校携手为孩子提供权威的信息，并适度偏向关注一些疫情防控取得进展的积极信息，通过为其分享疫情一线人员积极的生命故事，助力孩子形成积极健康的防护心态。二是"榜样示范，合理宣泄"。当孩子因疫情产生负面情绪无法自主调适时，家长应成为孩子的榜样，亲身示范，引导孩子通过倾诉、写作或者绘画等方式，合理宣泄内心的焦虑和恐惧，同时在孩子倾诉过程中表达共情，以给予其积极面对问题的力量。研究发现，个体对情绪的合理表达有利于症状的改善。三是"正念减压，珍惜当下"。正念和冥想具有良好的情绪调适功能，是减缓焦虑的有效方法，学校可通过线上微课形式指导学生与家长在家练习。家长也可借由该活动，引导孩子从自我做起，珍惜当下，做到人与自然、动物和谐共存。四是"积极体验，共享温情"。对现实积极赋能，将个体隔离在家的

日子作为完善家庭成员关系的契机。亲子之间进行积极互动与沟通,以产生积极体验,获得心理支持,强化家庭情感联结。五是"保持觉察,主动求助",家长对自己或孩子在身体、行为、情绪和认知等方面的应激反应水平保持一定的觉察。如果遇到无法解决的心理困难,主动联系学校心理教师或心理援助机构寻求专业帮助。

三、全员心育,团结"家校社一条心"

在家校社三方的共同努力下,儿童青少年的心理健康教育生态得以构建。其中,儿童友好型社区理念的提出,为解决家庭与学校在心理健康教育合作方面的难题提供了新的思路。张馨匀与沈世勇建议,要全面实施心理健康教育,可以借助儿童友好社区来丰富教育内容与形式,提升家庭的参与度,更新家长的教育观念,构建沟通平台,实现个性化指导,并宣传社区教育的优势。

(一)利用儿童友好社区丰富心理健康教育的内容和形式

儿童友好社区的建立为心理健康教育提供了多样化的内容和形式。通过课外活动,孩子们可以释放情绪,促进其全面发展。社区内的多功能活动室可以成为心理健康教育的新平台,让教育活动更加丰富多彩。学校可以定期组织学生参与社区的拓展活动,这有助于他们的心理发展。

例如,社区的音乐室可以成为心理健康教育的一部分。孩子们对音乐有着天然的亲近感和喜爱。音乐治疗已被证明能够调节情绪,帮助孩子们克服心理障碍,提升社交技能,促进个性的健全发展。社区工作人员可以在音乐室中运用音乐来辅助心理健康教育,通过观察孩子们的行为和反应,了解他们的心理状态,并向他们传递正面的生活态度。

社区中的共享厨房可以成为心理健康教育的一部分。参与烘焙活动,如面包制作,不仅能够缓解负面情绪,还能对抗抑郁情绪。儿童友好社区可以定期举办烘焙课程,创造机会让孩子们与同伴互动,减少孤独感,同时在活动中得到放松。社区内的烘焙室可以定期邀请烘焙师来开展以"烘焙解压"为主题的活动,或者组织儿童烘焙讲座和趣味活动。孩子们可以在同龄人的陪伴下参与烘焙点心和面包的过程,在轻松愉快的环境中放松心情。因此,社区的心理教师可以采用这种方法,将其融入烘焙课程中,帮助孩子们缓解日常生活中的压力,实现心理健康教育的目标,促进他们的心理健康成长。

社区图书馆可以成为心理健康教育的场所。阅读疗法,即通过阅读特定的书籍和材料来达到治疗的效果,已被证明对儿童的心理健康具有预防、治疗和促进发展的作用。在儿童友好社区的图书馆中,可以邀请心理教师根据儿童的心理需求推荐合适的阅读书籍和材料,指导他们在阅读过程中解决心理问题。此外,社区图书馆可以利用宣传栏、公众号等渠道,根据不同的心理问题推荐相应的书籍,帮助儿童建立通过阅读来解决问题的意识,并营造一个积极的阅读氛围。通过这种方式,社区图书馆不仅能培养儿童的阅读习惯,还能提高他们的综合素质。

社区游戏室可以作为心理健康教育的组成部分。在儿童青少年发展的关键期,缺乏与同伴的交流可能会引发孤独感和表达障碍。学校可能更多关注学生的学习成绩,而忽视了为学生创造社交互动的机会。社区游戏室提供了一个让孩子们通过玩耍、合作和沟通来结识朋友并培养团队协作能力的环境。一个对儿童友好的社区可以设立设备齐全的游戏室,并与学校合作,定期在周末或放学后组织由教师带领的集体互动游戏活动。社区工作人员可以根据孩子的年龄和兴趣设计多样化的游戏活动,提高游戏的互动性、趣味性和适宜性,以激发孩子们的参与热情。通过这些游戏,孩子们不仅能够缓解孤独感,还能与同龄人建立积极的社交,从而提升他们对生活的热爱和积极性。

(二)利用儿童友好社区提高家庭参与度

儿童的成长需要父母的陪伴和支持,以及同伴的鼓励和引导。缺乏陪伴会影响儿童的教育和心理健康。结合教育与娱乐的亲子活动,为家长和孩子提供了互动机会,帮助家长深入了解孩子,建立平等的亲子关系。学校可定期组织亲子活动,利用社区场地,通过亲子游戏或户外活动,鼓励家长和孩子共同参与,促进孩子的学习和成长。社区可以举办亲子踏青等活动,邀请家长和孩子共度时光,让孩子在自然环境中释放压力。这些活动让家长和教师有机会观察孩子的行为和需求,发现问题并采取教育措施,实现个性化教学。亲子活动不仅增强了家庭参与,也为儿童的全面发展提供了支持。

（三）利用儿童友好社区转变家长教育观念

家长在孩子心理发展中扮演着基础而关键的角色，他们不仅是孩子成长的第一任教师，也是心理健康教育的积极参与者。鉴于大多数家长并不具备心理健康的专业背景，向他们普及相关知识显得尤为重要，这有助于他们更有效地支持孩子的心理成长。尽管学校是传授专业知识的主要环境，但面对众多学生，很难为每位家长提供定制化服务。社区可以利用其资源优势，为家长提供定制化的教育支持。当家长对心理健康有了初步的了解时，他们更有可能在家中创造一个正面氛围，促进积极家风的形成，并推动心理健康教育的深化。例如，学校可以通过社区定期通知家长参加心理健康教育的专题讲座，深入讨论孩子在不同成长阶段可能遇到的问题，并提供与教师交流和解惑的机会，从而提高家庭教育的质量。学校还可以利用社区的"家长专栏"公众号，分享心理健康教育的资料，让家长能够轻松获取相关知识，并通过公众号就孩子的心理问题与教师沟通，获得专业的指导和帮助。这些措施将促进家长教育观念的更新，提升家庭教育的效果。

（四）利用儿童友好社区搭建心理健康教育沟通平台

利用儿童友好社区构建一个沟通平台，加强家庭、学校和社区之间的协作，是促进家长理解儿童心理健康教育的关键。首先，建立一个由家长代表、学校心理教师和社区工作者组成的儿童心理健康教育委员会。社区工作者和学校心理教师可以通过现代通信工具和社交平台，及时分享孩子在社区中的情况，使学校能够了解学生心理状态的变化。家长可以定期反馈孩子参与心理健康教育的情况，并通过社区的反馈箱或在线平台提出建议，共同参与心理健康教育的讨论。其次，设立家长开放日和座谈会，让家长直接参与心理健康教育活动，了解其内容和理念，增进与孩子的关系。此外，创建一个儿童"树洞"栏目，该栏目作为一个线上心理健康沟通平台，以活泼的动画形式呈现，为儿童提供一个表达内心世界的交流场所，帮助他们打破心理孤立。儿童友好社区可以与家长和教师合作，在系统中记录儿童信息，并确保平台上的心理教师具有相应的资质和透明度。儿童可以通过绘画或语音在"树洞"上分享自己的想法，心理教师可以及时了解儿童的心理状态，对有心理困扰的孩子提供一对一的辅导。这样的平台不仅为儿童提供了一个表达自己的渠道，也为家长和教育者提供了了解和支持儿童心理健康的机会。

（五）利用儿童友好社区实现个性化辅导

儿童友好社区可以提供个性化的心理健康辅导，以满足不同年龄段儿童的发展需求。通过社区内的多功能活动室，可以开展团体心理辅导，及时普及不同年龄层次儿童所面临的发展问题，帮助他们了解和重视这些问题，并在成长过程中提供适时的指导。对于年幼的儿童，心理健康教育活动可以利用亲子活动室，通过游戏和多媒体等形式，关注人际关系和家庭关系等心理健康主题。心理教师可以通过团体游戏、多媒体和体验式教学等手段，与孩子建立信任关系，提高他们处理负面情绪的能力。对于中等年龄段的儿童，活动应更倾向于体验式学习，内容可以涵盖人际关系、家庭、社会和学习等方面的心理健康教育。而对于年龄较大的儿童，由于他们面临的问题更加复杂，应提供更加个性化的心理辅导，活动内容应全面且多元化。通过专业心理教师与儿童的交流，可以了解他们的真实心理状态，并根据儿童的想法提供有针对性的教育指导。这种个性化的方法有助于提高儿童的自我调节能力，引导他们形成健全的人格，提升整体心理素质。

（六）宣传儿童友好社区教育优势

儿童友好社区的建立，为传统学校教育模式提供了补充和创新，特别是在心理健康教育领域。相比学校内进行的心理健康教育，儿童友好社区以其独特的优势，提供了更多元化、互动性强、以儿童为中心的教育环境。儿童友好社区的多元化，能够为孩子们提供多样化的活动，使教育过程更加生动有趣。这种环境不仅能够吸引孩子们的参与，还能在轻松愉快的氛围中传授心理健康知识。社区的互动性特点，加强了家校之间的联系，促进了家长与教师之间的沟通与合作，共同关注和支持孩子的心理健康。儿童友好社区的以儿童为中心，确保了教育活动和服务都以满足孩子们的需求为出发点，真正聆听孩子们的声音，为他们创造一个有利于心理健康成长的环境。社区的就近性，使得孩子们能够在自己熟悉的社区环境中参与活动，这样的便利性有助于提高家长和孩子们的参与度。通过宣传儿童友好社区的这些优势，可以让更多的家长和教师认识到社区在心理健康教育中的重要作用。这不仅有助于充分利用社会资源，还能丰富教育的形式和内容，优化教育环境，从而更有效地促进学生的心理健康发展。同时，儿童友好社区的建立也为家校合作提供了新的机遇和模式，通过创新合作方式，实现教育合力的最大化，共同推动儿童青少年心理健康教育的发展。

四、全程服务，下好"积极教育一盘棋"

各级服务站围绕"科普、评估、咨询、干预"，以点单服务的方式，开展积极心理科普"进学校、进社区、进家庭"活动，实现"线上+线下"全方位关爱。

厦门市致力于向所有未成年人及其家庭提供全面的心理支持服务。厦门市未成年人心理辅导站设立了全天候心理热线，由专业人员负责，确保能够随时提供咨询服务，满足"全天候、快速响应"的服务宗旨，以实现心理健康教育的积极和预防性目标。同时，厦门市各学校的心理辅导中心每周至少开放7.5小时，以满足学生、教师和家长的咨询需求。这些措施的实施，反映了对未成年人心理健康的关怀，并通过学校与社区资源的整合，共同助力学生的心理健康和整体发展。

关注差异，开展定制性心理辅导服务。以区县级心理中心为依托，为全区县学生提供定制服务。区县级心理中心每学期初向各级学校下发服务需求单，满足学生和教师的不同需求。每次完成预约单要求的服务内容之后，区县级心理中心工作人员会及时填写活动反馈单，及时总结与反馈，不断完善服务。

发展与预防为先，优化推广性心理辅导服务。如上海普陀区特别强调学生的参与体验。上海市普陀区心理中心积极举办各类心理体验营，例如"TOUCH心理"学生心理体验营和暑期体验营等。2018年暑假，普陀区心理中心推出了以"清心悦心成长"为主题的中小学生心理体验营，并在市心理健康示范校针对不同年级的学生进行了实施。此外，上海市普陀区心理中心还在关键时期开展公益咨询活动，如"入学季"期间的咨询服务和"爱融合心"志愿咨询活动，这些活动旨在普及心理健康知识，减轻学生的学习压力和考试焦虑，提升学生的考试信心，并帮助家长和孩子以更佳状态面对中高考。上海市普陀区心理中心还制作了"考前心理贴士"，通过学校心理辅导室发放给初三和高三的考生及其家长，并在教育官方平台上进行推送。这些公益心理服务项目致力于教授考生和家长如何缓解负面情绪，积极应对学习和生活中的挑战。同时，福建省厦门市集美区未成年人心理辅导站还开展了信息化平台延展活动，与区级电台合作打造了"心灵绿洲"节目，这是国内首个以心理健康为主题的周播节目，邀请心理专家与听众进行互动，内容覆盖了开学适应、亲子沟通、考试心理调适和情绪管理等多个方面。

特色项目成为引领，致力于提升心理辅导服务的品牌化和专业化。例如，上海普陀区通过文明办、教育党工委、教育局和区心理中心的通力合作，整合了学校和社区资源，在全区的263个居委会中都设立了家庭教育咨询服务点。借助"一师一居委"项目，通过心理咨询热线和辅导教师进入社区的方式，为学生和家长提供了便捷的心理咨询和指导服务，成功打造了一个受社区欢迎、居民满意的公益品牌。苏州嘉兴市则实现了"校内+校外"的全学段心理健康教育覆盖。在校内，根据学生心理成长的阶段性特点，构建了"一校一策"的积极心理课程体系，并开发了积极心理专题讲座。目前，学校心理健康教育课程的开设率达到了100%，校本（园本）心理课程超过200门，其中近80门获得了国家、省市级精品课程的认定。在校外，利用各级站点的软硬件优势，建立了嘉兴心理研学基地群，开展了多样化的积极心理研学活动，有效补充了学校心理教育的不足。仅在寒假期间，总站就开展了5场心理研学活动，吸引了近200名师生和家长参与。此外，嘉兴市还提供了"评估+干预"的全闭环服务。通过实施学生心理健康的动态筛查，建立了动态追踪式的心理档案，并通过闭环式的心理评估与辅导干预，有效解决了厌学、休学学生的"评估难、转介难、转介后跟踪辅导难"的问题。通过学校评估、总站评估、医教联合评估的三级评估机制，对学生进行分类辅导，以满足不同学生的心理需求。

综合来看，要构建一个全新的儿童青少年心理健康教育生态体系，需要家庭、学校和社会这三个与成长紧密相关的系统内的所有参与者，打破传统的思维定势，从更长远的视角来对待心理健康教育。这需要明确各自的职责，构建起一个区域性的心理健康教育组织管理网络；采取多种措施，优化心理健康教育服务的实施；提供专业支持，确保心理健康教育服务的质量，从而不断加强区域心理健康教育服务的功能。通过这些措施，可以建立起一个高效、高质量的区域心理健康教育服务体系，形成教育的合力。这样的体系有助于共同构建一个良好的儿童青少年心理健康教育新生态，在实际上促进儿童青少年形成积极的个性心理特质，以支持他们的健康和可持续发展。

第三节 积极心理视域下的
家校社育人共同体

学生拥有健康的心理和健全的人格是教育质量后发崛起的坚实基础，探索实践"家庭—学校—社会"共同培养"德智体美劳"全面发展的社会主义接班人和建设者的新模式，着眼立德树人，坚持五育并举，整合政府、家庭、学校和社会资源，形成"政府主导、学校实验、学生主体、家庭参与、社会协同"的全链条机制，为新时代培养时代新人做积极尝试。基于积极心理学的理念，把心理健康教育落实到具体行动，以"心"育人，尝试探索一条家庭、学校、社会三位一体的有效发展之路。

一、家校社"三位一体"关爱儿童青少年心理健康成长

青少年的心理健康已经成为一个受到广泛关注的社会问题。《2022年国民抑郁症蓝皮书》中的数据显示，18岁以下的青少年抑郁症患者占患者总数的30%，而在校学生中抑郁症患者的比例高达50%。这一趋势表明，抑郁症的发病年龄正在降低，儿童和青少年的心理健康问题亟需社会的关注。目前，儿童青少年患有不同程度抑郁风险率已经达到14.8%，接近成人水平。研究还发现，成年时期的抑郁症往往起源于儿童或青少年时期。此外，77%和69%的青少年抑郁症患者在人际关系和家庭关系中表现出抑郁情绪，这反映出家庭环境对学生心理健康的重要影响。面对这些挑战，我们需要构建一个全面的心理健康教育新生态。这包括明确家庭、学校和社会在儿童心理健康教育中的职责，

建立一个区域性的心理健康教育组织管理网络。同时，我们需要采取多种措施，优化心理健康教育服务的实施，并提供专业支持，确保服务的质量。通过这些努力，我们可以加强区域心理健康教育服务的功能，建立一个高效、高质量的服务体系，共同促进儿童和青少年的心理健康成长。

对于儿童青少年抑郁症患者，父母在孩子寻求专业医疗帮助之前扮演着至关重要的角色。父母是否能够敏锐地察觉到孩子在行为上的微小变化，并提供及时的关注和正确的引导，这在很大程度上影响着孩子未来病情的发展。然而，许多家长往往只关注孩子的表面行为，而忽视了背后可能存在的情绪和心理问题，导致他们可能会错误地将孩子的问题归咎于学习态度不端正、青春期的逆反或是缺乏意志力等表面现象。

儿童青少年罹患抑郁症的现象不容忽视，我们应当在社会、家庭、个人之间构成良好的动态系统，相互影响、促进改变。从家庭、学校、社会层面切实加强儿童青少年心理健康教育，提升其心理健康水平。

（一）家庭教育方式、父母的心理健康水平与孩子的身心发展关系密切

父母的思想和心理状态深受社会环境的影响，同时也对孩子的个性发展起着至关重要的作用。只有提升家长及家庭成员的心理健康意识和水平，才能为孩子的全面健康成长提供坚实的保障。目前，尽管家庭和学校对儿童青少年心理健康问题的关注度有所提高，但在合作方面仍存在诸多不足。有时学校在积极推动，而家庭却未能给予应有的重视；或者家庭非常关心，而学校却未能积极响应；或者社会整体对这一问题的关注还不够。这些因素都阻碍了从多角度、全方位地解决儿童青少年心理问题的进程。因此，加强家庭与学校、家庭与社会之间的合作，对于提高解决问题的效率和效果具有关键性的作用。

（二）充分发挥学校主体作用，进一步加强儿童青少年心理健康教育工作

学校在儿童青少年心理健康教育中扮演着核心角色，必须加强相关工作的力度。心理健康教育是全面素质教育的关键部分，需要被正式纳入教学计划，并在课堂上实施。通过课程教授学生如何积极地认知学习，如何合理地调节情绪；指导学生正面对待挫折，运用积极的心理学防御机制，比如补偿机制，避免使用攻击性或逃避性的应对方式，切实地增强学生的抗压和抗挫能力。同

时，学校应开展团体心理辅导，组织心理健康宣传月活动和相关讲座，面向学生和家长普及心理健康知识。中小学需要重视与学生家庭的沟通，建立高效的沟通机制，共同形成教育的协同力量。学校可以通过家长会、家长学校、家校联系簿、电话、短信和家访等多种方式，就学生的心理教育问题和出现的异常现象与家长进行积极沟通。同时，家长也应定期与孩子的老师，尤其是班主任联系，了解孩子在学校的学习和心理状态。为了提升教师团队的心理健康教育能力，学校应加强对全体教师的心理健康知识培训，提高教师的心理健康意识和教育能力。每学期可邀请心理专家举办讲座和进行辅导，确保教师具备健康的心态，以更好地开展教育教学工作，有效关注学生的心理健康。此外，学校应与医疗机构建立合作机制，确保心理咨询中心能将有严重心理问题的学生及时转介至专业医院。在保护学生隐私和遵守伦理原则的前提下，准确收集学生信息并与医生进行沟通，协助医生进行准确诊断和有效治疗。学校还需要制定危机干预制度和预案，通过校级各部门的协同工作，有效预防、及时控制和消除由学生严重心理问题引发的事件，保障学校的正常生活和学习秩序。

（三）全社会应高度重视儿童青少年心理健康工作，为增进儿童青少年健康福祉、共建共享健康中国奠定重要基础

全社会必须对儿童青少年的心理健康投入更多关注，这是确保他们健康成长、构建和谐社会的基础。为此，我们需要建立和完善心理健康教育的组织架构，形成学校、家庭和社会三方共同参与的教育体系。相关部门应成立专门的机构来统筹儿童青少年心理健康教育的工作。学校和医疗机构应设立或优化心理咨询服务，同时，加强心理健康专业人才的培养和引进，提升他们的专业水平和服务质量。通过调查研究，全面了解中小学心理健康教育的现状，确保教育工作更加精准有效。要真正实施儿童和青少年的心理援助工作，通过心理热线等渠道提供支持，建立专业化、系统化的心理危机干预机制，有效预防和减少极端行为。促进儿童青少年心理健康是家庭、学校和社会共同的责任。我们需要不断探索和积累经验，加强心理健康教育师资队伍建设，丰富教育内容和方法，为儿童青少年营造一个有利于心理健康成长的环境。

二、积极心理学视角下的家校社育人共同体

采用积极心理学的角度审视儿童青少年,关注他们内在的成长潜力和积极特质,是家庭、学校和社会三方合作的新方向。在这一合作模式下,我们应致力于发现并培养孩子们的积极经验,让他们保持一种积极向上的心态。这种心态不仅对他们目前的心理状态有益,更对他们未来的生活带来长远的正面影响。通过积极心理学的实践,我们能更深入地洞察儿童青少年的需求,支持他们建立自信和适应力。这样的教育方法有助于激发孩子们的潜力,促进他们健康成长,为他们的全面发展打下坚实基础。

(一)关于积极心理学的内涵

积极心理学作为一门科学,起源于人本主义心理学的理念,专注于探索人类的发展潜力、美德和其他积极特质。马斯洛和罗杰斯等先驱早已提出人具有自我实现的内在潜力,并应被积极看待。塞里格曼作为该领域的领军人物,通过科学研究推动了现代积极心理学的发展。该学科的目标是挖掘和增强个体的优势,促进其整体发展,以实现幸福和生活的价值。积极心理学的研究覆盖三个主要领域:首先是积极的主观体验,包括幸福感、快乐和对生活质量的满意度;其次是积极的人格特征,如乐观、希望、勇敢、宽容,以及积极的人际关系、恢复力、创造性思维和坚韧性;最后是积极的社会特质,如利他主义、文明、友好和奉献精神。该学科还强调预防而非仅治疗问题,看重人性中的积极方面,认为这些内在的积极品质是面对挑战时的支撑力量,也是实现未来幸福生活的关键内在资源。

对于那些未曾了解积极心理学的人来说,其核心理念可能仍然抽象难懂。为了使这一概念更加生动、直观,我们可以通过一个具体的故事来阐述,例如万维钢在其新书《和这个世界讲讲道理》中所讲述的故事,这能帮助读者更容易地领会积极心理学的精髓。

1993年,美国两位不满现状的青年教师,麦克·芬博格和戴夫·莱文因对公立学校体系的官僚作风感到失望,决定依据新通过的宪章学校法案创建自己的教育模式,这就是后来的KIPP(Knowledge Is Power Program),即"知识就

是力量计划"。KIPP作为公立学校的一种模式,接受政府的教育资金,对学生免费,但在运营上拥有更大的自主权,包括制订教学计划、招聘教师、接受社会资助,甚至在全国范围内开设分校。KIPP主要服务于贫困地区的学生。学校由一群有共同理念的教师组成,他们尝试采用多种教学方法,强调家长的参与,并定期对教师进行培训。KIPP衡量教学方法是否有效的唯一标准是其是否真正帮助这些来自贫困家庭的孩子进入大学。

KIPP学校的招生理念突破了传统的择优录取模式,强调给予每个学生公平的机会。这种招生方式可能对学生的未来产生深远的影响,因为在美国,来自贫困家庭的学生上大学的比例仅为8%,而KIPP学校的学生却有高达80%的大学入学率。这种没有门槛的入学政策,使得KIPP取得的教育成果更加显著和值得尊敬。尽管KIPP学校的学生在入学时的数学和英语水平普遍低于同龄人一到两年,但到了八年级,他们的成绩却能100%超过平均水平。在纽约等城市,KIPP学校的学生的表现在整个城市中都是名列前茅的。这样的成就展示了KIPP教育模式的非凡效果,证明了每个孩子都有潜力实现学术上的飞跃。

到底使用了什么样的教学法,才能取得这样的成就呢?在美国,大部分的贫困儿童生活在单亲家庭之中,家长疲于奔命,这使得孩子很难得到足够的监督和管教,他们中的很多人没能高中毕业。不是因为高中文凭很难拿,也不是因为生活所迫要挣钱养家,而是因为沉溺于玩乐,连每天按时上学都做不到。

为应对家庭和社区环境的不利因素,KIPP学校采取了延长学生在校时间的措施。常规美国学校通常是早上8点开始,下午3点结束,而KIPP学校则从早上7点25分开始,直到下午4点半结束。这样的安排使学生早起床,晚回家,一天的学习后还需完成至少两小时的家庭作业,几乎没有剩余时间参与其他活动。KIPP学校还安排在周六有半天课程,并且提供比传统学校更短的暑假。这种安排不仅增加了学生的学习时间,还减少了他们接触不良社区影响的机会。学校内部,KIPP强调"努力可以培养"的信念,鼓励学生通过勤奋学习来实现自我提升。学校采用激励方法,如引导学生齐声喊出励志口号,增强他们的学习动力和团队精神。这种结合了严格学习和积极心态培养的教育模式,显著提升了KIPP学生的学术表现和大学入学率。

KIPP学校实施了一种物质激励机制，以实物奖励来鼓励学生的优秀表现和良好习惯。新生在入学初期没有桌椅，必须坐在地上，这象征着在KIPP学校，所有东西都需要通过个人努力来获得。奖励并不仅仅基于学习成绩，而是涵盖了学生的日常行为和参与度。学生通过按时到校、积极参与课堂讨论、保持正面态度等行为可以获得积分，这些积分每周结算，并可用于兑换学校内的物品。KIPP学校的这一奖励制度强调了即时反馈，无论是表扬还是批评，都迅速直接，以此来强化学生的正确行为。此外，学校还为表现优秀的高年级学生提供了特殊奖励，如在午餐时戴耳机听音乐的特权，这些特权作为激励措施，进一步鼓励学生遵守规则并积极参与学校生活。通过这种方式，KIPP学校旨在培养学生的责任感、自律性和积极的学习态度。

KIPP学校以其严谨的校规而闻名，对学生的日常行为有着细致的要求，从行走的姿态、坐姿到携带物品的方法，乃至洗手的细节和使用纸巾的数量，都被纳入了所谓的"benice"行为规范中。这些规范不是抽象的概念，而是一套具体的行为标准，确保学生在校园内外都能展现出良好的行为习惯。KIPP学校坚信，良好的行为习惯是可以通过教育和实践来培养的。这种教育模式已经取得了显著的成效，毕业生中有高达80%的学生能够顺利进入大学继续深造。这一成就不仅得到了社会的广泛认可，也吸引了大量的私人捐赠，为KIPP学校的进一步发展和扩张提供了资金支持。

KIPP学校的教育者们在提高学生大学入学率的基础上，进一步洞察到教育的深远意义。他们意识到，仅仅让学生通过考试进入大学，并不能全面代表教育的成就。通过对毕业生的追踪研究，KIPP学校发现，那些在大学及之后生活中表现出色的校友，往往不是那些成绩最优异的学生，而是那些具备了诸如乐观、适应力和社交能力等积极个性特质的人。这一发现促使KIPP学校在教育策略上作出调整，开始更加注重学生个性品质的培养。KIPP学校致力于培育学生的责任感、自我驱动力和团队合作精神，这些都是帮助学生在大学及未来职业生涯中取得成功的重要因素。KIPP学校的目标是培养出既有学术能力又有健全人格的毕业生，以确保他们在面对生活的各种挑战时能够展现出色的表现。

KIPP学校坚信，真正的素质教育不仅包含学术教育，同样重要的是品格教育。基于这一理念，KIPP的创始人联系了宾夕法尼亚大学的马丁·塞利格曼教授，他是积极心理学的领军人物。积极心理学的专家们主张，追求美好生活并非仅是消除负面因素，更重要的是识别和发挥个人的优点。他们认为，改正缺点是必要的补救，但发掘和培养个人的优势才能带来更深远的个人成长和更强烈的幸福感。这种理念促使KIPP学校在教育实践中，不仅关注学生的学术进步，也注重塑造学生的品格优势。

心理学家们投入了五年的时间进行研究，他们遍览了全球的文学和历史文献，最终识别出六大跨文化的核心美德。这些美德进一步被细分成24种具体的性格优势，如智慧、自律和幽默感等。这些研究成果突出了认识并发挥个人长处的重要性，认为这样做不仅能够帮助我们面对挑战，还能促进我们的个人成长和提升幸福感。

面对24种品格优势，KIPP学校意识到对学生而言，这些品质可能过于繁多而难以一一实践。因此，心理学家们为KIPP学校精选了七个易于理解和操作的目标品质：坚毅、自控、热忱、社交、感恩、乐观和好奇。这七个品质被确立为KIPP学校的"核心价值观"，并被积极地融入学校文化中，类似于国内学校推广校训的方式，KIPP学校通过各种标语和口号不断向学生传达这些价值观。KIPP学校在培养学生的这些品质时，采用了更为微妙和深入人心的方法，而不是简单地要求学生记忆这些词汇。例如，借鉴著名的"斯坦福棉花糖"实验，KIPP学校将自控力的培养融入学生的日常生活中。在这个实验中，能够抵制住立即吃第一块棉花糖的诱惑、等待第二块棉花糖到来的孩子，显示出了更强的自控力，并在后来的生活中取得了更好的成就。因此，KIPP学校在发给学生的T恤上，不是直接印上"自控"这个词，而是印上了"别吃那个棉花糖"这样的口号，以此形象地传达自控力的重要性。通过这样的方式，KIPP学校鼓励学生在日常生活中实践这些核心价值观。

塞利格曼首次将乐观、幸福感、好奇心、韧性、利他主义、智慧以及创造性、勇气等人类的积极特质纳入科学实证研究的范畴。他坚信，每个人都有其独特的个人优势。研究显示，这些个人优势是应对心理问题的有力工具，深入了解和挖掘自己的优势，不仅能够增强自信心和动力，还能有效减轻压力并培养积极情绪。个人优势源自个体处于良好状态时的行为表现。换言之，当人们投身于自己认为正确且值得的事情时，会感到非常棒、充满活力，这种正面的感受正是因为他们在积极地利用自己的优势。通过识别和运用这些优势，个体能够更加自信地面对挑战，实现自我成长和获得幸福。

值得注意的是，某些个人优势具有先天遗传的基础。一项关于双胞胎的研究表明，优势的遗传性大约在15%到60%，其中一些优势如毅力、宽容、精神信仰和创造力的遗传性较高，这些特质受到先天遗传和后天环境的共同影响，大约各占一半。而其他一些优势，如幽默感、团队合作、谦虚和爱的能力，遗传性较低，主要受教育、成长经历和文化背景的影响。这意味着，优势是可以通过后天的努力来培养和加强的。积极心理学鼓励人们发展和利用自己的优势，而不是过分关注于弥补不足。正如中国积极心理学领域的权威人物、清华大学的彭凯平教授所指出的："别人之所以爱你，并非因为你无可挑剔，而是因为你的长处足够突出。"这种观点强调了积极特质的重要性，并鼓励人们认识到并发挥自己的优势。

（二）积极心理学对建设家校社育人共同体的启示

教育的职责在于辅助个体实现从自然状态向社会角色的转变，这包括三个核心方面：首先是识别并克服个人的缺陷，其次是传授知识和技能，以及社会道德规范，最后是激发和培养个体的潜能。积极心理学在这一过程中发挥着重要作用，它强调发现和培养儿童青少年的积极品质，通过丰富他们的积极体验，促进他们形成积极的人格和社会特质。

1. 关注儿童青少年的需求，提升儿童青少年主观幸福感

自我决定理论强调，个体的健康发展依赖于自主性、能力感和归属感这三种基本心理需求的满足。自主性需求意味着个体能够自由选择自己的行为和决策。在现实生活中，儿童青少年可能会因拒绝参加父母安排的课外活动而遭受压力和责备。父母往往将自己的期望寄托在孩子身上，而忽略了孩子的真实想法。能力感需求涉及个体对自己能力的信心和认可，这通常首先来源于他人，如父母和老师的评价。归属感需求则是个体对于与他人或集体建立联系和感到安全的需求。儿童青少年的归属感需要来自学校和家庭的无条件接纳和包容，

而不是基于表现或成绩的条件性的爱。家校社三方应共同关注儿童青少年的成长，认识到他们的心理需求，并提供必要的支持。当这些基本需求得到满足时，儿童青少年将更有动力和资源去追求未来的目标，他们的生活质量和幸福感也将随之提升。

2. 家校社形成教育合力，培养儿童青少年积极的品质

学校可建立家校社育人中心，并组建委员会，制定章程，确保合作有法可依，明确各方的参与和监督权利。真正的家校社合作是建立在平等基础上，共同秉承一致的教育理念，为儿童青少年的全面发展创造条件，共同打造他们的幸福未来。学校与家庭应密切配合，比如学校注重培养学生的阅读和书写能力，家长在家也应继续这一培养，每天抽出时间与孩子共享亲子时光，放下电子设备，共同阅读或进行其他有益活动。家校社需联合起来，利用社会资源，共同培养儿童青少年的积极人格特质，如乐观、希望和心理韧性等。乐观的人能在日常生活中发现乐趣，在逆境中看到希望，面对压力也能保持积极态度。研究表明，乐观是可以习得的，家庭、学校和社会都可以通过教育将乐观传递给儿童青少年。民主式的家庭教育方式，提供接纳、理解和包容的环境，有助于培养儿童青少年的乐观态度。面对生活中的挫折，学校和家庭应培养儿童青少年的应对能力，教育他们承担责任，并提供实践机会，让他们在挑战中成长。通过这样的教育合力，儿童青少年能够学会面对困难，培养解决问题的能力，为未来的成功打下坚实基础。

3. 开展优质的家校社合作活动，增强儿童青少年的积极体验

家校社合作活动是连接儿童青少年、家长和学校的纽带，通过多样化和内容丰富的活动促进三方的沟通与理解。例如，学校可以邀请心理学或教育学专家举办讲座，提供科学的教育指导，加深老师和家长对儿童青少年成长阶段的认识，使他们在面对儿童青少年问题时能提供更有效的支持，无论是幼小衔接、情绪管理还是青春期沟通等议题。定期组织家长沙龙，为有共同需求的家长提供交流平台，共同探讨儿童青少年的发展问题，这不仅能缓解家长的焦虑，还能让他们意识到儿童青少年问题的普遍性。通过这些沙龙，家长可以学习到自我接纳的理念，培养积极的生活态度。无论活动的形式如何，其核心目

标都是促进儿童青少年的健康成长。优质的家校社活动为儿童青少年提供了积极体验的机会，帮助他们意识到并表达活动中的愉悦感受，通过回忆和分享，逐步增强儿童青少年的正面体验。通过参与这些活动，儿童青少年不仅能体验到积极情绪，还能学会从积极的角度看待问题，从而培养出积极的心境、态度和人格特质。

4. 充分挖掘社区育人资源，营造积极正向的生长环境

社区资源的深度开发对于营造一个积极的教育环境至关重要。家校社三方的协同合作，专注于提升儿童青少年的心理健康和自我意识，使他们能够自我识别问题、寻求帮助并掌握应对策略。社区与学校之间的合作，通过签订服务协议，为儿童青少年提供社会工作服务。同时，社区居民的参与构建了一个倾诉和陪伴的平台，志愿者为儿童青少年提供心理支持。此外，强化儿童青少年之间的正面影响，建立朋辈支持网络，促进心理健康。

社工在家庭中扮演着沟通桥梁的角色，为儿童青少年及其监护人提供有效的沟通技巧和方法，帮助家庭在面对心理困扰时给予适当的支持。社区、家庭和学校共同建立个案转介和求助平台，通过线上线下的心理辅导服务，提供倾诉和情感支持，同时倡导家校社三方联动，关注并积极推动心理健康意识，集合社区力量，共同营造一个关爱儿童青少年心理健康的正向环境。

积极心理学着重研究个体的乐观、希望、宽容、忠诚和爱等正面特质，这些特质对于满足现代教育对个体幸福感的追求至关重要。家校社三方的共同培育，可以比作构建一个健康的生态系统：儿童青少年如同种子，家庭是培育他们的土壤，教师扮演着园丁的角色，而社会则构成了他们成长的大环境。只有当种子健康、土壤肥沃、园丁尽责、环境适宜时，儿童青少年才能茁壮成长。将积极心理学的理念融入家校社的育人实践中，有助于纠正当前教育合作中可能出现的极端偏差，不仅关注儿童青少年的快乐学习，更重视他们的积极体验和主观幸福感的提升，从而培育出具有积极品质的下一代。

第二章

家庭里的『积极养育』

本章从创新的家庭教育理念出发,提倡构建一个民主而温暖的家庭环境,以及使用温和而坚定的育儿方式。通过这些方法,家长能够更好地理解和支持孩子,允许孩子在不完美中积极成长。本章着重介绍了系统化的课程开发和培训模式优化,旨在深化家庭心理健康教育,提升家长素质,促进儿童的全面健康发展,探索家校共育的有效路径。

第一节 创新与进步的理念

2023年1月,教育部等十三个部门发布了《关于健全学校家庭社会协同育人机制的意见》(以下简称《意见》),该文件设定了到2035年形成一个明确定位、健全机制、紧密联动、科学高效的学校家庭社会协同育人机制的目标。《意见》强调了四个工作原则:"以育人为本、政府统筹、协同共育、问题导向",并期望在"十四五"规划期末,政府对协同育人工作的统筹领导将更加有力,制度体系将基本建立健全。学校将积极发挥主导作用,家庭将主动承担起教育责任,社会将提供有效的支持,以完善协同育人机制,为学生全面发展和健康成长创造更加有利的环境。

家庭是儿童成长的第一所学校,家庭教育对孩子的成长具有举足轻重的作用。习近平总书记在多次重要讲话中强调了家庭教育"四个第一"的重要价值。但是,不少中小学在开展家庭教育活动过程中存在以下共性问题:师资队伍以德育团队为主,形式上常采用一次性讲座,教师缺乏对家庭教育相关理论与技能的深度学习,培训形式单一且缺乏实效,培训内容空泛且脱离现实需求,家庭教育活动很难发挥实效。由此,回归家庭需求本位,关注师资的专业性、课程的系统性、形式的多元化等,就成为衡量家庭教育工作效度的重要基点。在此基础上,笔者聚焦家庭心理健康教育领域,基于积极养育理念与方法,探究了积极养育下家庭心理健康教育的主要内容与实施途径,开发系统课程,优化培训模式,以期能探索出一条促进家庭心育深化、家长素质提升、儿童健全发展的家校共育之路。

一、国内外积极养育的相关研究与实践

积极养育是一种以儿童为中心的养育方式，强调养育者为儿童创造一个稳定、支持性和有序的成长环境。这种养育方式的关键在于提供情感支持、设定合理的期望和界限，以及鼓励儿童自主性和责任感的发展。

心理学家施艾弗在1965年通过心理测量学的方法对父母养育方式进行了深入研究。他将父母的养育行为划分为六种基本的相对维度：接纳与排斥、严格与宽松的控制、心理自主与心理控制。这些维度是积极养育理论的核心，突出了父母在孩子成长中扮演的积极角色。施艾弗的理论强调了父母为孩子营造一个充满爱和支持的环境的重要性，这有助于孩子建立自信和自我价值感。适度的规则和界限能够教导孩子遵守社会规范，培养责任感。同时，鼓励孩子独立思考和自我管理，能够增强他们解决问题的能力。积极养育风格的三种成分，即卷入、结构化和自主支持，积极养育能够有效促进学生的学业成绩。积极养育对儿童发展方面的研究表明，积极养育能够作为心理弹性资源，促进儿童的积极适应。而自我决定理论强调了自主性在个体发展中的重要意义，在养育科学研究领域，父母的自主支持也成为积极养育的重要特征。同时，也有不少研究提及积极养育和家庭适应力是家庭社会教育工作的基础，当提到"养育"一词时，加上了形容词"积极的"，即指父母的行为是通过非暴力、关爱、认可、指导和限制来引导儿童的全面发展的。张丽纳等人在"家校共育优质品格的实践研究"中，开展校本积极养育家长学校课程的研发和试用研究。

不少已开展的积极养育干预项目，如由澳大利亚昆士兰大学家庭支援中心创立的著名的Triplep-P项目（Positive Parenting Program，积极父母教养课程）、由美国心理学家提出的父母培训课程"父母效能训练"（Parent Effectiveness Training，PET）、积极养育法（Active Parenting）、FGCB项目（Family Group cognitive-behavioral 家庭团体认知行为方案）等，皆取得了显著的干预效果。

（一）"Triplep-P"积极父母教养课程

经过四十年的持续研究与实践，"Triplep-P"从最初针对学前儿童行为问

题的一对一父母培训,发展成为一个多层次、系统化的父母教养干预方案。作为社会学习理论在父母教养领域的应用典范,"Triple-P"着重于教授家长如何以一种积极、有效且不伤害孩子的方式管理儿童行为,以促进孩子全面发展。该课程的精髓在于倡导家长采用正面养育技巧,例如,积极的沟通、适时的表扬和恰当的奖励,同时避免使用负面的惩罚手段。"Triple-P"旨在提升家长的养育能力,加强亲子间的积极互动,为孩子营造一个支持性的成长环境。

1. 营造安全有趣的环境

父母应学会为孩子创造一个既安全又充满乐趣的成长空间,让孩子有机会自由探索、发现和游戏,这有助于孩子健康地成长,同时避免意外,激发他们的好奇心,促进语言和智力的发展。

2. 积极的学习氛围

作为孩子的启蒙老师,父母需要学会如何积极回应孩子,帮助他们学习解决问题的技巧,并对良好行为给予积极的反馈。

3. 坚定的管教

父母在管教孩子时要保持一致性,对不良行为迅速而果断地作出反应,并以合理的方式引导孩子。

4. 拥有现实的期望

"Triple-P"鼓励父母审视自己对孩子的期望,根据实际情况和孩子的行为原因,制订合理的目标和期望。

5. 自我关怀

育儿过程中充满压力和挑战,Triple P建议父母在照顾孩子的同时,也要关注自己的身心健康,满足个人需求,这样有助于保持耐心和一致性。

"Triple-P"通过一系列实用且易于掌握的技巧,为父母提供了有效的教养支持。它以社会学习理论为基础,结合多种策略,指导家长如何科学地进行育儿。

(二)"PET"父母效能训练

"PET"是托马斯·戈登博士在1962年创建的,该课程为父母提供了一种学习如何与孩子有效沟通的训练方式。这个课程简单易学,帮助父母理解孩子，通过积极的倾听和表达，以及寻找无输家的解决方案，来培养孩子自我成长的能力，并促进家庭关系的和谐。

1. "PET"指出常见的父母在接纳中的误区

"虚假接纳"，即内心深处未接纳但强迫自己包容的那种状态，但其实怒气已藏，孩子很容易解读到，可以说这种接纳比直接表达不接纳更糟糕。这种情况下，可以用"接纳人但是不接纳事"来解决，即"我爱你，但是不喜欢你这样的行为"。

2. "PET"明晰了区别问题，是孩子的问题还是父母的问题

父母不要把所有的问题揽在自己身上。父母的问题是指孩子的某些行为影响了父母行事效率、情绪，比如孩子晚归让父母担心了，孩子在客人面前吵闹让父母不安了。孩子的问题是指孩子成长中遇到的困难、困扰、情绪波动等，比如孩子和同学吵架了、孩子学习遇上困难了等。

3. "PET"认为，当问题清楚了，方案就明了了

对待孩子的问题，要学会"听"。父母要学会听和接纳，避免掉入回应的误区。最好的回应是不带评价的倾听，最好的倾听回应是重复自己对对方问题的理解。尝试让孩子自己看清问题，接手问题并得出自己的解决方案，这才是对孩子最好的成就。

对待父母的问题，要学会"说"。一是把"你—信息"改为"我—信息"。其实就是把父母在亲子沟通中常见的"指责式"换为"陈述式"，比如将"你这么晚回来，太自我了！"改为"你晚上十点才回家，我会非常担心你的安全。"看到并表达出内心真正的不安感觉，还可以用非暴力沟通技巧进一步提出请求，"我希望你晚上九点发现自己赶不回来时，提前打电话告诉我一下"。二是当无法接纳孩子的行为时，尽量采用"第三法"。父母和孩子互动时，通常有三法：第一法是"父母赢孩子输"，常用这一法的父母通常比较强势或者缺乏安全感需要控制孩子行为，长久这么做的问题是到了青春期的孩子易出现怨恨、叛逆或者退缩、抑郁的情况；第二法是"父母输孩子赢"，常用这一法的父母通常有愧于孩子或是不懂得尊重自己的需求，长久这么做的问题是孩子以自我为中心、自私不懂合作；第三法是"亲子双赢"，这是一种把孩

子当成年人对待，由孩子参与决策共同做出的，能够被父母和孩子共同接受的解决办法。孩子在参与决策时，会将自己的身心投入解决问题的过程中，感觉到自己被信任，更可能做出值得信任的行为。

（三）"Active Parenting"积极养育法

"Active Parenting"，是一种基于同理心的方法，采取鼓励和解决问题等技巧，而不是大喊大叫、责骂、羞辱或利用奖励收买等。"Active Parenting"透过积极的互动主动满足孩子的情感需求，这个做法可以防止大量不良行为的发生。"Active Parenting"的主要观点如下。

1. 与孩子有一对一的精心时刻

孩子天生需要积极的关注和情感联系，父母与孩子一起度过规律的美好时光并塑造良好的行为榜样可以帮助孩子建立自信和健康的人际关系，这是父母对孩子最好的付出。每天只需要10到15分钟的一对一精心时刻就能看到亲子关系的改变。

2. 建立"当……，就可以……"规则

设定明确的目标期望是积极教养的核心层，研究建议使用"当……，就可以……"方法来鼓励孩子在面对每天的挑战时可以采取更好的行为。也就是当完成一项不喜爱的任务之后，就会发生更令人愉快的事情，例如，如果在5点之前完成作业，就可以到外面玩耍。只要父母坚持这种做法，孩子将很快学会自己完成日常工作，无需父母在一旁不断唠叨督促。

3. 不要用"奖励"的方式

孩子往往对奖励本身的兴致高于提供奖励的活动，因此建议采取鼓励方式才可能激发出他们最好的一面。但记得应避免使用关于孩子性格或个性的短语，例如，"你是球队中最棒的球员"或"你真聪明"。相反地，最好是鼓励孩子特定的行为，例如，"你愿意关心朋友真是太棒了"。

4. 先解释清楚事情可能会有的后果并让孩子自己选择

例如，如果孩子下雨天出门时拒绝穿雨靴，父母可以解释可能会发生的后果——鞋子和袜子会被淋湿，脚也会感到不舒服。解释清楚之后，孩子可能还是会执意做错误的选择，但这些错误选择都将转为孩子学习及成长的机会。

5. 父母应专注于能控制的部分

父母没办法随时控制孩子的行为，但可以控制的是自己的回应方式，这将有助于孩子承担起该负的责任。例如，妈妈可以说："我很高兴为你准备学校午餐，只要你的餐盒已经清洗干净。"

（四）"FGCB"家庭团体认知行为方案

"FGCB"家庭团体认知行为方案是一种以家庭为单位的认知行为治疗方式。这种方案以经典和操作性条件反射理论以及模仿学习为基础，目的在于通过正向强化来提升家庭成员的积极互动，同时降低负面行为。该计划结合了行为主义和认知理论，不仅关注家庭成员个体和家庭系统对个体的影响，还强调认知与行为的相互作用，形成了一套综合的认知行为治疗方法。

"FGCB"揭示了家庭系统对成员行为的反馈机制，其中若家庭的反应加剧了问题行为，这种现象被称为正反馈循环；相反，如果家庭的反应有助于缓解或防止行为偏差，这便构成了负反馈循环。例如，在一个家庭中，第一个孩子原本很听话，但随着第二个孩子的出生，他变得易怒，尤其是对父亲。父亲对此感到困惑和愤怒，采取了打骂的方式来管教孩子，希望他能更听话。然而，这种方法反而使孩子的行为更加激烈，形成了一个正反馈循环，导致家庭问题不断恶化。在认知行为家庭治疗中，孩子通过哭闹来表达对新生妹妹的威胁感，而父亲的打骂则是出于对孩子行为的不满。这种激烈的应对方式实际上加深了孩子认为父母偏爱妹妹的感觉，促使他的行为更加无理取闹。这反过来又导致父亲采取更加严厉的措施，孩子因此感到更加愤怒和被疏远。家庭系统原本希望通过强化措施减轻异常行为，却无意中形成了正反馈循环，使得问题行为得到了加强。

在众多家庭中，存在着一种控制家庭成员行为的隐性规则。对于这个孩子的家庭而言，要解决的不仅是父亲采取的暴力手段，更关键的是改变这些行为背后的规则。如果只改变了行为而未触及背后的规则，就仅是表面的变化；真正的深层次变化，即二级变化，涉及规则本身的改变。要改变这些规则，一种有效的方法是通过重构来实现。这需要父亲重新理解孩子行为的真正原因，认识到孩子之所以表现出异常，可能是因为他害怕失去父母的爱，而不是出于无理取闹或故意挑衅。通过这种深层次的理解，可以引导父亲以同理心的方式去应对孩子的行为，进而实现家庭规则的积极转变。

（五）家校共育优质品格的实践研究

2017年，张丽纳等研究者开展了"家校共育优质品格的实践研究"，旨在解决家长学校发展中的普遍问题，并通过校本化积极养育课程的研发与试用，探索有效的家校共育模式。该项目具有以下特色：一是科学性课程内容，课程基于国外积极养育的三分法和国内积极心理品质的"三个世界"模型，确保了理论的科学性。二是系统性课程结构，以"积极的亲子互动方式"为核心主题，细分为"智慧之爱""策略性管教"和"技巧性教导"三个子主题，每个子主题都有详细的论述点支撑，形成了一个完整系统的教学体系。三是易接受的教学模式，采用"工作坊"形式，通过小班制、理论讲解与实践行为作业相结合的教学方式，使家长能在分享中增强体验，提升学习效果，同时提高了家长的参与度和学习持续性。四是本地化案例与教师，通过调查、访谈、故事筛选和专家点评等步骤，开发校本化教学材料，克服了家长学校缺乏本地案例的问题，培训的教师对本地学生和家长有深刻理解，提高了培训的亲切感、信服力和认可度。

二、积极心理学理念下的家庭心理健康教育内容

已有的关于积极养育的基础研究和干预项目，为本土的积极心理学理念下的家庭心理健康教育研究提供了科学的理论依据与可借鉴的实操经验。但目前我国明确以积极养育理念为导向的家庭教育研究还较少。

因此，笔者尝试以积极养育"开发家庭心育资源—提升家长育儿能力—优化家庭育人环境—培养孩子积极品质"的发展思路，研究本土文化背景下基于积极心理学理念的家庭心理健康教育的主要内容、实施途径及其对儿童积极心理品质养成的影响。

家庭心理健康教育试图通过学校对家庭成员的教育和指导，改善学生成长的家庭心理环境，提高家庭心理健康教育的质量和家庭成员的心理健康水平，整合社会心理资源，从而促进家庭、学校、社会形成心理健康教育的合力，提

升学生的心理素质，促进学生人格的健全发展。笔者基于积极养育"爱与温暖""行为调节""自主支持"三大核心成分，提出积极心理学理念下的家庭心理健康教育的主要内容可包括以下三个维度。

（一）家长维度：强意识学策略善养育

基于积极养育理念的家庭心理健康教育，倡导家长主动承担对儿童进行教育的责任。家校双边能基于成长型思维模式，形成共同积极育人的合力。学校通过对家长进行科学的家庭心理健康教育指导，提升家长的心理健康水平，改善家庭成员关系和心理环境，提高家庭教育的质量，培养孩子良好的心理素质和健全人格。具体包括以下三个方面。

1. 强化主体责任意识

即基于积极养育理念，强化家长在家庭心理健康教育中的主体责任意识，鼓励家长积极作为，提升自身的心理健康水平。

家长的示范作用对孩子的成长至关重要，"以身作则，言传身教"是家长履行教育责任的关键。父母的言行举止会深深烙印在孩子心中，影响其一生。因此，家长需要积极采纳正面的教育方法，用科学的育儿理念和成才观念来引导孩子，帮助孩子建立正确的价值观和人生观。家长应不断自我提升，以身作则，成为孩子学习的榜样。家长的健康思想和良好品质能积极地影响孩子，帮助他们培养优秀的品德、心态和习惯。这种榜样的力量，是家庭教育中不可或缺的一部分，对孩子的全面发展起着至关重要的作用。

2. 学习积极养育策略

即帮助家长系统掌握积极养育理念下家庭心理健康教育的知识与原理，提升其在家庭中对儿童进行心理健康教育的效能。

家长往往对孩子有着诸多评判、期望、指责、失望、愤怒。但事实上，爱和幸福才是家长教育孩子的全部目的。向孩子表达无条件的爱，承担起自己的责任，把错误当成学习的机会，寻找积极的方面，和善而坚定地对孩子说"不"，帮助他们找到真正的"是"，是家长可以、更应该采用的正确教养方式。家长应遵循积极养育的五大原则（即与别人不同没关系；犯错误没关系；表达消极情绪没关系；要求更多没关系；说"不"没关系，但要记住父母才是主导者），系统学习积极养育策略，为实施有效的家庭心理健康教育奠定基础。

3. 采取积极养育行为

即引导家长善用积极养育理念开展家庭心理健康教育，切实促进孩子形成健康的情感意志、积极的心理品质和自主管理能力。

积极养育行为是一种基于爱的养育方式，其最终目的是使孩子获得感受爱和给予爱的能力，心理得以健康发展。其一，"善言待之"——家长在教育孩子过程中多用夸奖、接纳、尊重的言语。家长的爱与尊重是孩子一生自尊、自信的源泉。家长应在家中创造一种放松的氛围，给孩子带来满足感和幸福感。其二，"善规养之"——家庭制订规则要合情合理，不以惩罚为目的。惩罚只是一种辅助性的教育手段，不是唯一的手段。在积极养育中，惩罚不是目的，让孩子树立规则意识才是目的。家庭制订规则要合乎情理，要人性化并且具有一定的调整性。这是为了建立原则，也要让孩子能够遵守，这样才能让孩子明白规则建立的意义，约束自己的行为。其三，"善行助之"——在成长中，孩子难免遇到"烦恼"，需要家长积极的帮助、正向的引导。在孩子需要帮助的时候伸出援手，需要安慰的时候给一个温暖的拥抱，用积极的行动参与到孩子的每一次成长。积极地塑造亲子关系，是家庭中最重要的"爱"之养育方式。而且，陪伴是家长给孩子最好的礼物，也是最温暖的教育。

（二）儿童维度：健情意、养品质、提能力

在学校指导下，家长应在明确儿童身心发展特点的基础上，围绕"有健康意志情感""养积极心理品质""提自我教育能力"三个方面，形成各发展阶段的有机衔接、螺旋上升和全面系统的家庭心理健康教育内容。

1. 有健康意志情感

即引导儿童扣好人生的第一粒扣子，树立正确的世界观、人生观、价值观。为儿童的心灵埋下真善美的种子，培养儿童积极进取的生活态度。鼓励儿童通过投入有意义的事情创造积极的情绪体验，学会合理地表达自身的需求与期望，学习有效调适情绪的方法，正确处理理智与冲动、调节与控制、挫折与磨砺的关系。

意志是人在克服困难的过程中形成和发展起来的。离开了实践活动的锻炼，仅靠"纸上谈兵"是不能培养起意志力的。为了培养孩子的意志力，家长可在家庭活动中组织一些具有一定难度，同时又是孩子力所能及的各种实践活动，让孩子经常接受不怕困难、战胜困难的锻炼和考验。在活动中，对孩子提出一定的要求，使其在各种有一定难度的活动中，逐步形成坚定、勇敢、顽强、果断等意志品质。特别需要让孩子参加一些难度比较大或是孩子不大感兴趣的活动，这对其意志力的形成和发展有重要的意义。在实施这些活动过程中，还应特别注意帮助那些意志力薄弱的孩子，耐心指导，帮助他们增强克服困难的信心和勇气。在正确的教育方式下，通过反复的实践磨炼，孩子是能够变为意志坚强的人的。

在儿童意志培养方面，家长和教育者需根据儿童的个性和成长阶段，实施针对性的教育措施。同时，重视孩子自我评价能力的培养，这有助于孩子认识自我，明确自身的优势和需要改进之处，进而锻炼和加强他们的意志力。通过这样的教育实践，儿童能够在自我认知的基础上，逐步形成坚定的意志和积极面对挑战的能力。

2. 养积极心理品质

即在积极养育理念下，开展家庭心理健康教育，助力儿童形成六大美德二十四种积极心理品质。

家庭教育中，家长期望孩子能够吸收和践行积极的品质，但这不能仅仅依赖于口头教导或简单的标签化定义。更有效的途径是挖掘每个孩子内在的积极心理特质，并以此为出发点，进一步培育和强化这些品质。通过观察和鼓励孩子展现的积极行为和态度，家长可以更实际地帮助孩子在日常生活中践行和扩展这些积极品质。例如，培养友善等品质时，家长应与孩子共同设定具体可行的目标，如"每天主动向两人问好"，这样的量化指标便于跟踪孩子的表现。品质培养本质上是行为和习惯的养成，而习惯的养成则依赖于日复一日的坚持。当前品质教育面临的挑战之一是其过于笼统，如家长简单要求孩子"要做好孩子"，却没有具体标准。因此，培养儿童的积极心理品质需要有清晰的计划、持续的监督、定期的进度检测和频繁的反馈，以确保教育目标的明确性和实施的有效性。

3. 提自我教育能力

即培养儿童自信心和独立性，教育儿童养成良好的生活与学习习惯，拥有广泛的学习兴趣和自主学习的能力。引导儿童正确使用科技智能产品，发挥新科技、新媒体的正面价值。鼓励儿童善于主动与家庭成员、同伴、老师交往；帮助儿童形成正确的角色意识，承担相应的责任，适应不同的社会角色，懂得遇到心理问题时主动求助重要他人或专业心理老师，增强儿童尊重生命、珍爱生命的意识。

培养儿童的自我教育能力是一个全面而深入的过程，它包括自我认识、自我体验、自我控制和自我锻炼等关键方面。家长在尊重孩子的基础上，应运用积极的养育策略，从六个方面促进孩子的成长：首先是"发现"，家长需识别孩子自我教育的初步迹象；其次是"唤醒"，相信并激发孩子的内在潜能；接着是"激发"，通过多种激励手段调动孩子的自我教育热情；紧接着是"反馈"，在孩子成长的每一步，无论成败，都给予适时的积极反馈；然后是"引导"，在孩子需要时提供适宜的条件、建议和价值观引导；最后是"等待"，家长需根据孩子的实际发展情况，耐心地等待并观察，以便及时调整教育方法。通过这一系列连贯的步骤，家长可以有效地支持孩子发展自我教育的能力。

（三）家庭环境维度：有氛围、修关系、促成长

积极养育理念认为，儿童的积极情绪体验大多是从环境中获得的，这说明家庭环境对儿童的成长具有重要作用。家庭环境潜移默化地影响着每个家庭成员的心理，在民主和谐的家庭氛围中，更有利于家庭成员之间形成良好的人际关系，促进家庭成员（尤其是儿童）拥有积极情绪体验和良好的个性心理品质，而家庭中所有成员的健康可持续发展又能营造更加积极、温馨的家庭环境，构建起积极的家庭生态圈，实现人和环境的良性发展循环。具体包括以下三方面。

1. 有民主心育氛围

即在积极养育的引领下，每个家庭成员清楚自己的角色定位，并意识到每个成员都是家庭环境的构建者,也是家庭心理健康教育的主体,愿为营造一种积极、民主的心理健康教育氛围贡献己力。

一个有民主心育氛围的家庭,其核心在于尊重孩子作为独立个体的个性和权利。在这样的家庭中,孩子的意见和参与受到重视,他们不被视作家长的附属品,而是被视为具有自己思想和选择能力的个体。家长与孩子之间的交流充满协商,孩子被赋予自主决策的权利,而家长的角色是提供指导和支持,而不是简单地替孩子做决定。这种民主的家庭教育方式鼓励孩子自由地表达自己的想法和感受,无论是好奇的探索还是对不公的抗议。这样的环境不仅有助于孩子积极品质的形成,如好奇心和公正感,而且能为孩子营造一个充满爱、快乐和学习氛围的成长空间。在这样的基础上,家长与孩子能够建立起相互信任、理解和尊重的关系,从而为构建一个民主和谐的社会打下坚实的基础。

2. 系良好人际关系

即以良好的亲子关系构建温馨的家庭人际环境,促进儿童积极心理品质养成,同时为儿童日后走出家庭之后的人际交往奠定基础。

积极养育强调的是一种既温和又有明确界限的亲子关系,其中养育者对孩子持有既温柔又坚定的姿态。在这样的关系中,父母与孩子共同参与制订规则,一起商讨遇到问题时的解决方案,确保这些方案对双方都有利。亲子间的互动基于尊重和尊严,即使在父母需要独立做出决断时,也应保持坚定而和善的态度。家庭环境中,规矩与自由并存,限制与选择共生。面对问题,家庭成员相互倾听、共情,并携手寻找解决办法。实现这种状态需要关注亲子互动的每个细节,包括家长的角色定位、交流方式、奖惩机制以及规则的建立过程,这些都对亲子关系的质量有着直接影响。要达到这样的亲子关系状态,首要步骤是让家庭成员从内心深处认同这种关系模式,相信它对孩子的成长和家庭的长期幸福最为有利。这种认同将成为家庭成员持续学习和改进的动力,推动他们共同努力,营造一个有利于每个成员发展的家庭环境。

3. 促全员健康成长

即运用积极养育达成家长、儿童、家庭环境三者之间的平衡,使系统中的各个组成部分形成良性的交互影响,构建出健康和谐的家庭生态系统,以促进家庭积极可持续发展。

家庭教育最好的样子，就是家长和孩子共同成长的样子。家长的角色至关重要，需做到四点：首先，认识到并接受自己的不完美，以此培养孩子的适应力和自我调节能力；其次，管理好自己的情绪，以理性的态度理解孩子的需求和自己的情绪反应，提供有效的指导；再次，与孩子的成长节奏保持一致，深入孩子的世界，从他们的角度感受和理解情绪与想法；最后，家长应持续自我学习和提升，不仅丰富个人生活，也通过身教对孩子产生正面影响。这样的家庭教育模式，能够促进家庭成员间的相互理解和支持，共同进步。

三、积极心理学理念下家庭心理健康教育的实施策略与途径

围绕积极心理学理念下家庭心理健康教育的主要内容，学校也应进一步对家长进行实施策略和途径的指导，以确保家长能掌握相关技能，并在家庭中践行，让家庭心理健康教育真正发挥育人实效。

（一）学校：通过主题工作坊为家长提供积极养育方法

课程具有目标性、计划性、指导性和活动性。以主题式工作坊形式为家长开设序列化积极养育课程，有利于克服通识性、一次性的家庭教育所带来的问题，将家庭心理健康教育发展为专业性、延续性的教育。工作坊形式有利于家长系统地体验式学习积极养育课程，通过团体动力场的交互作用，充分调动家长学以致用的主观能动性。

教材是课程实施的主要载体。基于积极心理学理念开发的家庭心理健康教育教材《积极养育，家长必修的家庭心理健康教育课》和配套线上自学微课程资源——"育见成长"积极养育线上微课可为师资团队提供活动参考与学习资源。研发团队以教材开发推动课程教学模式的探索，提出"5+1"工作坊教学模式，即工作坊中"家庭剧场—教子有方—家庭行动—积极养育—教养心语"五个环节，再加上"育见成长"线下微课。其中，"家庭剧场"采用积极养育中"家庭好事清单"的方式，收录家庭故事中与主题相关的典型事例，在工作坊中将家长分为三人小组，以"ABC"（A—家长、B—儿童、C—观察员）角色轮换重现故事场景，并以积极养育的方式回应剧本中设置的问题。"教子有

方"环节是由各组以思维导图的方式梳理在"家庭剧场"体验活动中各组观察员记录的应对相关教养问题的积极养育方法。"家庭行动"环节提供该主题下相关的家庭活动项目,供家长在工作坊学习后组织家庭成员进行体验或训练。如在《规则与爱》的主题中,设置了"设置'积极暂停角'"作为家庭活动项目,家长需在家中和儿童一起建立"积极暂停角",当有家庭成员出现负面情绪的时候,其他家庭成员可以以和善的口气,用正面引导的方式,提醒或陪伴他到"积极暂停角"平复情绪。"积极养育"环节是师资团队根据积极养育的理论与实践所提供的与主题相关的养育指南,以更加科学、专业的方式帮助家长学习积极养育技能。"教养心语"环节则是用一句富有哲理的话语概括每次工作坊的活动要义,以强化家长的积极养育理念。"育见成长"积极养育线上微课作为每次工作坊结束后的拓展,为家长提供后续的自学资源。此外,还鼓励家长将线下育儿感悟与困惑及时分享到成长小组,工作坊的教师定时进行线上答疑。通过教材和线上自学微课程的辅助,引导家长更新他们的教育观念,并建立科学合理的育人价值观。课程内容将涵盖积极心理学框架下的家庭心理健康教育基础,旨在提升家长在教育孩子方面的能力,帮助他们解决在育儿过程中遇到的困惑。这样的教育支持不仅能满足家长的基本需求,还能促进家长与孩子之间的相互成长和共同发展。

积极心理学指导下的家庭心理健康教育课程的实施,确实应该采取多样化的途径。利用信息化平台,比如家校互通系统,可以极大地方便家庭教育的指导,不仅拓宽了家校沟通的渠道,也缩短了家校之间的空间距离,加强了家校双方的合作,使育人方式更加多样化和丰富。学校可以通过校园网站开设"家校通"专栏,与学校内部的学生表现和成长记录系统相连接,让家长能够实时了解学校动态和孩子在校表现,减少教育的时间差,提高家庭教育的针对性。此外,家长还可以在平台上留言,为学校工作提出建议,推动学校教育工作的进一步发展。通过公众号平台,学校可以发布工作动态、活动信息,同时定期分享家庭教育的案例和指导文章,促进家长和学生的自我反思和认识提升。这些途径的运用,不仅有助于家长和孩子共同成长,也有利于家长在育人过程中发挥更大的作用。除了工作坊、讲座、沙龙和线上课程等形式,任何能够系统化、专业化并易于操作的方法，都值得进一步开发和应用，以实现家庭教育的有效性和高效性。

（二）家长：运用积极养育方法为儿童的健康成长赋能

积极养育的核心宗旨是为儿童的健康成长赋能。基于积极心理学理念开展的家庭心理健康教育，应营造温馨和谐的家庭氛围，展示民主型教养风格，即父母的形象是正面且权威的，但态度是和善而坚定的，能以成长型思维培养儿童形成积极心理品质和自主支持的能力。在民主和谐的家庭氛围中，孩子更有可能培养出自律、责任感、合作精神以及独立解决问题的能力。这样的环境有助于孩子学习并掌握让他们终身受益的社会技能和生活技能，从而在学业上也能取得优异的成绩。参考阿涅丝·杜德耶开展"积极养育工作坊"二十多年的经验，结合本土实践，家长可以通过以下方式为儿童的健康成长赋能：用主导价值观引领家庭生活，用富有仪式感的活动赋予家庭生活特别的意义（如积极心理学经典实验"感恩拜访""三件好事"）让儿童拥有健康意志情感。通过在家庭中开展"每天爱你多一点"活动，发展美好家庭的四大支柱——爱、善待、同理心、信任；通过设置"家庭会议日"，变"独裁主义"为"民主主义"，家庭成员一起订立规矩，让爱里有坚定，让儿童从被动服从走向自主管理；通过"挖掘犯错里的宝藏"思过仪式，以积极视角让犯错变为无比丰富而不可或缺的学习机会。通过"品格/能力储蓄罐"活动，帮助儿童发现自己的优势，顺势养育，激发儿童的潜能；通过设置"特别时光"——《正面管教》一书中提到，2岁以下的孩子需要父母长时间陪伴，2~6岁的孩子需要父母每天半小时的"特别时光"，6~12岁的孩子需要每天10分钟时间的"特别时光"，父母与孩子利用这些"特别时光"一起做些孩子感兴趣的或者有意义的事情，增强孩子的自我效能感和亲子之间的亲密感。在积极养育理念与方法的指导下，父母要与孩子建立亲密、信任的关系，开展适合家庭成员的体验式家庭心理健康教育活动，自主给予孩子支持与肯定，不断为其健康成长赋能。

（三）儿童：养成积极心理品质，为幸福人生奠定基础

倡导积极养育理念的家庭是儿童自我实现与自我成长的沃土。家长在习得积极养育方法后，应着力让家庭心理健康教育走进儿童的内心，真正发挥其育

人实效。

一是家庭可创设情境与机会引导儿童通过努力获得成功,以积极的情绪体验和自我效能感进一步激发孩子自主发展的内驱力。相信儿童内在向上向善的积极力量,充分发挥其自我教育的能力。孩子将家长的教育期望转化为个人追求,并主动实践这些要求,是教育成功的关键。这一过程标志着孩子不仅理解了教育的要求,而且愿意将其作为自己行为的准则,从而在个人成长的道路上实现自我指导和自我提升。家长对孩子自我教育能力的培养主要体现在以下五个方面:其一,要善于发现孩子微小的自我教育迹象。其二,要善于发现孩子自我教育上的质变。其三,家长需要培养对孩子未完全表达想法的理解能力,学会洞察孩子行为背后的真实意图和认知需求。其四,在孩子成长的旅途中,家长的角色至关重要,他们应在孩子行为之后及时提供反馈,无论这些行为是否符合预期。这种反馈应当是建设性的,旨在帮助孩子学习与成长。其五,尊重孩子并非意味着放任其自由发展,而是指在尊重孩子的个性和成长规律的基础上,家长应提供恰当的引导和支持。

二是以积极关系与沟通方式,成就儿童的性格优势。首先,需要强调的是"夫妻关系要优于亲子关系。"一个亲密无间的家庭,可以让孩子更茁壮地成长,当父母就育儿观念达成统一时,孩子也会更有安全感和安定感。其次,孩子在成长中面临各种情境的情绪与感受需要被家长看见和理解,以此拉近亲子之间的距离。例如,当孩子非常沮丧的时候,家长温和地告诉他:"爸爸/妈妈知道此刻你很难受,如果你需要我都会陪着你。"这绝对不是一句空话,它能够拉近家长和孩子之间的距离,并且准确地让孩子知道父母能够感受到他的不愉快。有了良好的信任关系,家长才有可能进一步引导儿童对问题进行积极归因和主动寻找解决对策。

三是培养儿童积极心理品质,增强其自主管理意识和抵抗挫折能力。一般自主性强和耐挫力高的儿童大多生活在充满爱的家庭环境中,他们能感受到在逆境中或者遇到困难时有足够的支持和帮助。例如,在"勇敢、坚持"这两项积极心理品质的培养中,结合儿童遇到的挫折情境,将挫折拆解成一个个小问题,向儿童逐个提问,好像儿童就是解决问题的专家一样。当儿童罗列出的困惑被各个击破时，自然就会产生直面挫折的勇气和坚持不懈的毅力。在家庭中接受一次次的积极教育、正面引导与情境试炼，儿童的积极心理品质得以深化，并发挥效能，进而为其健康成长和幸福生活奠定基础。

　　基于积极心理学理念的家庭心理健康教育的途径并不限于以上方法，而是多元化的。例如，学校应完善组织保障，形成心理教师、班主任、家庭、社会联动的家庭心理健康教育工作机制，构建"家校社一体化育人"的心理健康教育体系；优化积极养育师资队伍，有计划、有步骤地开展分层、分级、分梯队的培训；强化社区心理健康教育功能，利用家庭教育机构等专业师资团队进行专业的积极养育课程培训和配套资源开发等，这些都是有待开发与深化的途径。同时也要认识到，只有学校与家庭保持一致并形成合力，基于积极心理学理念的家庭心理健康教育才能真正促进儿童全面、和谐、可持续发展。

第二节 民主且温暖的家庭

家校社三方协同构建的心理健康教育新形态中，家庭的作用尤为关键。家庭心理健康教育的实施，要求家长不仅要有创新和前瞻性的教育理念，还要通过持续的言传身教来影响孩子。此外，家庭环境的积极熏陶和塑造同样不可或缺。孩子往往反映了家庭的特点，家庭环境的特点在孩子的认知发展、性格形成、道德观念、价值取向、社交能力以及行为习惯上都会留下深刻的印记。因此，家庭心理健康教育的成功，不仅在于父母的话语教导和身体力行，更在于创造一个有利于孩子全面发展的家庭氛围。简而言之，父母在教育中应兼顾言教、身教和环境教育，共同促进孩子健康成长。

家庭环境包括家庭成员之间的相互关系以及整个家庭营造的社交场景和氛围，它是家庭成员日常生活和成长的关键环境因素。家庭环境对家庭成员的心理和精神状态有着深远的影响，尤其是对孩子性格的塑造具有决定性的作用。一个积极健康的家庭环境能够为孩子提供良好的成长土壤，促进其全面发展。

在一项针对儿童青少年心理健康的调查中，被问到"你最怕爸爸妈妈的事是什么"时，孩子们回答最多的是"我最怕爸爸妈妈生气，怕他们吵架"。可见孩子是多么在意家庭氛围的紧张与否。不良的家庭氛围会使孩子情绪不稳定，对人不信任，害怕父母迁怒于自己或家庭破裂而忧心忡忡，长此以往容易形成孤僻、自私、敌对、憎恨等心理；而在和谐民主的家庭氛围中，孩子会有安全感，更愿意听从父母的教育、与父母进行沟通交流。良好的家庭氛围有利于塑造孩子的良好性格。苏霍姆林斯基认为："家庭风气既是进行家庭教育的前提条件，它本身也是一种有效的教育方式。如果说孩子是一颗种子，那么家庭就是土壤，家庭氛围便是空气和水分。"因此，营造良好的家庭氛围，对孩子的成长至关重要。

家庭心理环境对孩子的心理健康和成长具有深远的影响，它不仅关系到孩子的身心是否能够和谐发展，还可能决定他们未来的社会适应能力和整体福祉。因此，家长有责任积极营造一个积极向上的家庭氛围。这包括创造一个充满爱、鼓励和支持的环境，让孩子感受到快乐和放松，同时在民主和宽容的氛围中学会尊重和理解。在这样的环境中，孩子能够更好地发展自我认同，培养自信和良好的人际交往能力，从而促进其全面健康地成长。

一、良好的家庭心理环境有利于儿童青少年的成长

良好的家庭心理环境对儿童青少年的成长至关重要。它包括家庭的精神氛围和情感氛围，这些是由家庭成员间长期互动形成的稳定情绪状态，对每个家庭成员都有直接或间接的影响。研究表明，家庭心理环境主要通过家庭成员的关系、父母的教育观念、教养方式和家庭文化等方面体现，而物质环境、教育理念和家庭人际关系等因素也会对心理环境产生显著影响。

首先，一个积极的家庭心理环境有助于儿童青少年形成健康的人格。在一个充满爱和欢笑的环境中，孩子更容易产生积极的情绪体验，养成活泼开朗、自尊自信的性格，这对其身心和谐发展和健全人格的养成至关重要。

其次，良好的家庭心理环境能够促进儿童青少年的认知发展和求知欲。在一个民主和温暖的家庭中，孩子拥有更多的自主权和探索空间，家长的支持和回应能够激发孩子的好奇心，鼓励他们提出问题，培养他们主动探究的能力。

最后，一个充满爱和支持的家庭心理环境对儿童青少年的社会性发展同样重要。在家庭成员之间积极的互动中，孩子不仅能感受到亲密的亲子关系，还能学习到分享、轮流、合作和接纳等积极的社会交往技能。这些技能有助于孩子发展同理心和社交能力，为他们将来与同伴建立良好关系打下基础。

二、积极的家庭心理环境的特点

积极心理学关注人内心积极、乐观的方面，积极环境是培养积极人格特

质、产生积极情绪体验的基础。个体的认知模式、行为方式都是在家庭中逐渐形成的，积极的家庭环境对于其心理发展、完善具有重要意义。积极家庭具有和谐、温暖、平等、乐观、民主等特点，构建积极家庭需要从家庭关系、爱、肯定、理解、尊重、沟通模式等方面入手。

积极的家庭环境虽然没有统一明确的定义，但根据积极心理学研究者的论述，我们可以概括出一些共同特点，这些特点共同构成了积极家庭的基础，为家庭成员，尤其是孩子提供了一个有利于其全面发展的环境。

一是融洽平等的家庭关系：积极家庭中的成员关系建立在平等、和谐的基础上，每个人的需求都得到关注和尊重。家庭成员能够自由表达自己，同时保持适当的界限，以支持个体的成长。

二是和谐温暖的家庭氛围：家庭是成员相互信任和支持的港湾。在积极家庭中，爱与温暖是核心，家庭成员相互关心和爱护，以理解和引导代替斥责和控制。

三是积极正面的情绪体验：积极情绪是构建持久资源的关键。在积极家庭中，成员经常体验到快乐、自信、满足等情绪，重视在日常生活中的成就感和价值实现。

四是积极乐观的心理品质：家庭成员的心理品质对家庭氛围有着深远的影响。积极乐观的家长通过身教影响孩子，培养他们成为具有同样品质的人。积极家庭的成员通常展现出乐观、友善和感恩的心态，具有强烈的幸福感。

三、为孩子创设积极的家庭心理环境

为孩子营造一个积极的家庭心理环境，需要从多个维度进行综合考量和实践。首先，打造一个温馨舒适的家庭物质环境，为孩子提供稳定和安心的成长空间。其次，树立正确的家庭教育理念，确保教育的方向与孩子的健康成长相一致。接着，营造宽松愉悦的家庭人际关系，让家庭成员间的关系更加和谐，情感交流更加顺畅。此外，组织丰富多样的家庭亲子活动，增强家庭成员间的互动和情感联系。最后，营造良好的家庭情绪表露氛围，鼓励家庭成员表达自己的情感，培养积极的情绪认知和管理能力。通过这些措施，可以为孩子构建一个支持性、启发性的家庭环境，促进其心理和情感的健康发展。

（一）营造温馨舒适的家庭物质环境

家庭的物质环境对孩子的成长起着基础性作用，它不仅关乎孩子的日常生活需求，更包括所有可能对孩子产生影响的家庭物质条件。从孩子的个人空间到他们所使用的物品，这些物质条件在无形中塑造着孩子在饮食、卫生、阅读和整理等方面的习惯。

例如，设置便于孩子整理的收纳设施，可以培养他们的整洁习惯。家庭的整洁不仅关系到孩子的心理状态，还与他们的心理健康紧密相连。一个凌乱的家庭环境可能导致孩子养成不良习惯，而一个有序的环境则为孩子提供了安全感和秩序感。

重要的是，家庭物质环境的设置应以孩子为中心，满足他们的心理和成长需求，而非仅仅追求奢华。家长应根据孩子的年龄特点和心理发展需求，创造一个既安全又充满童趣的物质环境，提供适宜的操作材料，如小书架、地垫、小书桌等，以支持孩子的探索和学习。

家长的参与对于发挥物质环境的作用至关重要。通过与孩子一起选择图书、设计阅读空间、分类玩具和照料家中的动植物，家长不仅可以引导孩子参与家庭活动，还能让孩子在亲子互动中感受到家庭的温暖和乐趣。这样的物质环境才能真正成为孩子成长道路上的有力支撑。

（二）树立正确的家庭教育理念

家庭教育理念的正确性对孩子的成长至关重要。家长需要采纳创新和前瞻的育儿观念，确立科学的儿童观和教育观，意识到每个孩子都是具有独特个性的独立个体。家长应遵循孩子的发展规律，设定合理的期望，并根据孩子的特性、发展水平和兴趣制订合适的培养目标。

教育方法上，家长应避免单一的权威式教育，转而采用更民主、更温暖的方式与孩子建立朋友般的关系。这种关系基于冷静的热情和有节制的关爱，有助于构建民主型的家庭关系。家长必须学会尊重孩子，理解并尊重他们的兴趣、要求和想法，鼓励孩子自由表达自己。家长要赏识和信任孩子，提供积极的情感支持，通过陪伴和沟通，倾听孩子的声音，认可他们的个性。

在教育孩子时，家长应了解孩子的优势和不足，根据孩子的个性进行有针对性的引导，培养孩子乐观、真诚和独立的性格。此外，家长在教育上应保持一致性，避免在孩子面前出现分歧。即使有不同意见，也应在私下达成共识后再向孩子提出，确保教育的连贯性和一致性。

（三）营造宽松愉悦的家庭人际关系

家庭氛围对孩子的个性发展起着至关重要的作用。一个轻松愉快、和谐友爱的家庭环境有助于孩子保持积极情绪，培养出乐观、开朗和自信的性格。相反，在压抑、单调或冲突频繁的家庭中，孩子可能会变得内向，甚至出现情绪问题和社交障碍。

家长应努力营造一个积极的家庭氛围，通过相互尊重、理解和关心来加强家庭成员间的关系。家庭成员应提升自身的思想道德修养，学会控制情绪，避免在孩子面前争吵。乐观的情绪、面对困难的信心以及有序的家庭活动，都有助于构建一个宽松、健康的环境，促进孩子个性的积极发展。

亲子关系的和谐对孩子的身心发展至关重要，也是家庭心理健康教育成功的关键。亲子之间的良好沟通和家长对孩子心理需求的关注是建立和谐亲子关系的基础。家长需要与孩子进行有效沟通，观察孩子的日常表现，倾听他们的想法，并与孩子平等相处，成为孩子成长的引导者和支持者。然而，据《全国家庭教育现状调查报告（2018）》显示，部分家庭在亲子沟通方面存在不足。这提示家长需要加强与孩子的沟通，掌握有效的沟通技巧，如倾听、共情和尊重孩子的意见，避免评判和过度干涉。家长还应关注孩子的心理需求，通过倾听和共情来理解孩子的真实感受，为孩子提供有利于其成长的空间。在平等、接纳和支持的亲子互动中，孩子更容易与家长建立健康的亲子关系。

总而言之，一个和睦、温暖、愉快的家庭氛围能够为孩子带来信任感、安全感和幸福感。孩子能够感受到父母的关爱，信任并乐于与父母分享生活，这样的氛围有助于孩子形成积极的心理品质，如自信、阳光、温暖和乐观等。

（四）组织丰富多样的家庭亲子活动

组织多样化的家庭亲子活动对于建立亲密和谐的亲子关系和提升家庭成员的生活质量具有重要意义。虽然孩子们的周末可能常被作业和兴趣班占据，但充分的家庭活动时间对于增强孩子的幸福感、安全感和归属感至关重要。此外，丰富的家庭活动还有助于孩子社交技能的培养和社会适应能力的提高。

家庭亲子活动分为两种类型：核心家庭活动和平衡家庭活动。核心家庭活动指的是日常、低成本、易于实施且多在家中进行的活动，如共同用餐、观看电视、玩游戏等。而平衡家庭活动则包括不经常进行的、新颖的、户外的活动，如露营、旅行、观看戏剧等。研究表明，父母与孩子共进晚餐的频率与孩子的学业成绩正相关，而与父母一起散步、运动的孩子亲子关系更和谐，网络成瘾和学习问题较少；与父母一起观看电影的孩子则展现出更多的亲社会行为和感恩意识。

家长应重视并安排好日常的核心家庭活动，并结合孩子的兴趣和特点，规划多样化的平衡家庭活动。可以设定每天或每周的特定时间为亲子专属时光，如一起逛书店、看电影或参观博物馆，这不仅能帮助孩子放松身心，还能增进家庭成员间的感情，促进孩子全面、健康地成长。

（五）营造良好的家庭情绪表露氛围

营造一个有利于儿童青少年健康成长的家庭心理环境，不仅需要家庭成员间建立和谐的关系，还需要积极表达和管理家庭情绪。家庭情绪表露包括家庭成员之间的口头和非口头情绪表达，这种氛围对每个家庭成员的心理健康有着直接的影响。

一个积极的家庭情绪表露氛围能让孩子感到被接纳、理解、尊重和关注，使他们能够安全地表达自己的情绪，并更有效地调节情绪。在这样环境中成长的孩子往往展现出更强的社会能力，更受同伴欢迎，且表现出较少的敌意和攻击性行为。成年后，他们也更擅长维护亲密关系。相反，如果父母长期处于负面情绪状态，孩子的情绪和行为也会受到影响。研究表明，父母的情绪问题如焦虑或抑郁，会显著增加孩子出现类似问题的风险。

为了营造良好的家庭情绪氛围，家长可以采取以下三个策略：一是高接纳性。无条件地接纳孩子所有的情绪，无论是积极的还是消极的，让孩子知道他们的感受是被理解和接受的。二是高反馈性。对孩子的情绪做出共情和响应，从孩子的角度理解他们的情绪，并帮助他们调节消极情绪。三是高预测性。合理地表达和调节自己的情绪,让孩子能够预测父母的情绪状态,从而增强他们的安全感。

家庭是孩子成长的重要环境,家庭心理环境的质量直接影响孩子的身心健康。因此,家长应积极参与家庭教育,重视家庭心理环境的建设,为孩子的全面发展和家庭幸福提供支持,帮助孩子打下坚实的人生基础。

四、序列化专题式工作坊引导家长营造民主且温暖的家庭

家校社协同构建心理健康教育育人体系,离不开学校对家长的家庭教育的指导。多年来,笔者所在学校开展序列化专题式工作坊以引导家长营造民主且温暖的家庭,通过基于积极心理学和家庭心理健康教育理念,以序列化专题式的工作坊形式,将专题细化为一个个循序渐进、相辅相成的主题活动,引导家长通过活动体验、案例分析、角色扮演、头脑风暴等形式感悟、分享,学会运用心理学的理念与方法改善亲子关系,更新教育理念,找准辅导方向,助力孩子健康快乐的成长,从而提升家庭心理健康教育的实效。

目前,各中小学多数以讲座面授式、参与活动式、办报交流式、网上授课式、座谈交流式等方式开展家庭心育培训,鲜有以专题式工作坊形式,针对特定家长群体开展序列化的家庭心育培训。实践发现,家庭心育不应是"一次性"的教育,而应是"延续性"的教育;不应只是"说"的教育,而应是"做"的教育。基于此,笔者所在学校成立了家庭心育工作室"心桥工作室",开展"做孩子学习的好伙伴"低年级学业指导家庭心育工作坊,以期能基于家庭心理健康教育理论与实操兼容的理念,以序列化专题式工作坊的方式,帮助参与活动的家庭营造民主的学习氛围,激发孩子浓厚的学习兴趣,指导其有效的学习方法,并养成良好的学习习惯。

(一)营造"家庭学味",家庭心育让成长有陪伴

家庭心育的要义应是为孩子营造一种宽松和谐的环境,一种适宜人才成长的家庭氛围。家长有意识地在家庭中营造富有"学习味道"的氛围,陪伴孩子积极投入学习状态,同时家长能通过自身的积极学习体验与获得,引导孩子对学习行为引起注意、模仿、尝试、体验,有效地激发孩子的学习兴趣、从而使

孩子实现品德与智力的良性发展。

"做孩子学习的好伙伴"低年级学业指导家庭心育工作坊以"营造学习氛围，共创温情家园"为题开展第一次活动。主持人首先呈现《全国家庭教育状况调查报告（2018）》中所显示的结果，"'有温暖的家'排在学生认为的人生最重要事情的首位。"让每个家长了解家庭氛围对孩子成长的重要性。接着，运用"像个孩子一样做作业"的速算小游戏，引导家长边做速算题边与争吵声、游戏声、孩子的哭声等各种常见的家庭环境背景声抗衡。以模拟家庭里学习氛围和场景的方式，启发家长觉察自己是否为孩子提供了良好的学习氛围和学习环境，以氛围润泽，以环境养人。继而，利用家庭教育节目《超级育儿师》中跟拍一个学业不佳孩子的家庭故事的例子，层层深入，不断追问剖析，引导家长意识到创设民主和谐的情感型家庭氛围才能真正助力孩子的学业提升。最后，通过工作坊活动前录制的《孩子们的心声》，引导家长聆听孩子对温馨的学习型家庭氛围的诉求——"妈妈，请你不要玩手机了。多给我讲点故事吧！""爸爸妈妈，不要给我那么大压力，其实我能考好。周末多带我出去玩玩吧！""爸爸妈妈，希望你们不要再吵架了，每次听到你们吵架的声音我都很害怕，也做不下作业"……一句句稚嫩的声音和真诚的恳求，戳动家长们的心。最后，以"打造'三型'（学习型、民主型、情感型）家庭氛围计划"为主题的课后亲子拓展活动，鼓励各个家庭从"知道"走向"做到"，将心桥工作室做"有执行力的家庭教育工作坊"的举办宗旨落实到每个家庭。

（二）巧妙"约法三章"，家庭心育让关爱有坚定

科胡特曾用"不含敌意的坚决，不带诱惑的深情"贴切诠释了如何温和而坚定地达成独立且有边界的共存，这句话同样描述了亲子关系的最佳境界。在倡导"爱"的民主型家庭里，孩子并不缺"爱"，缺的是"关爱里有坚定"。以"坚定"这把尺，让家长能时刻衡量自己是否成为温尼科特所提倡的"刚刚好（good enough）"的父母，给孩子适时适度的爱与坚定，让孩子在规则里形成自主学习意识，并养成学习中自控自律的好习惯。

工作坊第二次以"遵循定规矩法则，巧妙'约法三章'"为主题开展活动。主持人以一个案例贯穿始终，用生动的语言和有趣的互动向家长分享了与

孩子有效"约法三章"需要注意的三个要点——"眼神的交流""告诉孩子怎么做""站在旁边看结果",引导家长学会多观察、少评断,以积极的态度对待孩子的各种状况,适时强化其良好的学习行为。接着,带领家长们以三人小组的形式(即分别扮演家长、孩子、观察员),呈现出家庭中常见的学习问题与解决对策。家长们在小团体中逐一轮换角色,实战演练订立规矩的三个要点。正强化是小学生良好行为习惯养成的常见方式(如专注力的培养、拖延症的克服等),在家庭中巧设"积分卡"和"抽奖袋",能帮助孩子更主动积极地执行"约法三章"所列条目。设置规则,让爱和规矩理性结合,"无条件的爱"里"有坚定的规则",方能产生更具实效的教育结果。

(三)善解"感知模式",家庭心育让学法有方向

随着多媒体技术的发展,学习过程中涉及多种感觉信息的输入通道。每一个孩子可能对其中的某一个通道存在偏好,如凭耳朵听(听觉),用眼睛看(视觉),用手摸(触觉)等,这就是个体感知模式的差异所在。心理学的有关研究表明,不同感知模式偏好影响着学习者的学习风格类型。这就要求家长在家庭教育中,能感知孩子的感知模式,根据孩子的感知偏好认知孩子在研究和解决其学习任务时,所表现出来的具有个人特色的方式,即发现孩子的学习风格类型,更有针对性地对其进行学习策略指导。

在工作坊第三次"了解感知偏好 助力学习过程"活动中,主持人首先通过小测试带领家长了解不同的感知模式类型。接着,通过"像个孩子一样去学习"的情境模拟活动,让家长体验孩子在课堂学习的情景,感受听觉和视觉都可各自作为单独的感觉输入通道进行学习,比如阅读看黑板和屏幕,以及听老师讲课,听音乐及录音等,但是动觉和触觉很少各自作为单独的学习通道来进行学习,往往触觉提供最外界的信息,动觉提供的是比如动手做实验,做笔记、画图等学习过程中的身体信息,触摸和进行动作也常常是结合在一起进行的,可以统一划分为触动觉型。最后,引导家长们分小组进行头脑风暴,寻找对孩子进行家庭学业指导的有效策略——视觉型感知模式偏好的孩子可以通过阅读、电影、实验、演示、示范、观察、运用模拟表演进行学习;听觉型感知模式偏好的孩子可以通过讲授、讨论、谈话、播音等方式进行学习;触觉型感

知模式偏好的孩子可以通过做笔记、在课本上划线、亲自动手操作等方式进行学习。

（四）走进"屏幕时代"，家庭心育让辅导有选择

面对成长在"屏幕时代"的孩子，如何正确处理网络和学习的关系成为不少家长在家庭教育中的困惑。网络的迅猛发展，让孩子接收信息和学习方式都发生了巨大的变化，多数孩子的学习活动都离不开网络学习媒体的辅助。面对"屏幕时代"的冲击，善用家庭心理健康教育的理念与方法，引导家长具备相关的能力和品质，更有选择性和针对性地对孩子进行学业辅导，将有助于解决"屏幕时代"的学习所存在的问题。

在工作坊第四次"屏幕时代，家长如何做好孩子的学业指导"活动伊始，主持人以电视节目《少年说》中的片段"爸爸妈妈快放下手机，抱抱我"导入，以此引发家长对"屏幕时代"如何与孩子沟通的思考。随后，开门见山设问："在'屏幕时代'，孩子是如何学习的，而家长又在担心什么？"以此梳理孩子利用网络进行学习的利弊和家长所担忧的问题。紧接着，引导家长利用思维导图的方式画出如何陪伴孩子创造高质量的屏幕学习时间。在家长呈现的思维导图里，好的榜样、互动陪伴、约法三章等方法成为共识。以身作则的榜样引领，即控制自己使用手机的时间，丰富屏幕浏览的内容，因为家长的喜好往往是低年级孩子的学习倾向；切实有效的互动陪伴，即"像个孩子一样"陪伴孩子怀着好奇心走进屏幕时代，探索未知的多彩世界，用多维的感知提升孩子的感官体验，用信息的趣味促进亲子交流的深度和广度，用游戏的构想激发孩子的学习热情；民主和谐的约法三章，即把自主权从家长转移到孩子身上，让孩子做自己行为的主人，引导其用正向语言订立使用屏幕进行学习的规矩，制订"家庭数码时间"和"家庭无媒体日"。榜样示范，优质陪伴，立定规矩，以帮助孩子逐步养成合理健康的媒介使用习惯。

（五）滋养"努力种子"，家庭心育让付出有回报

心理学研究表明，父母教养方式对孩子学业自我效能有正向预测效应。在家庭心理健康教育中，培养孩子积极的"自我归因"能力，学会将学业成就归于内在因素（能力、努力），滋养其心中的"努力种子"以增强自我效能感和

学习动力。作为家长，对努力需要有清晰的目标认识，重视自身的榜样引领，同时，也需要看到学习是一个循序渐进的过程，相信孩子通过努力改善与成长的点滴，坚信努力在任何时代和环境下都有着不可取代的意义。

在工作坊最终回"最好的礼物——每天努力一点点"活动中，主持人以泰国家庭教育公益广告《每天努力一点点》导入，倡导家长做孩子最亲密的学习伙伴，在用心的陪伴与观察中发现孩子的努力，每一天都能看到孩子努力后的成长，必要时陪伴孩子"试误"，就会有一个从量变到质变的飞跃。随后，主持人带家长们换位，化身为自己的孩子，体验由综艺节目《极限挑战》中"人生起跑线"改编的活动"奋力向前，努力让生命无极限"。活动开始前，全体"孩子"一字排开，接受主持人的提问："你的父母是否都接受过大学以上的教育？""你的父母是否为你请过一对一的家教？""你的父母是否让你坚持学习功课以外的一门特长且你目前还保持一定水准？"……几个问题过后，有的人一路向前，有的人却仍然停留在原地。提问结束，主持人宣布每个人按当下所站位置为各自的起跑线，最快抵达终点的前十名为获胜者。起跑口令响起的那一刻，所有的"孩子"往前冲，越是落在后面的，越是奋力向前，最终率先获胜的人里有不少是起跑时站在后面起跑线的人。在活动后的分享中，家长们纷纷表示，虽然决定一个人的起跑线在哪里的是自己的原生家庭，但是在未抵达人生的终点前，每个人都有权力奋力追逐，努力实现自己的人生目标。最后，在工作坊结业仪式上，主持人组织家长们分享自己精心准备的"最好的礼物"，并揭开了"最好的礼物"的活动寓意，希望参与此次工作坊学习的家长走出工作坊有限的空间后，能带动更多的家长与孩子不断地在家庭心育里创造惊喜，创造属于亲子之间"'最好的礼物'——每天努力一点点"的点滴成长。

序列化专题式的家庭心育工作坊，将专题细化为一个个循序渐进、相辅相成的主题活动，引导家长通过活动体验、案例分析、角色扮演、头脑风暴等形式感悟、分享，习得如何恰如其分地运用心理学的理念与方法改善家庭育人环境，更新家长教育理念，找准家庭发展方向，助力孩子更加健康快乐的成长，以达到提升家庭心理健康教育实效的目标。

第三节 温和而坚定的父母

做"温和而坚定"的父母是积极养育倡导的父母教养方式。"温和而坚定"这一概念是简·尼尔森在《正面管教》一书中提出的育儿理念,她认为:"孩子只有在一种温和而坚定的气氛中,才能培养出自律、责任感、合作以及自己解决问题的能力。"在和谐的亲子关系中,父母与孩子之间的沟通是开放和真诚的,孩子能够感受到家庭中充满爱与关怀。这种氛围有利于孩子在早期形成安全依恋,建立信任感。在青少年时期,有助于他们发展积极的自我认知,培养符合社会规范的价值观。成年后,这样的孩子往往对社会持有更积极的态度,更容易发展出积极健康的人格。父母的教养方式对亲子关系的质量有着深远的影响。选择正确的教养方式,可以帮助父母更好地实现家庭教育的目标。"没有敌意的坚决、不含诱惑的深情"这句话为父母提供了教养方式的指导原则,鼓励他们在坚定地设定界限的同时,保持对孩子的深情关爱,避免在关爱中带有诱惑或操控。这种教养方式有助于建立一种既不压抑孩子个性,又能引导孩子成长的亲子关系。父母通过这种平衡的方法,可以更有效地支持孩子的发展,帮助他们成为既独立又负责任的个体。

一、亲子关系及其意义

亲子关系,作为家庭生活中父母与子女之间的相互作用,是个体发展早期最为关键的人际关系。它是个体成长过程中的第一阶段,对个人的心理发展和社会适应具有深远的影响。在义务教育阶段,父母的积极参与教养与孩子问题行为的减少、社会技能的提升密切相关。当儿童青少年感受到来自父母的安全感时，他们在社会情感适应性方面表现得更为出色。特别是母亲采用情感温暖型的教养方式，对孩子的自立能力和学校适应能力有积极的促进作用。此外，亲子关系的模式，包括教养方式、亲密程度和文化资本的投入，对儿童青少年的学业成就有着显著的正面影响。

良好的亲子关系还对减少儿童青少年的违纪和犯罪行为起着重要作用。与父母建立安全依恋关系的儿童青少年较少参与反社会行为。相反，亲子关系的缺失或冲突可能导致儿童青少年出现攻击性、违纪和退缩等不良行为。亲子沟通的不足还可能增加青少年酒精滥用的风险，以及对父母依恋程度较低的青少年更容易出现攻击性和违法行为。因此，亲子关系的质量和父母的教养方式对孩子的健康成长至关重要，需要家长给予足够的重视和积极地投入。

二、亲子关系常见的问题

（一）家庭教育理念不合理

亲子关系中可能出现的问题往往与家庭教育理念的不合理有关。在许多家庭中，父母被视为权威，孩子则处于从属地位，这种观念可能导致孩子的想法和需求被忽视。父母可能认为孩子的想法不成熟，从而将自己的观点和期望强加于孩子，有时甚至采取体罚作为教育手段。这种做法在孩子成长至叛逆期时尤其成问题，因为这个时期的孩子的自主意识开始增强，他们寻求独立和自我表达的愿望与父母的严格控制发生冲突。不合理的教育理念和教育方式不仅无法实现父母的期望，反而可能造成孩子对父母的不信任和沟通障碍，引发心理问题，加剧亲子间的矛盾，最终破坏家庭和谐。

为了解决这些问题，家长需要更新自己的教育理念，认识到孩子是具有独立思想和情感的个体。家长应该倾听孩子的意见，尊重他们的感受，与孩子建立基于信任和尊重的沟通方式。此外，家长应避免使用体罚，转而采用更为积极和建设性的方法来引导孩子的行为和情感发展。通过这些措施，家长可以促进更为健康和谐的亲子关系，为孩子提供一个更有利于成长的家庭环境。

（二）亲子沟通存在障碍

亲子沟通的障碍是导致亲子关系紧张的常见问题。由于文化背景和生活节奏的影响，许多中国家庭中的父母可能不经常与孩子进行深入的沟通交流。内敛的文化倾向和忙碌的生活减少了父母与孩子之间的交流机会，而缺乏沟通技巧可能导致父母在与孩子的互动中过于命令和控制，而不是倾听和理解。

父母可能出于好意，但由于沟通方式不当，他们的意图可能被误解，导致孩子的反感或抵触。同样，孩子也可能因为缺乏有效表达自己意愿的技巧而变得易怒和冲动，这使得父母难以理解孩子的真实需求和情感状态。当亲子之间出现沟通障碍时，可能会引发双方的不信任、误解和隔阂。父母可能认为孩子的行为是冲动和不合理的，而没有深入了解这些行为背后的原因。孩子可能通过一些看似不合理的行为来试图吸引父母的注意和关爱。

为了解决这些问题，父母需要学习并运用有效的沟通技巧，如倾听、同理心和非暴力沟通。同时，父母应该创造更多与孩子沟通的机会，鼓励孩子表达自己的想法和感受，并给予积极的反馈。通过改善沟通，父母和孩子可以增进相互理解，建立信任，减少误解和冲突，从而促进亲子关系的和谐发展。

（三）亲子关系疏远

亲子关系疏远是现代社会中一个日益突出的问题，它可能由代沟、共处时间的减少以及现代生活方式的影响所导致。代沟的存在使得父母与孩子在兴趣和价值观上存在差异，比如父母可能对流行文化和网络用语不熟悉，而孩子则可能觉得父母不够时尚或有趣，这种差异可能导致双方难以找到共同话题。

现代智能设备的普及也对亲子关系产生了影响。家庭成员可能各自沉浸在手机或平板电脑中，减少了面对面交流的机会，使得亲子间的互动和沟通变得稀少。缺乏沟通和相处的时间可能导致孩子养成不良习惯，而父母在意识到问题时可能因为愧疚而纵容孩子，这可能进一步加剧亲子间的矛盾。此外，父母如果急于一次性纠正孩子的坏习惯，可能会引发孩子的逆反心理，使关系更加紧张。

亲子关系的维护需要日常的相处和深入的交流。如果亲子之间的共同话题和深入交流减少，关系自然会逐渐疏远。面对严重的亲子关系问题，需要家庭、学校和社会的共同努力，整合资源，建立支持平台，帮助改善亲子关系。

为了缓解亲子关系疏远的问题，父母可以尝试了解孩子的兴趣和流行文化，找到共同话题；限制家庭成员使用智能设备的时间，增加家庭互动；通过开放和真诚的沟通，建立起相互理解和信任的关系。通过这些努力，可以逐步改善和加强亲子关系。

三、教养方式及其类型

教养方式是父母在教育孩子过程中所展现的态度和行为，它包括父母对孩子的态度、行为倾向以及非言语表达，是父母教育观念和行为的综合体现。有效的教养方式能够积极影响孩子的学业和社会适应能力，而不当的教养方式可能导致孩子出现敏感、焦虑等消极心理状态。家庭教养方式主要分为民主权威型、专制型、溺爱型和冷漠型，这些类型根据父母在"控制"和"爱"两个维度上的表现来区分。

教养方式的选择对亲子关系和孩子的发展至关重要。"没有敌意的坚决、不含诱惑的深情"这句话提供了教养方式的指导原则。在这里，"坚决"代表父母在规则设定和行为约束上的明确性，而"深情"则体现为对孩子无条件地接纳和温柔关怀。通过这种平衡的教养方法，父母可以在确保孩子得到适当引导的同时，也感受到家庭的爱和支持，从而促进孩子全面健康地成长。

四、不良教养方式及其影响

不良教养方式，如冷漠型和专制型，对孩子的成长和发展有着显著的负面影响。冷漠型教养方式中，父母对孩子的情感需求和行为规范都缺乏关注和响应，导致孩子感到被忽视。这种忽视可能促使孩子采取行动以获得关注，有时表现为不良行为。如果这些行为问题持续被忽视，孩子可能会发展出更强的冲动性和攻击性，形成恶性循环。

专制型教养方式则表现为父母对孩子施加严格的控制，却缺乏情感支持。这种教养方式下，父母可能在孩子行为出现问题时加强管控，甚至采取强硬措施，包括使用暴力。此外，一些父母可能采用心理控制，如干涉、引发内疚或以爱作为操控手段，这增加了青少年抑郁的风险。在这种教养方式下，孩子可能只能通过完全服从来避免惩罚和获得关注，这种有条件的爱带有敌意。

随着家庭结构的变化，一些家庭开始意识到冷漠和专制型教养方式的不利影响，转而采取娇宠型教养方式。在这种方式下，父母可能过度溺爱孩子，对孩子的要求不加分辨地满足，对不良行为缺乏适当的干预和惩罚。这种教养方式可能导致孩子难以学会延迟满足，缺乏自我约束和对规则的尊重，难以形成正确的价值观。长期下来，孩子可能在成年后仍依赖父母，成为家庭和社会的负担。

因此，父母需要平衡对孩子的爱与坚定，避免走向任何极端，以培养孩子的自我约束能力和社会适应能力。

五、父母的基本功——看见自己的养育态度

"温和而坚定"是家长在对待孩子时，要既不严厉也不骄纵，温柔包容又坚持原则。比如，吃饭前，孩子跑来跟他妈妈说："妈妈，我要吃巧克力……"这时候，这个妈妈会怎么做？现实生活中，很多妈妈和孩子上演着这样的情景：

"妈妈，我要吃巧克力……"

"都快要吃饭了，不许吃了。"

"那就吃一点点嘛，一小块……"孩子已经把巧克力拿在手里，准备掰上一小块了。

"不行！"妈妈态度严厉，把巧克力抢过来，放回冰箱。

"不！我就要吃……"孩子大哭起来。

"你哭也没用，咱们不是说好饭前不吃零食的吗，怎么可以不守信用呢？"妈妈认为孩子在耍赖，很失望。

"呜……"孩子越被骂，哭得越响。

一家子完全没了吃饭的心情。

还有一些妈妈，会同意给孩子吃一点点。但接下来，她也许会发现，孩子经常会在饭前提出要吃点巧克力，长此以往对孩子的进食会有影响。如果妈妈不给，孩子就会提到前一次是被允许的，让妈妈很抓狂。父母很容易要么过于严厉坚持，要么过于温和退让。

但,"温和而坚定"的做法可能是这样的:

"妈妈,我要吃巧克力……"

"宝贝,巧克力很好吃,妈妈知道你爱吃,问题是,现在快到吃饭的时候了,我们约定饭前不吃零食的,对吗?"

"那就吃一点点嘛,一小块……"

孩子已经把巧克力拿在手里,准备掰上一小块了。

妈妈走过来蹲下,看着孩子,微笑说:"想吃的时候不能吃,是不是很难受?我们选择在其他时间再吃,怎么样?"

"不!我就要吃……"

孩子不依不饶,大哭起来。

妈妈拿走巧克力放回冰箱。然后抱了一会儿哭泣的孩子,陪伴他,直到他平静下来。

一家子心情愉快地吃饭,好像刚才的事情没发生过。

从这些常见的情景中,我们不难发现,过于温和,容易放弃原则去迁就孩子;过于严厉,在无法满足孩子时,批评责骂,这等于告诉孩子"你是错的,不该有这样的需求。"

父母的态度如同摆钟一样,总在两极摆动。久而久之,孩子一方面因为在家总被满足,会越来越难以忍受失望的感觉。另一方面,孩子会内化一个"被拒绝说明我不好"的糟糕的自己。于是,在外面受挫时她内心会产生强烈的情绪冲突,孩子自己无法耐受,便容易用打人的方式,快速宣泄情绪。除了上述场景,不少行为问题皆是如此,例如,孩子胆小、退缩或是过于叛逆,可能是因为父母在孩子做错事时,过于严厉,过度批评。

孩子任性、受挫力差、输不起,可能因为父母在孩子遇到困难时过于纵容,凡事包办。如果孩子行为问题的根源,在于家长的养育态度上,那么要解决问题,便需要父母重新学习"温和而坚定"。

六、民主权威型教养方式——温和而坚定

积极养育理念中的"温和而坚定"原则,要求父母在教育中寻求平衡:既

要坚持规则和原则，又要以温和的方式表达，尊重孩子的个性和需求。这种教养方式避免了严厉惩罚可能带来的心理伤害，同时确保孩子在有秩序的环境中学习和成长。然而，父母在实际应用时可能会不自觉地采取软性强制，忽视孩子的真实感受，这种做法实际上是一种情感上的"软暴力"。

为了避免这种情况，父母需要做到以下几点：首先，要真正倾听孩子的声音，理解他们的需求和感受；其次，对孩子的情绪做出共情回应，让他们感到被尊重和理解；再次，向孩子清晰解释规则背后的原因，让他们认识到遵守规则的重要性；然后，父母应邀请孩子参与规则的制订，让他们感到自己的意见被重视，明白家长会在必要时坚持规则，但是以一种非强制性、理解和支持的方式表现出来；最后，当孩子遇到挫折或情绪波动时，提供情感上的安慰和支持，帮助他们学会调节情绪，培养自我管理能力。

通过这样的方法，父母可以更有效地实践"温和而坚定"的教养方式，既维护家庭的秩序和规则，又保护孩子的自尊心和自主性，促进孩子在爱与界限中健康成长。这种教养方式有助于孩子形成积极的自我认知，学会在社会中适应和发展，为孩子的全面发展奠定坚实的基础。

（一）"温和而坚定"的内涵

1."温和"到底指的是什么

家长和孩子去超市买东西，孩子想买薯片，家长温柔地和孩子交流这个零食不健康，吃了会对身体不好，可是孩子坚持想买，家长继续耐着性子和孩子说薯片是如何的不健康，吃了有什么后果，并建议他看看苹果、橙子等食物，这些食物很新鲜、很健康。

如果孩子已经上初中了，这种逛超市的经历出现两三次之后，家长再约孩子一起逛超市，孩子可能会礼貌而又温和地说："妈妈，我还有作业没有写完，我想在家写作业。"孩子想买薯片，可能就是碰巧看到，突然想吃，或者是看到了电梯里的广告，想尝试下新出的味道。可是到了家长那，就变得上纲上线，不健康饮食，要坚持自己的原则。久而久之，家长这样"温和而坚定"的相处模式，就会让孩子觉得这个妈妈好冷血、好无趣，随她折腾吧，别来烦他就好。可是家长在很用力地做着好妈妈/爸爸，有耐心、循循善诱、有原则,其实这三点,对于一个家长来说做到其中任何一点都很不容易。但是,在不理解孩子的前提下,这里的每一个看似"完美"的做法,都会加大与孩子的间隙。

因此,温柔不仅仅是说话的语气和态度,也不仅仅是接纳孩子的情绪,最关键的是,站在孩子的角度,理解他的需求。这样,父母的做法才能够成立。

2. "坚定"到底指的是什么

坚定,来自对人和事情精准的预判,什么事情是无关紧要的,什么事情可以商量妥协,什么事情是底线不能突破等要区分得很清楚。

家长和孩子在相处的过程中,会有一些彼此默契或者相互约定好的事情,我们也可以称为每个小家庭的"家规"。这个约定好的事情,如果彼此是经过讨论的,那么双方就不要随便破坏,尤其是家长。

以上述逛超市的情境为例,孩子小的时候去超市,会控制不住自己,这也想要那也想要,很多家长会和孩子说好,每次去只能买一样想买的东西。可是,有时候遇到孩子一卖萌,家长会忍不住心软,说:"好吧好吧,下不为例"。家长首先破坏了这个规则,孩子潜意识里,就会认为规则不外乎人情。

什么事情是无关紧要的,什么事情可以商量妥协,什么事情是底线不能突破等等这些,本身在孩子心里的界限不是那么明确的,孩子需要在和家长的生活相处中,不断摸索感悟,可是由于家长经常控制不住自己,破坏了规则,孩子就更难去摸索出到底什么是底线,什么是可以商量妥协的。

同时,坚定,并不是单纯指态度坚定,而是尽量用灵活的、孩子能接受的方式,去达到"坚定"这个目标。孩子不能接受这个事情,或者不愿意做这个事情,作为家长要硬逼着他完成吗?还是用一个彼此都可以接受的方式,去完成?如果这样问,很容易就有了答案。可是到了实际生活中,父母又会容易迷糊。

(二)"温和而坚定"的父母修行指南

"温和而坚定",对于父母来说其实是不小的挑战,需要父母拥有接纳孩子的胸怀、同理孩子感受和情绪的能力、处理自我情绪的控制力、坚定的立场和态度。父母在与孩子相处过程中,或多或少都有崩溃、无措的时刻,保持温和而坚定的态度，是为人父母最好的模样，而保持温和而坚定的态度并不容易。与孩子一起成长，用温和而坚定的态度来处理各种问题，是一场为人父母的自我修行。

1. 在情境中理解"温和而坚定"

以下述情境为例，了解"温和而坚定"是如何在家庭亲子关系与沟通中产生作用的。比如，孩子长时间玩手机或者看电视，遭到父母批评时，他可能会很生气，这时候我们可以先告诉他："孩子，生气是一种正常情绪，我理解你此时的心情，我也会帮助你调整情绪，解决问题。"我们建议孩子不要在负面情绪的困扰中急着做出反应，可以采取下面几个步骤。

（1）温和与坚定并行，让亲子双方获得尊重感

第一步，建议孩子暂时从不开心的心情中抽离。当父母和孩子在家产生小误会时，父母和孩子都处于气头上，这时父母需与孩子暂时离开这个氛围，从不开心的情境中抽离。例如，可以带孩子做喜欢的亲子游戏，或者观察家里养的植物、小动物，晒晒太阳，聊聊天，做做手工，孩子的怒气就会慢慢消失。父母需要鼓励孩子，在处理事件之前，先处理好情绪。

第二步，让孩子学会冷静。孩子在家乱扔玩具，那么父母可以尝试这样和孩子沟通："你把玩具扔了一地，这让妈妈感觉很糟糕，妈妈喜欢干净和整洁，你不玩的时候愿意帮助妈妈把玩具收到柜子里吗？"这样的表达，孩子就不太容易拒绝。此外，孩子做得好的、对的地方，多一点夸奖和鼓励。在父母的信任和期待中，孩子往好的方向努力的积极性会更高，自觉性和自信心都能得到增强。因为，比起生气，温柔而坚定的话语更有力量。对待孩子的言行，父母要学会具体问题具体分析，而不是一味训斥孩子。不管孩子做了什么样的事，也不管这件事父母如何不满，在跟孩子沟通时，最重要的是让孩子明白：他的某个行为需要改进，但我们对他的爱永远不变；引导他做出行为上的改变，不是为了讨好他人，而是帮助他成为更好的自己。

第三步，鼓励孩子进行自我肯定和自我表达。父母需要告诉孩子，表达情绪不一定要上蹿下跳、大哭大闹，"好好说话"永远更有效。鼓励孩子，能用语言来表达的，就没必要动用拳头，"克制脾气"和"主动沟通"是种真正的

勇敢。同时，父母要做到不去批评孩子，告诉孩子应该怎样做，引导孩子认识自我情绪，理解情绪表达的自然后果，并给予积极反馈。

（2）鼓励孩子确立主心骨

父母在培养孩子自信方面扮演着至关重要的角色，特别是当孩子遇到挫折或自卑时。在这些时刻，父母应通过积极的反馈和鼓励来支持孩子。如果孩子因为犯错而感到沮丧，父母可以教导他们将批评视为成长的机会，鼓励孩子勇敢地承认并纠正错误。当孩子展现出这种勇气时，父母应该及时给予正面的肯定，如："你承认错误并寻求改正，这显示了你的勇气和责任感，我们为你感到骄傲。"通过这种方式，父母不仅帮助孩子学会从错误中学习，还强化了他们的自我价值感和解决问题的能力。这种积极的互动有助于孩子建立起坚实的自尊和自信，使他们能够以更加坚定和乐观的态度面对生活中的挑战。父母的这种支持和鼓励是孩子确立自信、形成积极自我形象的基石。

（3）努力强化孩子的自我肯定

为了增强孩子的自我肯定，尤其是对那些内心不够自信的孩子，父母可以采取多种方法来提供持续的正面强化。一种方法是让孩子记录自己的"成就感存折"，鼓励他们每周花几分钟时间记录下自己的小成就和进步，无论这些成就有多小。这有助于孩子认识到，每一次努力和进步都值得庆祝和记忆。此外，父母可以为孩子设立小奖励，如贴画、玩具或书籍，作为对他们成绩和自豪行为的肯定。这不仅激励孩子继续努力，也强化了他们的成就感。同时，父母还可以教导孩子使用自我激励的技巧，比如在面对挑战时通过自言自语来鼓励自己，增强面对困难时的勇气和自信。通过这些方法，孩子可以逐渐建立起强大的自我肯定感，学会欣赏自己的价值和能力，这对他们的个人成长和心理健康都是非常有益的。

2. "温和而坚定"的教养方式的行动参考

积极养育中的"温和而坚定"原则要求父母在教育孩子时，既要坚持规则和原则，又要以温和的方式表达，尊重孩子的个性和需求。以下是实施这一原则的具体行动参考：

一是父母应积极肯定孩子，及时热情地回应他们的需求和愿望，尊重并接纳孩子的意见。通过坦诚的情感和思想交流，孩子能感知到家庭中的爱与关怀，这有助于他们在早期形成安全型依恋，获得信任感和满足体验。父母对孩子的要求明确而客观，对不良行为适当表达不愉悦的感受，并按约定规则进行教育或惩罚；对良好行为则给予真诚的支持和肯定。

二是这种教养方式强调情感与控制的平衡。父母在控制孩子行为时，要包含关爱和尊重；在表达爱时，也要有权威和原则。这有助于孩子在青少年时期发展出恰当的自我概念，形成符合社会规范的价值观。研究表明，尤其在高社会经济地位的家庭中，民主权威型教养方式对孩子的学业有更大的积极作用。

三是实施"温和而坚定"的教养方式时，父母需要根据自己家庭的文化和关系结构，以及孩子的性格特质，调整教养策略。家庭成员在教育孩子时要保持一致性，无论是亲子教育还是隔代教育，都应协商一致。同时，父母需要关注孩子的智力和情感发展，积极沟通，共同面对问题，以确保孩子在爱与界限中健康成长。

（三）直面情绪——"温和而坚定"的难点突破

那么，为什么父母通常很难做到"温和而坚定"呢？那些做到的人，他们又有什么不同？回顾前文，孩子跟妈妈要巧克力吃时，会发现，做到了"温和而坚定"的妈妈，即使看到孩子不愿遵守约定，她的心情依然是全然放松的，说话态度依然是愉快的。也就是说，她的情绪没有被孩子的行为所影响。然而，在生活中，孩子的行为太容易就刺激到父母了，使父母一下子会陷入情绪化的怪圈中。

1. 看见情绪化的怪圈

父母们在被孩子激怒后，内心其实产生了一系列情绪化的反应。例如，孩子想在饭前吃巧克力，违背了约定，这让家长感到失望，担心孩子会因此变得不守信，于是焦虑增加，急忙去阻止孩子。但孩子不配合地大哭起来，家长又开始感到不耐烦，似乎是哪里做错了，搞不定孩子的挫败感油然而生，接着产生愤怒，以及批评和评判孩子"你就是个不守信用的家伙"。最后，家长与孩子的心灵连接断开了，孩子感觉到很受伤，亲子关系受损。有的父母过后还会产生懊悔和自责，非常痛苦。

这样的情绪化怪圈会在人们的一生中无数次重复，同时也会在家族间一代代地传递下去。家长的态度之所以会过于坚定，给人一种强势的感觉，是因为他们在逃避去直面自己的失控感。他们太希望孩子是一个守信的人，太期望自己是个优秀的父母。

而过于温和的家长，他们在逃避面对的是，冲突带来的恐惧感和内疚感。他们害怕孩子会发脾气，害怕孩子失望，害怕自己做得不够好。如果再往深处看，这些脆弱的感受，其实是一颗颗在父母内心深埋已久的火种，甚至早在童年就已跟随其左右了。他们只要问问自己，在做父母之前，自己和其他人在交往中会不会有相似的感觉？这份痛苦是否熟悉而古老？

那么如何在情绪中成长呢？许多家长为了保持温和而坚定，会刻意压抑情绪，假装愤怒不存在，但渐渐会爆发出更强烈的情绪。其实，做父母最大的挑战是：直面情绪，学会放松。通过内省和觉察，父母会发现，并非孩子给父母带来了痛苦，孩子只是天生擅长精、准、狠地去点燃父母内心的火种，使之一触即发罢了。孩子的出现，是把问题一再呈现到家长面前，使他们无法回避，必须面对真实的自己。

2. 正念调节父母育儿的情绪

采用正念冥想可以提升父母情绪处理能力。美国有一个著名的课程，叫作"有意识的管束"（conscious discipline），这个课程虽然没有直接用"正念"这一说法，但都是正念的操作。就是当父母感觉自己被生活重负压得喘不过气来，不知道该怎么办的时候，可以分三步走：微笑（Smile），深呼吸（Take a breath），放松（Relax）。然后告诉自己："我是安全的，我能够处理这些糟糕的局面"，启动大脑CEO的正常功能，而不再受制于我们的生存脑、情绪脑。

面对教养孩子时出现的各种问题状况，父母通通都是情绪脑在主导。如在一个祖孙发生冲突让妈妈夹在中间当"夹心饼干"的家庭状况中，这个妈妈若要启动理性脑（正念脑）的正常运转，她可以这么做：当她下班回家，爷孙都向她告状，指责对方的时候，她可以不用去充当评理的人，不用站在任何一方的立场去处理冲突，容忍家庭内部的暴力氛围，然后，反复地深呼吸，告诉自己是有办法处理好错综复杂的家庭矛盾的。同时，向两方都表达她对他们负面情绪的理解，但是，明确有些问题是孩子和爷爷之间的问题，而不是她的问题，她不需要为他们的全部问题负责任。她的容忍力提高了，问题界限划清楚了，她就不容易被双方的情绪所激惹到，她才能够平静地安慰双方，向他们示范家人之间应有的尊重、友爱，而不是语言攻击、身体暴力。否则，她的生存脑和情绪脑就会掌控她的整个思维状态，导致她想象不出有什么建设性的办法可以改变家庭内部的现状。

　　一旦她能够启动她自己的理性脑（正念脑），她就能够控制住她自己的暴力言语和行为。不论父母的啰唆和暴力如何"袭来"，她自己都控制住了她的暴力言语和行为，孩子听到的暴力语言就会少了妈妈这一份，父母的暴力习惯就再也得不到女儿的强化和肯定。

　　当她的非暴力沟通方式成为她自己稳定的风格之后，孩子会观察学习，会模仿，也会逐渐减少暴力的表达方式。如果孩子每天都生活在家庭成员相互攻击的氛围中，他就会对攻击的话语和行为脱敏，也就是说，麻木了，导致他自己的说话和行为习惯也是暴力的、攻击的，他感受不到这种暴力攻击对别人的伤害，因为他也总是被这么对待。

　　相反，如果妈妈控制住了自己的责骂和暴力体罚，转变为理解孩子、尊重孩子，关注孩子在当前的生活中到底遇到了什么问题，可以怎么帮助他解决这些问题，而不是操纵他，命令他做一个乖巧的、不惹是生非、尊敬长辈的好孩子，那么，孩子也会懂得尊重他人，遇到问题想办法，而不是遇到问题就反击。

　　整个家庭关系会围绕着妈妈的正念而进入积极的、正向的螺旋式上升状态。孩子的问题行为会变少，爷爷奶奶负面情绪的导火索也就变少了，那些暴力的言语和行为最终变得无的放矢。

　　值得一提的是，在练习正念时，重要的是看到那些未经检验的自动化思维的产生与消退，认识到你的想法或对事物的看法就仅仅是你的想法或看法而已，未必是现实世界的准确反映。

　　因此，伴随着这些念头的感受也仅仅是感受而已，不需要在行动上做出即时的回应。如果我们能够这样去看待念头和感受的起伏，就能够体验到一种立场的改变，从第一人称的卷入者跳脱出来，成为第二人称或第三人称的被观察者。

运用正念检查自动化思维的时候，父母可以自己做一些练习，先列出那些让自己感到很不舒服的想法，然后针对每一个让自己不舒服的念头，提出一个反例。比如，"我总是动不动就对孩子发火"。这就是一个令自己不舒服的自动化思维。然后想一想，日常生活中，自己做过的不"发火"的事情。通过这样的练习，提高父母在教养孩子过程中自动化思维的觉知，也是父母练习从多个角度看待孩子成长过程中各种事件的思维。

当情绪来袭时，父母不再把注意力放在孩子身上，而是收回目光，问问自己感受到了什么？例如，孩子不听话让父母产生挫败感，孩子成绩不佳让父母觉得没面子，带来羞耻感。面对这个感受，再经由正念冥想的指引放松自己的身体，让情绪自然流动，那么久而久之，父母将不会轻易被孩子的行为所影响，可以自如地从任何情绪回到平和之中。在平和的状态，父母才能真正做到温和而坚定。

父母作为孩子最初的也是持续的引导者，肩负着塑造孩子性格和价值观的重要任务。在教育的旅程中，找到适合自己家庭和孩子个性的教育平衡点至关重要。这需要父母在坚持规则与表达爱意之间找到恰当的尺度，实现温和而坚定的教养方式。通过这种平衡，父母能够在必要时坚持原则，同时给予孩子温暖和支持，帮助孩子在爱与界限中健康成长。

第四节 积极而不完美的孩子

家庭作为儿童青少年接受教育的第一场所，也是他们受到最深刻影响的教育环境。家庭的教养模式、结构、经济状况和心理氛围等都对孩子的心理健康和成长起着决定性作用。父母的每一个言行，无论是有意还是无意，都在对孩子进行着潜移默化的教育。孩子能否培养出智慧、勇气、宽容和感恩等积极的心理特质，与家庭教育的方式是否科学、合理有着直接的联系。因此，父母应当意识到自己在家庭教育中的重要角色，并努力提供一个积极、健康、有利于孩子全面发展的家庭环境。

一、积极父母养育积极孩子：培养孩子的积极心理品质需要父母先行

（一）希望孩子积极，父母先积极起来

积极心理学的创始人塞利格曼曾讲过一个发生在他身上的故事。一天，塞利格曼与五岁的女儿妮基在园子里播种。塞利格曼很忙，有许多事情要做，所以他想快一点把活干完。妮基却玩得起劲，她不停地跳着，还把杂草抛向空中。塞利格曼冲着妮基大吼："妮基，赶紧去干活，要不就去看书！"妮基看看塞利格曼，走开了。接着她又走回来说："爸爸，我能和你谈一谈吗？"塞利格曼说："当然可以，妮基，你想谈什么？"妮基说："爸爸，你记得吗？我以前很爱哭，每天都哭哭啼啼的。"塞利格曼说："我当然记得。"妮基说："那你有没有注意到，自从我五岁生日之后，就再也没有哭过了？"塞利格曼说："是的，你真的已经变成了一个快乐的小姑娘。"妮基又说："爸

爸，在我五岁生日那天，我决定以后再也不哭泣、不抱怨了，那是我做过的最困难的决定。如果我能停止哭泣和抱怨，那你一定也可以不再像以前那样发脾气。"

妮基的话使塞利格曼受到极大的触动，他意识到的第一件事是妮基说的是对的。那时他确实脾气不好，爱抱怨、要求高、易怒，自己对此还不以为然。

塞利格曼意识到的第二件事是他的这些个性缺陷所带来的育儿观念、教养理论的错误。按照这些错误的教养理论，他可能会培养出一个模范型的完美孩子，可是这样的孩子却不一定快乐。父母的养育重点不是告诉孩子做错了什么，而是要看到并挖掘孩子哪里做的是正确的，帮助孩子合理利用自己的优势，在生活中取得成功。

塞利格曼受此启发，创立了积极心理学，并将其核心目标定位为理解和促进个体的幸福感和积极情绪体验。在积极心理学中，幸福感不仅涵盖了愉悦、快乐等积极情绪，还包括了如沉浸、心流等积极的心理状态。这一领域强调通过研究积极特质、力量和美德来帮助人们实现更充实的生活，强调了个人优势的发挥和心理福祉的重要性。

多给孩子创造自我探索、体验成功的机会，让他们在突破重重难关最终成功后体会幸福和主观幸福感，培养其积极的心理品质，如积极的态度、积极的情绪、积极的行动等，这样的人往往具有更良好的社会道德和更佳的社会适应能力，他们能更轻松地面对压力、逆境和损失，即使面临最不利的社会环境，他们也能应付自如。

因此，父母多陪伴、鼓励孩子，让孩子多些试错机会，多些成功体验。与其包办孩子的一切，不如相信孩子的能力，放手让孩子探索，培养孩子的积极品质，让孩子对生活更满意，有更多的积极情绪，建立更好的人际关系，成就一个积极的人生。

（二）积极心理品质在孩子身上的具体样貌

积极心理学家提倡的"积极养育"是以研究和探索儿童青少年的优势与潜能为重点，主张教育不应是"纠正错误模式"，而是"建构优势模式"。

在家庭心理健康教育中，常听到家长感叹：看不到自己的孩子有什么优势。也许24项品格优势能给出答案，也就是前文提到的塞利格曼研究对美德和优势的定义进行标准化，最终确定出了6个具有普遍性的美德：智慧、勇气、爱（仁慈）、正义、节制及卓越（自我超越）。

智慧的逐步展现始于基础的好奇心，这种对世界的持续提问和兴趣促使个体探索未知，对新鲜事物保持敏感和求知欲。紧接着，个体对学习产生内在的热忱，即便缺乏外在激励，也能在获取新知中找到乐趣，积极投身于学习过程，专注而热忱。进一步地，个体发展出理性的判断力，这允许他们在筛选信息时保持客观，做出既合理又公正的决策，不轻易下结论，而是根据确凿证据做出选择，并在新信息出现时调整观点。同时，创造力在个体中生根发芽，他们常有新颖的想法，喜欢创造和尝试新方法，这种创造力在生活的各个领域都有所体现。情商作为智慧的一个重要组成部分，涉及对自己和他人情感的认知和管理，使个体能够理解并有效回应情感动机和感受。最后，洞察力的成熟标志着智慧的高级阶段，个体能够在挑战面前做出明智的判断，识别关键问题，提出建设性的建议，解决冲突，并做出明智的选择。这六个方面构成了智慧发展的连续性，从好奇心的初步探索到洞察力的深入理解，每个阶段都是个体认知和情感能力成熟的重要体现。

勇气是指在很不利的条件下，还能为达成理想目标而勇往前进，有三种途径可以展示出勇气。一是勇敢。勇敢是指虽然害怕但仍能面对危险，即在威胁、挑战、困难或痛苦面前不畏缩；在有反对意见时依然能够为正义、真理辩护。即使不受欢迎依然能够坚持自己的信念。二是毅力。做事会尽力，即使失败了也不放弃，说话算数。会坚持做功课，直到做完为止。如果任务太困难，也不会放弃。即使不想完成，该完成的工作还是会完成。十分有耐心，一旦订下了锻炼或学习计划就会坚决执行。三是诚实。总是信守诺言，不会为了摆脱麻烦而说谎。即使会惹上麻烦，也要说实话、会实事求是。不会经常找借口，被别人信任。自己做错了事，就算再尴尬也会承认错误。

仁爱是一种在与他人交往时展现的积极品质，无论是与朋友、家人、熟人还是陌生人相处，都可以通过两种主要方式体现这一美德。首先是慷慨，这种品质体现在对他人的无私帮助和关怀上，慷慨的人乐于助人，能够认识到他人的价值，常常将他人的需求置于自己之前，展现出真正的大度和自我牺牲精神。其次是爱与被爱的能力，这不仅是指珍视和维护亲密关系，也意味着在这些关系中得到他人的珍视和回应，建立起相互支持和关怀的纽带。拥有这种能力的人能够在生活中建立深厚的人际联系，享受爱带来的温暖和力量。

正义是一种将个体与集体紧密联系的美德，它不局限于个人间的互动，而是扩展到了个体与家庭、社区、国家乃至全人类的关系。正义的实践体现在公平的原则上，这要求我们在做决定时，不受个人情感的影响，确保给予每个人公平的机会。同时，正义还体现在团队精神上，即使个人意见未被采纳，也能继续积极参与团队合作，展现出对团队利益的忠诚和对团队成员意见的尊重。正义还与领导力息息相关，在集体项目中，正义的领导者能够促进不同意见的成员之间的合作，赢得团队的信任和尊重，同时倾听并吸纳其他成员的意见，展现出真正的领导风范。通过这些方式，正义不仅促进了个体与集体之间的和谐，也为社会的公平与进步贡献了力量。

节制是一种平衡和适度的生活态度，它通过自律、谨慎和谦虚三种优势来体现。自律是指在面对情绪、欲望、需求和冲动时，人们能够展现出控制力，如同有计划的花费、耐心等待所想之物，以及在愤怒时控制情绪的能力。谨慎则体现为深思熟虑和远见，它让人们为了长远的成功而抵制即时的诱惑，避免过度冒险，并在行动前仔细考虑后果，从而做出经过周密思考的决策。谦虚是一种不张扬个人成就的品质，即使在擅长或有成就的领域，也能保持低调，不自夸，乐于让他人分享自己的故事，避免过度关注自我，展现出一种谦逊和对他人的尊重。通过这三种优势，节制不仅促进个人的精神成长，也为社会和谐做出贡献。

精神卓越是一种深刻而全面的情绪优势，它将个体的情感体验与更广阔的存在相连，如他人、未来、整个进化过程乃至整个宇宙。这种优势使个体在生活中展现出深深的感恩之情，经常对他人和环境表示感谢，无论遇到何种好事，都会想起并感激那些帮助过自己的人。同时，他们对未来充满希望，并积极为实现美好未来而计划和学习，总是保持着成功的信心和对积极结果的期待。精神卓越还体现为坚定的信念，个体对人生的意义有明确的理解，以信仰指导自己的行为,并从中获得慰藉。此外,宽容是精神卓越的另一个重要方面,这些人能够公平对待他人,原谅他人的过错,接受不完美,并愿意给予他人第二次机会。幽默感也是精神卓越的体现,他们通过幽默带给他人欢笑,帮助他人看到事物积极的一面,打破沉闷,使气氛变得活跃。热忱是精神卓越的显著特征,热忱的人对学习和生活充满热情,全心全意地投入其中。这些优势共同构成了精神卓越的丰富内涵,它们不仅丰富了个体的情感生活,也为社会带来了正面的影响和价值。通过这些优势的实践,个体能够体验到与更广阔世界的深刻联系,实现情感上的卓越和成长。

二、积极养育和积极心理品质需本土化:儿童青少年积极心理品质的培养离不开优秀的传统家庭教育

积极养育和积极心理品质的培养在我国需要根植于本土文化,尤其是汲取传统家庭教育的精华。中国优秀传统家庭教育的核心理念和方法在儿童青少年积极心理品质的培养上扮演了关键角色。其强调以儒家的孝悌观念为基础的待人教育,倡导谨慎做人、谦让待人、与人为善和和睦相处,培养了真诚、善良和爱心等品质。同时,重视志向和勤奋学习的教育,引导子女勤学立志,培养了求知力、意志力和坚持等积极品质。在教育实践中,形成了言传身教、启蒙教育和环境塑造等特色教育原则和方法,有效促进了儿童青少年积极心理品质的发展。

随着社会的转型和现代化的深入,中国的家庭教育正逐步向体系化、科学化、开放化方向发展。研究者们开始关注家庭教育与儿童青少年积极心理品质的培养,推动了家庭教育的深化。研究表明,父母的教养方式与小学生积极心理品质相关,情感温暖与大学生的积极心理品质正相关,而消极教养方式则可能与某些积极心理品质维度呈负相关。此外,家长的文化素养提高,学习途径开放,国外教育理论被引入家庭教育中,家长们对青少年的积极发展越来越重视,关注民主型家庭教养方式、爱的教育和赏识教育等方面,促进了儿童青少年在思维、观察力、创造力、信念和希望等积极心理品质的培养。

三、看见家庭教养中的不完美：对于儿童青少年积极心理品质培养的意识薄弱

在中国家庭教育中，尽管对儿童青少年积极心理品质培养的重视逐渐增强，但这一领域仍面临诸多挑战。由于家庭教育理论的发展相对滞后，不少家长的教育观念仍然停留在传统甚至过时的模式上，导致对儿童青少年积极心理品质培养的意识不足。

第一，家长普遍存在过分重视智育而忽略心育的倾向，这导致孩子面临巨大的学习压力，而他们的心理承受能力和积极品质却没有得到相应的培养。这种不平衡的教育方式不仅增加了孩子的心理负担，也使他们在遇到困难时更容易放弃和退缩，有时甚至可能导致道德和社会行为的偏差。

第二，家庭教育中存在偏重专制型教养方式的问题，这种方式可能会抑制孩子的创造力和乐观精神，影响他们积极心理品质的发展。与之相对的民主型教养方式，能够更好地培养孩子的自信和自我效能感，但并未得到广泛应用。

第三，家长在教育方式上往往重视言传而忽略身教的重要性。虽然父母在言语上不断强调教育的重要性，却忽视了自身行为的示范作用，这不仅阻碍了父母与孩子之间的有效沟通，也使得孩子在接受教育时感到困惑和矛盾。

这些困境凸显了家庭教育在积极心理品质培养方面的不足，如果不及时解决，可能会导致青少年心理发展走向误区，影响他们的整体成长和未来的生活质量。因此，更新家庭教育观念，平衡智育与心育，采用民主和尊重的教养方式，以及强化身教的重要性，对于培养儿童青少年的积极心理品质至关重要。

四、抱持一种积极教养心态：教育不完美的孩子是常态

积极教养心态的核心在于接受并原谅父母与孩子的不完美。在现实生活中，许多父母常常不自觉地以理想化的标准来衡量自己的孩子，与所谓的"别人家的孩子"相比较，从而忽视了每个孩子独特的个性和价值。然而，正如绘本故事《野兽国》所传达的信息，不完美的孩子才是最真实的，也是最值得珍惜的。接纳孩子的不完美，是每位父母必须学习的艺术，它使我们能够更加欣

赏孩子的长处和独特之处。

在一次采访中，父母被问及给孩子打分时，他们往往会先指出孩子的不足，然后给出一个保守的分数。但当孩子们被问及给父母打分时，他们毫无保留地给出了满分，显示了孩子们对父母的无条件的爱和接纳。这个现象揭示了一个深刻的道理：孩子们看待父母的视角与父母看待孩子的方式截然不同。

积极教养心态鼓励父母放下对完美的追求，转而发现并欣赏孩子的不完美。这种心态不仅有助于建立更健康的亲子关系，也能让孩子在一个更加宽容和支持的环境中成长。通过这种教养方式，父母可以更好地理解和支持孩子的个性发展，帮助他们成为自信、有爱心和有责任感的人。

（一）看见孩子的不完美

我们经常会看到这样的场景，一个妈妈在接孩子回家的路上数落他："我天天辅导你做作业，比我当时上学的时候还要认真，你居然才考了70多分，刚刚及格，太让我丢脸了！"很多时候，父母看到孩子身上的不完美，第一想到的就是"太让我丢脸了"。

孩子和父母是彼此独立的个体，他并不属于父母，他属于他自己。但现在的父母大多会把孩子当成自己的附属品，把他们的人生与自己的人生捆绑在一起，所以才常常说："你把我的脸都丢光了。"

父母不把孩子与自己的荣辱捆绑在一起，而是尊重孩子胜过一切，很明确地认识到每个孩子都是独一无二的。在孩子的成长阶段，家长的心态对孩子有着深刻的影响。这世界上没有十全十美的孩子，也没有十全十美的父母，而接纳孩子的不完美，才是父母给予孩子最好的礼物。

（二）接纳孩子的不完美

接纳孩子的不完美是父母进行积极教养的重要一步。父母常常将目光投向别人家的孩子，却忽略了自家孩子的独特之处；他们可能过分关注孩子的错误，而忽视了孩子的优点；他们可能用成人的标准来衡量孩子，忘记了孩子还在成长的路上；他们可能鼓励孩子以超越他人为目标，却没有看到孩子自我超越的努力和进步。

孩子的成长是一个不断改善不完美的过程，这需要时间和耐心。如果孩子在某方面有困难，比如协调性不好，父母可以通过持续的鼓励和适当的练习来帮助他们逐步提高。如果孩子在某个学科上表现不佳，父母可以通过创造学习环境，如每天在固定的时间阅读或做听力练习，来帮助孩子逐步提高。

接纳孩子意味着发现并欣赏他们的优点，帮助他们发挥自己的优势。每个孩子都像不同的种子，有的早早发芽，有的需要更长时间的等待。父母的角色是细心呵护，耐心等待孩子在自己的节奏中成长，陪伴他们经历生活的风风雨雨。承认并无条件接纳孩子的不足，让孩子在自己的时区里成长，这样孩子能够在不知不觉中取得进步，而父母也能在这个过程中感受到幸福。通过这种积极教养的心态，父母可以更好地支持孩子的发展，帮助他们成为最好的自己。

（三）发现孩子的闪光点

发现并欣赏孩子的闪光点是积极教养的关键一环。正如爱因斯坦的父亲在他小时候发现他对事物排列的逻辑性，从而预见到他在物理领域的潜力一样，父母需要耐心观察孩子的兴趣和特长，即使这些特长在初期可能并不明显。

许多父母急于让孩子快速成才，为孩子报名各种兴趣班和辅导班，希望找到孩子的成长捷径。然而，这种做法往往忽视了孩子真正的兴趣和潜力，导致孩子学习起来感到吃力或心不在焉。相反，父母应该在孩子年幼时让他们广泛接触各种活动，如户外活动、运动、音乐、游戏等，这有助于孩子开拓视野，发现自己的兴趣和优势。

每个孩子都是独一无二的，他们独有的气质和潜力需要父母的细心观察和鼓励。好的教育不是追求制造完美的孩子，而是帮助每个孩子按照自己的节奏和特性成长，让每个孩子都能在自己擅长的领域发光发热。

父母的角色是提供支持和鼓励，让孩子在自己的时区里，以自己的节奏成长，而不是盲目追求与他人比较。通过这种积极的教养心态，父母不仅能帮助孩子发现和发展自己的特长，也能培养他们积极向上的人生态度。

五、家校积极联动育人：以积极教养方式培养积极而不完美的孩子

积极养育理念认为，家庭应成为儿童青少年积极心理品质发展的核心力

量。积极心理学提供的理论指导和框架，如积极情绪体验、积极人格和积极组织文化，为家庭教育的实践提供了科学依据。将家庭教育与学校的积极心理健康教育相结合，能够更有效地促进儿童青少年的积极品质培养和健康成长。

（一）积极教养方式：积极体验与示范

积极教养方式对儿童青少年的积极心理品质培养具有显著影响。研究显示，父母通过这种教养方式，为孩子提供情感上的温暖、认知上的理解、行为上的支持以及在成长目标上的正面引导。积极教养基于积极心理学理论，鼓励父母教导孩子用积极态度面对问题，主要通过积极情绪体验和榜样示范两个方面来实现。

1. 积极乐观的情绪体验

积极心理品质的形成既涉及行为也涉及心理体验。家长应通过积极的反馈和关注，让孩子感受到爱与安全感，培养积极情绪。家长应发现并赞赏孩子的长处，鼓励他们在面对挑战时看到自身优势，用积极的归因方式来应对挫折，将失败视为成长的机会。

2. 潜移默化的榜样示范

班杜拉的社会学习理论强调，青少年通过观察和模仿学习行为。父母作为孩子的榜样，其性格、态度和习惯对孩子有着深远的影响。父母应展现乐观态度，以身作则，通过自己的行为习惯向孩子传递积极价值观，并鼓励孩子发展自主性和良好行为。家长还应提升自己的文化素养和教养知识，成为孩子积极品质的榜样。

积极教养方式不仅促进孩子积极心理品质的发展，也为孩子提供了健康成长的坚实基础。父母通过积极评价、关注优势、正确引导归因方式和以身作则，为孩子营造一个积极、健康的成长环境。

（二）积极家庭文化：积极参与与传承

积极家庭文化对儿童青少年的积极心理品质培养至关重要。家庭文化包括家庭世代相传的生活方式、作风、传统习惯、道德规范及处世之道。父母通过积极的家庭文化氛围，为孩子提供了一个有利于积极教育的环境。

1. 积极参与家庭活动

家庭活动是促进家庭和谐与孩子心理潜能发展的重要途径。父母与孩子共同策划家庭内的义务劳动、分工活动，参与社区公益及社会交往，不仅能增进家庭关系，还能让孩子在实践中培养意志力和积极品质。此外，不定期的感恩实践和亲子角色互换等活动，也能丰富孩子的生活体验，加强家庭的积极文化氛围。

2. 叙述传承家庭故事

家庭故事是传递家庭价值观和教导家庭角色的有效方式。通过分享家庭的荣耀、生活经历和孩子成长的故事，父母帮助孩子传承美德、勇气和家庭责任感。这些故事构成了家庭的精神支柱，父母应在轻松的时刻与孩子分享，增强孩子的家庭认同感和归属感，同时从积极的角度重述家庭经历，提炼出故事中的积极品质和精神。

通过积极参与家庭活动和传承家庭故事，父母不仅为孩子营造了一个积极的成长环境，也为孩子的心理发展和品质培养提供了丰富的资源和支持。

（三）积极家庭系统：和谐夫妻与亲子互动

积极家庭系统的构建对儿童青少年的幸福感和积极心理品质的发展至关重要。这一系统的核心在于和谐的夫妻关系和积极的亲子互动。

1. 和谐亲密的夫妻关系

夫妻关系是家庭和谐的基础。研究表明，夫妻间的稳定亲密关系对孩子的心理发展具有显著影响。在许多传统家庭中，父母可能更关注孩子而忽视了彼此的关系，这种重心偏移可能导致夫妻冲突，进而对孩子产生负面影响。因此，夫妻间的亲密合作和情感支持不仅有助于孩子学习爱与关怀，也是家庭健康运转的关键。

2. 积极的亲子互动

良好的亲子关系为有效家庭教育提供了基础。通过亲子游戏和沟通等互动机制，父母可以促进孩子的心理发展。设计有趣的亲子游戏有助于培养孩子的创造力和领导力。同时，建立平等尊重的沟通方式，尊重孩子的感受，倾听他们的想法，并使用积极的语言进行评价和激励，这有助于孩子形成积极应对生活事件的品质。

通过这些方法，积极家庭系统不仅增进了家庭成员之间的幸福感，也为儿童青少年积极心理品质的发展提供了支持和激励。

六、积极有度：问题也是资源，在实践中养出积极的孩子

在培养儿童青少年的积极心理品质时，我们必须把握积极教养的"度"。虽然我们倡导积极教育理念，但这并不意味着要让孩子只看到生活的光明面，忽视或避免所有消极现象。过度的积极可能使孩子处于一个不真实的保护罩中，一旦面对现实世界的挑战，他们可能会感到无所适从。

心理品质的形成是一个实践性的过程，它需要在真实的社会关系和社会活动中不断发展。如果我们脱离了孩子的现实生活和实践，那么积极心理品质的培养就会变得空洞无物。因此，教育者在培养任何心理品质时，都应该基于儿童的真实生活经验和实践，这样的教育才能真正落地生根。

青少年时期积极心理品质的培养具有其特殊性。青少年正处于个性和人格形成的关键时期，他们面临着来自自身、学校和社会的多重挑战和压力。在这一时期，家庭作为青少年坚实的后盾，其教育力量是其他教育形式所无法比拟的。因此，在教育中，我们需要采用一些适合青少年群体的特殊教育原则和方法，以帮助他们应对挑战，促进他们的积极发展。

因此，积极教养应该适度、实践性强，并具有针对性。我们应该在保护孩子的同时，让他们学会面对现实，培养他们应对挑战的能力。这样，我们才能在青少年时期有效地培养他们的积极心理品质，帮助他们健康成长。

第三章 学校里的『阳光心育』

本章以"阳光心理课"为起点,强调通过创新教学方法,激发学生兴趣,构建"阳光心乐园",为学生提供一个放松和自我探索的空间。通过联动校内外"阳光心资源",丰富教育资源,强调展现学生"阳光心精彩",鼓励学生展现自我,以及丰富"阳光心内涵",培养他们的内在品质。通过多维度的策略,满足学生的心理需求,促进其个性和心理的健康成长。

第一节 丰富"阳光心内涵"

积极心理学虽起源于20世纪末,却早在20世纪60年代便受到人本主义心理学影响而得以孕育。这一新思潮鼓励用科学的实验和测量方法研究人类的力量和美德,这些议题在传统心理学中较少被关注。积极心理学核心理念包括三个要点:首先,旨在平衡心理学的研究焦点,从病理转向优势;其次,着重研究个体的积极特质,激发和利用潜能;最后,鼓励采取积极的解释方式,区分不同解释风格对人格的影响。积极心理学的目标是促进个体的积极发展和提升幸福感。

一、积极心理学在我国学校教育中的实践情况

近年来,积极心理学在中国学校教育领域取得了理论和实践上的显著进展。根据华东师范大学席居哲、叶杨、左志宏等学者的研究,学术界对积极心理学及其在教育中的应用讨论日益增多,教育实践也从初步引入理念,发展到广泛认同并尝试实施。随着理论研究的深入,实践探索也显示出积极的增长趋势。中国教育者在众多教育项目中融入了积极心理学的核心理念,以健康、参与、社会联系和积极情绪等为基础,进行了创新且符合本土文化传统的实践。这些研究推动了积极心理学价值观对传统教育目标、内容和方法的更新。周友焕等学者强调,积极心理学使教育目标更加全面、主动和前瞻,旨在使更广泛的群体受益,激励学生的自我发展。与传统教育相比,积极教育更为全面和系统,引入了积极兴趣、成就和目标等新概念,扩展了教育的内涵。实现积极教育需创造有利环境,发掘学生的积极特质,引导他们积极成长,培养体验快乐

的能力。在中国，心理健康教育持续受到重视，积极心理学的融入为心理健康教育的方法带来了改善。通过家庭、学校和社会的共同努力，积极心理健康教育的实施得以推进，将积极心理品质的培育全面融入学校教育之中。

我国学校在积极心理学的应用上，首先体现在对身心健康概念的更新和实践。心理健康教育与积极心理学理念的融合，为各级学校的心理健康教育带来了内容和形式的创新。例如，四川省内江市的小学通过对照实验，展示了积极心理健康教育课程与传统课程相比，在提升学生心理健康和自我认识方面的显著效果。上海市嘉定区建立了覆盖幼儿园至高中的"幸福课"体系，围绕个人与不同社会关系的角度，实现了教育目标和内容的连贯性。此外，还有如江苏省常州市新北区泰山小学的"生命1+1"教育短课，山东省济南市天桥区泺新小学的生命教育课程，以及四川省成都市树德中学通过园艺活动增强希望感的实践，都是积极心理学理念在教育领域的具体体现。这些实践不仅丰富了教育内容，也促进了学生心理的全面发展。

学生积极参与学习过程的关键在于培养他们的社会兴趣、好奇心、专注力，以及在目标追求中展现的坚持和活力。通过培育积极的人格特质和激发内在动机，可以有效地促进学生的积极参与。在中国的教育实践中，这些特质被特别强调，包括在幼儿教育阶段着重于潜能和人格的培养，以及在学前和小学阶段加强语言和智力发展。通过积极教育课程的教授和积极教育方法的整合，教育者正努力挖掘学生的积极潜力，以支持他们的整体成长。

除了塑造积极的人格特质，激发学生的内在动机同样关键，这有助于培养他们对积极兴趣的追求。一些职业学校通过创新的教育模式，成功地将内在动机与兴趣培养相结合。例如，江苏省江阴中等专业学校通过成立学生体艺协会和俱乐部，探索了一种新的教育模式。该校通过建立体艺协会，不仅培养了学生干部的组织和管理能力，还挖掘了他们的领导潜能。体艺俱乐部成为学生展示自我和建立自信的平台，特别是为那些曾被误解的学生提供了重塑自我形象的机会。此外，通过定期举办多样化的校园竞赛和设立奖项，学校将竞赛活动纳入正式的工作计划，确保了活动的规范化和常态化。这些措施旨在激发学生的内在动机，帮助他们在学习中发现和利用自己的优势，从而提高自我要求，逐步改变不良习惯，实现自我提升和成长。通过这种方式，学校为学生提供了追求积极兴趣和实现个人发展的环境。

积极的社会联系是实现幸福和满足感的关键组成部分，它们在个体与他人的积极互动中培养而成。泰山小学的积极教育项目就是建立这类社会联系的一个典范。该项目着重于在学生的成长过程中提供积极的体验和品质的培养，通过教师团队在基础课程中融入积极教育的理念来实现。教学过程中倡导"少讲授，多讨论"，激励学生向老师提出问题并分享自己的观点。当学生收到老师的正面反馈时，这不仅是一种积极的体验，还有助于在师生之间建立起一种积极的互动模式，从而培养出良好的师生关系。通过这种方式，泰山小学展示了如何通过日常的教育实践来建立积极的社会关系，这不仅是实现教育目标的重要手段，还是促进学生幸福感和个人成长的关键途径。

积极情绪的培养在课堂教学中发挥着重要作用，它有助于学生情感与认知的协调发展。例如，郑兰在泰山小学的研究中，通过将积极教育理念融入日常学习生活中，利用评选升旗手等活动来鼓励学生发现并认可彼此的优点，这样的做法增强了学生的自信心，特别是对那些通常缺乏自信的学生，更是一种有效的激励。通过建立和谐的师生关系，可以激发学生的主观能动性。而采用体验式、互动式的教学方法，能够为学生带来积极的情感体验。一些职业学校通过建立学生体艺俱乐部，不仅为学生提供了展示自己长处的平台，还有助于减少因学业成绩不理想而产生的挫折感和自卑感，从而引导学生建立起自信心和成就感。这些实践表明，积极情绪的培养和积极社会关系的建立对于学生的全面发展至关重要。

二、积极心理学在我国学校教育实践中遇到的问题

我国中小学积极心理学的实践虽取得初步成果，但仍面临诸多挑战。席居哲教授的研究表明，尽管积极教育理念的引入时间较短，但全国范围内已有多个实践案例，这些实践在理解和应用积极教育的核心概念方面做得较为准确，并针对我国教育文化传统进行了一定程度的调整和创新。然而，由于积极心理学研究起步较晚，大多数实践项目仍然依赖国外研究成果，缺乏全面推广

到整个学校的持续性项目。此外,一些实践项目与学校环境的结合不够紧密,与主流教学方法和内容存在矛盾。因此,结合国际积极心理学和积极教育的发展趋势、经验和成果,系统地思考和实践我国学校的积极教育显得尤为迫切和重要。

我国的教育实践研究在很大程度上受到了国外研究成果的启发,目前的研究多聚焦于积极教育在学生个人层面的运用,而缺少全面性的实践框架。例如,一些学校可能仅在特定年级或班级引入积极心理学课程作为试验,学生和教师在课堂上接触这些理念,但课下缺乏进一步的练习和应用来巩固学习成果。此外,积极教育的实践往往仅限于教师对学生的积极反馈,而与课堂任务结合的深入实践尚未被广泛探索。同时,国内的研究往往未能充分结合学校特有的环境和中国文化的独特性。与国际实践相比,面向非教师职工的积极教育项目相对较少,导致学校的人文环境未能得到充分利用,学生对积极心理学的理解仍主要停留在理论层面。因此,如何将积极心理学和积极教育的理念深入融合到课堂内外,并构建一个包含学校、家庭和社会的积极教育生态系统,是未来教育研究和实践需要重点解决的问题。

三、以"积极心理+"构建学校七彩教育体系

基于前人已有的研究与经验,立足于"双减"背景,对积极心理学在中小学中的应用需要进行更加深刻、有针对性与实效性的探索。"双减"是一项重大教育改革和行动,旨在促进学生健康全面发展,其前提是遵循心理健康规律,努力让学生朝正向发展。自美国心理学家开创性研究心理学的积极取向和人类的积极心理品质,积极心理学走过了二十余年,已成为当今国内中小学心理健康教育领域的一种主流趋势。在《纲要》关于心理健康教育总目标的描述中也特别指出了培养学生积极乐观、健康向上的心理品质,充分开发他们的心理潜能,促进学生身心和谐可持续发展,为他们健康成长和幸福生活奠定基础。笔者所在学校(厦门市金林湾实验学校)以积极心理学理念,提出"积极心理+七彩教育"的模式开展序列化积极教育活动,即热情红——"积极心理+素养教育"、创造橙——"积极心理+生涯教育"、温暖黄——"积极心理+

家庭教育"、希望绿——"积极心理+特殊教育"、乐观青——"积极心理+生命教育"、自律蓝——"积极心理+品格教育"、典雅紫——"积极心理+特长教育",助力每一个学生形成积极心理品质,实现自觉学习、自主创新、自我成长。

(一)热情红——"积极心理+素养教育":师资先行提素养,储蓄能量助成长

红色,象征热情。减负不减核心素养,"双减"背景下的学校教育应着眼学生核心素养,清华大学心理学系主任彭凯平教授指出,核心素养的本质是积极心理。学校实施"积极心理+素养教育",明确"素养教育"内涵,将育人的关注点不仅仅局限于学生对知识与技能的掌握,还有其需具备的素养与能力;不仅仅把分数作为衡量标准,还有学生是否学得快乐,是否有兴趣,是否在各方面获得成长和发展,即关注对学生是否积蓄可持续发展的力量与形成必备的积极品格,从而更好地回答"培养什么人""怎样培养人""为谁培养人"这一根本性问题。在"双减"背景下,学校基于学生素养提升议题,定期开展"幸福讲堂""爱·育未来"校本培训活动,引导各个学科教师了解和掌握积极心理学的核心要义,善于将积极心理学运用于学科教学之中,引导学生对学习有热情,对生活有期待,对理想敢追求。既拓展了学生认知的广度和深度,也助力其内心世界建立秩序和价值。掌握学科核心素养,储蓄心理能量与资本,以实现在巨变的外部世界中实现目标,达到自我实现的成就与喜悦,这一过程验证了素养教育所提倡的"必备品格"和"关键能力"就是一系列核心价值观的心理内化的观点。

(二)创造橙——"积极心理+生涯教育":开发课程促体验,七彩岗位强担当

橙色,象征创造。减负不减终身成长,在"双减"背景下,需进一步优化教育资源的结构重塑,为学生的终身发展奠基。积极心理学相信每个个体都有内在潜力,强调积极人格特质是需要在社会环境和生活经历中形成的。生涯规划的目的就是充分发挥个体的建设性力量,使其能力和个性得以充分发展。学校以"积极心理+生涯教育",减负增效,开设"人生无限公司"学生校本

生涯启蒙课程。该项课程基于积极心理学理论、人格特质理论和生涯发展理论形成结构合理、层次渐进、有所侧重的生涯教育体系，包含生涯唤醒、自我世界、职业世界、专业路径、资源盘点五个模块。通过团体训练的方式，强化学生的参与和切身体验，启蒙生涯认知，掘其特质与潜能，变被动规划为主动规划，引导学生有意识地对自己的未来进行前瞻性的规划。同时，与班级每日"七彩岗位"体验活动相结合，设置学业辅导员、卫生管理员、绿植养护员、文明小交警、安全小卫士、图书管理员、朋辈心理辅导员等多个岗位，学生可以自荐，也可以竞聘上岗，充分发挥其主观能动性，在体验中熟悉岗位职责，相互协作，达成生涯启蒙教育，为日后更好地完成职业规划与选择奠定基础。

（三）温暖黄——"积极心理+家庭教育"：积极养育促发展，家校合力共育才

黄色，象征温暖。减负不减家庭教育，家庭是学生重要的成长系统，也是落实"双减"的重要一环。随着《中华人民共和国家庭教育促进法》出台，进一步增强了家庭教育意识，明确了家庭教育的定位。学校基于"积极心理+家庭教育"，探究积极养育理念下家庭心理健康教育实施路径，整合课程资源，发展师资队伍，系统地对家长进行培训，优化家长的家庭教育理念与方式，探索出一条促进家长素质提升、学生积极成长、学校教育优化的家校共育之路。以序列化工作坊模式，组织"积极养育 育见成长"家庭心理健康教育工作坊活动，倡导各个家庭设置规则，让爱和规矩理性结合，"无条件的爱"里"有坚定的规则"，助力实现更具实效的教育结果。组建"心桥工作室"，搭建网络平台，与家长相约云端，每周四晚上8：00-9：00开展"云端上的'育·见'——线上积极养育家庭心理健康教育工作坊"活动。以QQ线上直播与在线互动答疑相结合的方式为家长提供专业的家庭心理健康教育指导，营造和谐、温暖的家庭氛围与关系，以实现"双减"背景下家校合力培养学生良好的个性心理品质。

（四）希望绿——"积极心理+特殊教育"：育心助行燃希望，发挥优势绽光彩

绿色，象征希望。"希望"是积极心理学关于心理资本四维结构研究中提出的重要维度。减负不减特需课程，"双减"背景下，持之以恒推行全人教育，为每个生命赋能，让每一个学生都能探寻到其存在的价值和意义。关注孤独症、智力迟缓等特需儿童，学校以"积极心理+融合教育"，帮助其挖掘"心理优势"，提高其"心理资本"并建立持久的发展资源。启动"小苔花"资源教室成长团体，因材施教，通过设置多元化的个性辅导课程，运用和选择多样化的教学手段和策略，针对不同特需学生的智力水平和性格优势，改变单一的以学业水平为依据的评价标准，从自我管理能力、社交能力、艺术能力等多方面实现过程性评价，让"小苔花"们在积极教育中也学"牡丹"开出属于自己的花朵。与此同时，为其家长开设"静待苔花开"家庭教育工作坊，提供专业的支持和帮助，开展"生活中的三件好事"每日一记、"我的眼里你最美"优势新应用、"谢谢你爱我"感恩回信等活动，加深家长对孩子的行为和特点的了解，通过辅导活动舒缓家长的情绪和压力，引导家长走向自我成长的道路，并在成长中看到希望，以更好的自己助力孩子绽放光彩。

（五）乐观青——"积极心理+生命教育"：自我教育激潜能，阐扬生命真善美

青色，象征乐观。减负不减生命质量，在"双减"背景下，学校需进一步重视"自我教育能力"这一促使学生个体走向成熟的重要条件，以"积极心理+生命教育"，促进学生个体不断提升自我修养，提高生命质量。以尊重人性为基础，以赏识为先导，激发学生的主观能动性和潜在能力。校园心理剧是一种极具特色的特殊的团体心理辅导方式，积极心理学取向的校园心理剧，则是通过反映学生身边励志的校园生活故事，感受与彰显生命中的真善美。通过参与校园心理剧的正向体验，学生有意识地把自己的行为与目标不断地对照，窥见自己发展的状态，并不断缩短距离以达到人生各阶段的目标。活动前，心理老师就如何选择题材，如何编写剧本，如何进行编排，如何进行后期制作等提供细致的指导。在活动中，学生通过角色扮演、情景对话等新颖、活泼的表演形式，锻炼自身的表演能力，与同伴在一起亲身感受在自发、和谐、轻松的状态下学会心理调适能力，释放自我。例如，根据电影《心灵奇旅》改编的校园心理情景剧，传递着积极的生命观——每个人都有自己生命的"火花"，火花不是目标，当一个人想要认真生活的那一刻，"火花"就已经点亮了。该剧厘清构成生命的一切美好、惊喜和充满趣味的元素，点燃生命的火花，学生从中学会乐观面对生活，热爱生命，珍惜生命，享受生命，阐扬生命。

（六）自律蓝——"积极心理+品格教育"：正念训练养习惯，阳光心育长品格

蓝色，象征自律。减负不减人格发展，品格教育是在"双减"背景下对五育并举的新要求。围绕教育部关于中小学生积极心理品质调研的六大美德二十四种积极品质，学校基于"积极心理+品格教育"，编制《小学生阳光心理学堂》校本心理健康课教学素材，探索出一套积极心理学取向的心理健康课教学模式——"阳光心理课"，构建"五环节"教学模式，即以阳光暖身活动，感知主题；以典型励志故事，启迪心灵；以积极主体活动，激发潜能；以正向深度分享，补给能量；以有效拓展活动，滋养品质，有效培养学生的积极心理品质。例如，基于正念训练基础，启动"我的21天修炼计划"自律能量储蓄活动，各班发给学生"我的21天修炼计划"能量记录卡，学生结合自己的目标设定微习惯养成项目，坚持做到并记录21天，达成即兑换"自律星"一枚，并获评为班级"自律小达人"。以此激发学生行动与思考的自觉，每天进步一点点，促使其在每一天的积极进取中形成自律品格。充分发挥评价与诊断的效用，进一步探索促进学生积极品格形成的有效措施与评价机制，为他们的健康成长和幸福生活奠定基础。

（七）典雅紫——"积极心理+特长教育"：七彩社团培兴趣，精技善艺蓄能量

紫色，象征典雅。减负不减特长培养，在"双减"背景下，应进一步重视学生的艺术情操和审美素养的培养。基于此，学校提出"积极心理+特长教育"，科学开设精彩社团，成就学生七彩梦想。根据学生的特长和兴趣为每个学生私人订制特长拓展"光谱课程"，取七色光，围绕"德沁丹心"（品德与修为）、"雅韵橙香"（文学与艺术）、"萌童金赞"（社会与生活）、"活力碧秀"（运动与生命）、"科润青苗"（科技与创新）、"梦飞蓝天"（世界与未来）、盈采紫云（生涯与规划）开设了特色发展社团，学生可通过

"走班制"模式自由选择，培养自己的兴趣与特长，并为不同能力水平与特长的学生设计分层定向竞赛：一、二年级的学生在老师的指导下，参与"'育见'LOGO我设计""育见"学生成长中心LOGO设计征集活动，征集的作品有寓意校训"博雅与坚毅"的"小毅、小雅"，有象征积极乐观的"心心小天使"，有代表知识渊博的"心理小博士"……每只吉祥物都蕴含着学生心中的积极想象与美好期待。三、四年级的学生用五颜六色的画笔勾勒出"我心中的心灵乐园"，展示会上的作品彰显着学生的巧思——有放松身心的软垫秋千，有可以尽情倾诉的心灵树洞，有静谧辽阔的缓解"心"空……五、六年级撰写"我的特长养成记"记录心灵成长，用一个个励志的特长养成故事，我手写我心，分享自己技能发展的点滴与感悟。在"双减"背景下，在七彩活动中，学生积蓄积极力量，并逐步养成典雅气质，文雅谈吐，优雅举止，高雅品位。

（八）七彩"积极心理+X"：全面贯彻成体系，立德树人向未来

积极心理学是研究人类的力量和美德等积极方面的一种心理学研究，力量和美德的形成离不开学校教育教学的方方面面。在"双减"背景下，应持续探索多元有效的减负增效育人途径。因此，学校探索"积极心理+X"时，应注意在有针对性地开展序列化七彩育人活动，不断深化对积极心理学核心奥义的理解与运用，既要有积极心理学的方法观，更应具备积极视角的育人观，将"积极心理+X"贯穿于立德树人的全过程中，如后续能通过深度挖掘与运用积极情绪体验的培养、积极人格特质的塑造、乐观型解释风格等积极心理取向的重要内容，在"双减"背景下实现"积极心理+X"，助力学生发掘自身潜在的积极力量，培养其积极的心理品质，提升自我教育能力，不断发展自我、完善自我、超越自我。

第二节 上好"阳光心理课"

一、积极心理学课程现状

（一）国外情况

积极心理学的兴起在全球范围内引发了一股将该理念融入中小学教育的潮流。例如，在美国亚拉巴马州的斯普林伍德高中，老师根据积极心理学的框架，为学生设计了为期六周的课程，涵盖了六个不同的单元，使学生对积极心理学有了深刻的理解和体验。此外，许多教育机构和社区课程专注于特定概念或技能，如韧性培养或青少年的全面成长。以英国著名的惠灵顿公学为例，该校在积极心理学家尼克·拜利斯的指导下，将传统心理健康教育、个人发展、社会健康、体育活动、宗教教育以及瑜伽和冥想等多种元素融合，为10年级和11年级学生开设了"幸福课"。这门课程在英国乃至全球都取得了显著的成效，吸引了其他国家和学校的广泛关注和效仿。

（二）国内情况

在国内，积极心理健康教育的理念最早由孟万金教授于2002年提出，经过5年的深入探讨和理论准备，于2006至2007年逐步成熟，并在2008年形成了完整的体系，2009年进入实际应用阶段。近年来，我国开始重视并引入国外的积极心理学理念和研究成果，积极心理健康教育逐渐成为国内心理健康教育的主流趋势。除了大学层面，如浙江大学心理系的徐青教授模仿哈佛的"幸福课"开设相关课程外，许多中小学一线教师，特别是在北京、上海等一线城市，也开始借鉴欧美的"幸福课"实践经验，开展基于积极心理学的团体活动和创新性探索。2003年，上海黄浦区针对中小学师生推出了"积极成长"幸福课程，涵盖小学、初中和高中各40课时，并包括教师培训。在过去的二十多年里，国内许多心理教育工作者也积极参与到这一领域，在北京、上海、深圳、昆明、厦门等多个城市的中小学校进行实践探索。他们结合国内外现有的心理健康课程设计，提出了关注积极优势、积极情绪、积极关系、积极应对、积极成长和积极组织的六个方面，并初步构建了一套课程体系。

《纲要》强调，教育的核心在于全面提升学生的心理素质，塑造其积极乐观的心态，挖掘心理潜力，以实现学生身心的和谐与持续发展，为他们的健康成长和幸福生活打下坚实基础。然而，现行的心理健康课程多采用传统心理学方法，侧重于解决学生心理问题，普及心理知识，预防和治疗心理障碍。这种做法可能导致教育目标的偏颇、内容的单一和教学方法的僵化，也可能引起学生的抵触情绪，降低师生的参与度和积极性，与《纲要》的目标不符。因此，引入积极心理学的理念，开展相应的心理健康课程，对于实现纲要目标至关重要。

（三）"小学生阳光心理课"的意义

积极心理学在心理健康教育领域的应用虽取得了一定的国际进展，但在国内小学层面仍处于初期阶段，缺乏成熟的操作指南和课程体系。目前，将积极心理学理念融入小学心理健康课程，形成系统化教学模式的实践还不多见。鉴于此，针对小学生的生理和心理发展特性，以积极向善的价值理念为基础，在心理健康教学中采纳正面的教育内容、策略和方法，对于培育学生的积极心理特质、预防心理障碍、促进其身心的全面和谐发展具有重要意义。因此，探索和研究积极心理健康课的有效教学策略，对于推动小学心理健康教育具有极高的价值和必要性。

基于此，我们组建了研究小组在厦门市湖里区各小学尝试推行"小学生阳光心理课"，旨在改变过去心理辅导偏向问题消极方面的价值取向，用全新的视角和辩证的思维方法，把心理健康课的课程重心转移到开发学生固有的积极向上的潜能上，并探索出一套适合小学生的积极心理学取向的心理健康课教学模式，找到学生在心理健康课中应达成的核心素养，进而促进其健全人格的发展。从预防和发展的角度积极开展学校心理健康教育，营造全员参与积极教育，体验幸福感，培养积极心理品质的氛围。

二、阳光心理课的设计与实施

（一）阳光心理课的教材编写

研究组以积极心理学为理念先导，围绕教育部关于中小学生积极心理品质调研的六大美德二十四种积极心理品质：智慧和知识（创造力、好奇心、开放的思想、热爱学习、有视野）；勇气（真诚、勇敢、坚持、热情）；仁慈（友善、爱、社会智能）；正义（公平、领导力、团队精神）；自制（宽容、谦虚、谨慎、自律）；超越自我（审美、感恩、希望、幽默、信仰），具体细化为小学生需要具备的积极心理品质，并据此开发一套适合小学生心理发展特点、具有区域特色的积极心理健康教育的课程教材——《小学生阳光心理学堂》。

（二）阳光心理课的课程实施

研究组以自编《小学生阳光心理学堂》为教学内容参考，选取厦门市湖里区四所小学作为实验组（实施阳光心理课），四所小学作为对照组（实施传统心理健康课）。各阳光心理课实验学校以"五环节"模式（即"阳光暖身—故事启迪—阳光活动—正向分享—有效拓展"）架构每一节阳光心理课主题活动。一堂完整的心理健康课应包含四个阶段：创始阶段、转换阶段、工作阶段、结束阶段。

1. 以阳光暖身活动，感知主题

在阳光心理课上，暖身活动的作用不仅仅是营造轻松、愉悦的心理课氛围，更重要的是通过创设这样有趣又不失意义的简易暖身激发学生的接纳情绪，并初步诱发与主题相关的积极思考，为导入主题活动做好铺垫。据此，研发团队在设计阳光暖身活动时，更注重的原则是体现该环节的积极性、趣味性、简易性与思考性。例如，在"智慧与知识"模块里创造力主题《打破定势思维》一课中，设计了阳光暖身活动"奇思妙想"（规则：教师出示一个环形，学生以小组为单位，合作想象，比一比哪一组想象出来的事物最多。注意：同类事物，只取一样）。学生在有效合作中，展开奇思妙想，集思广益，这样的活动不仅仅达到营造良好课堂氛围的效果，更激发学生去琢磨如何打破定势思维的积极情绪，同时也有利于学生懂得创造的前提是打破定势思维的道理。当学生萌生了学习创造力相关能力的主观愿望，执教者导入本课主题，则"打破定势思维"便水到渠成。

需要特别指出的是，应该意识到阳光暖身活动的形式是多样的，不应狭隘地将其局限于游戏，借助视频、音乐、短剧或者幽默的谈话等形式，同样能像游戏那样起到既活跃课堂气氛又引发正向思考的作用。例如，在"超越自我"模块里信仰主题《信仰的力量》一课中，巧用《最初的信仰》这首歌作为阳光暖身活动，学生在富有励志意义的音乐渲染中，初步感知信仰的力量，并能开始积极思考自己身上是否有这样一份坚定不移的信仰支撑着自己的人生，为揭示"信仰的力量"这一主题做足铺垫。

2. 以典型励志故事，启迪心灵

在阳光心理课上，运用典型励志故事，学生自主地思考故事的寓意，故事中所倡导或者蕴含的积极心理品质，以及富有启发意义的生活哲理，能有效地引导学生激发情感、价值抉择和行为养成。因此，基于小学生的认知特点，研发团队在选用或者创编励志故事和设置"议一议"的问题时，关注的是其积极性、通俗性、启发性和引导性。例如，在"团队精神"模块里坚持主题《团结就是力量》一课中，选用了中国女子乒乓球队在2024年巴黎奥运会上以3比0的比分完胜日本队，实现了奥运五连冠的壮举，故事止于全场观众看着这样一幕感人的画面，都自发地站起来，为中国女子乒乓球队鼓掌！"议一议"中巧设了三个问题：（1）如果你是全场观众中的一员，你会怎么做？（2）如果你也是中国女子乒乓球队的一员，你会如何面对训练中的困难和比赛中的压力？（3）你从中国女子乒乓球队身上学到了什么品质？这样的故事和问题都具有积极的启发性和引导性，避免了学生聆听"说教式"讲理时产生的抵触心理，进而自发思索团结合作的意义，并从故事的主人翁身上习得团队精神的品质。

此外，阳光心理课上采用励志故事来寓意，往往也更加具有体验深刻性、记忆持久性的效果，故事中蕴含的道理能优化学生的思想观念，易于被学生内化为积极的行为表现。例如，在"仁慈"模块里"爱与被爱"主题《爱你多一点》一课中，选取了《猜猜我有多爱你》这一绘本故事。整个故事充溢着爱的气氛和快乐的童趣，小兔子亲切可爱的形象、两只兔子相互较劲的故事构架以及形象、新奇的细节设置都对学生有着极大的吸引力。听了这个故事之后，从家长的反馈里收到了不少学生将故事里传递的爱的能量外化为爱的实际行动的信息，这是对阳光心理课"落脚点在哪里"的最佳解答。

3. 以积极主体活动，激发潜能

主体活动是一堂好的心理健康课的核心要素。在阳光心理课上，设置能激发学生积极体验情绪情感的主体活动，将有利于其更直接有效地形成良好的心理品质。阳志平提出，积极心理课应关注六大主题：积极优势、积极情绪、积极关系、积极应对、积极成长、积极组织，并提出了以"心理资产"为本的心理课教学理念。基于此，积极主体活动应致力于立足于小学生的心理特点与发展规律，科学地将"心理资产"具体化为"六大美德（二十四种积极心理品质）"，以丰富的活动为载体，激发学生的内在潜能，促进其形成良好的个性品质。设计积极主题活动聚焦的原则是积极性、体验性、参与性和有效性。例如，在"正义"模块里团队精神主题《左手右手》一课中，设置了阳光主体活动"'左手右手'加加油"。该活动要求以小组为单位，每组只能一半人伸出左手，另一半人伸出右手，各组通力协作，完成穿针引线的任务。该主体活动具有全员参与性，学生在活动体验中感受团队精神的重要性和如何更好地发挥团队作用，领悟合作的要领，活动目标才能得以有效落实。

值得关注的是，阳光主体活动注重的是运用活动引导学生对主题所倡导的积极心理品质的直观体悟与有效养成，即摒弃了以往不少主体活动常以出现冲突或问题思辨，发现心理辅导资源后拨乱反正的问题取向的"矫正式"活动体验思路。这就有效防止了"无病呻吟"的尴尬（学生没有问题也要在教师的诱导式问题中牵强地感受问题的存在）和"负转正能量"活动体验的误区（主体活动第一次先带给学生失败、挫折的体验，在辨析与分享后进行二次活动，再体验成功与快乐）。阳光主体活动也更符合小学生的心理发展特点，让心理健康课更具目标意识，在活动后能快速、有效地判断学生的能力与品质形成情况。

4. 以正向深度分享，补给能量

在心理健康课中，分享环节是否富有深度在很大程度上决定了活动的实效。引导学生进行正向的深度分享能助力其感受愉悦的情绪，师生思维的碰撞将会更加强烈，学生的感悟将更加深刻，进而有利于其形成积极的心理品质。而学生是否能萌生主观意愿进行正向深度分享，则取决于教师在引导分享时是否能善用心理咨询与辅导的技术（如热情、真诚、同理、鼓励、自我开放等）。所以，本研究通过课堂观察技术，反复实践与反思总结，初步形成阳光心理课教师引导学生进行正向深度分享时常用的对话技术。该环节关注的是积极性、针对性、深刻性与发展性。例如，在"仁爱"模块里爱与被爱主题《爱与被爱》一课中，学生在进行了阳光主体活动"爱之花"活动之后，在教师真诚、热情的引导下，分享着自己在"爱之花"花瓣上写下的自己喜欢的朋友所拥有的品质，而教师适时地积极点拨与归纳，让学生学会了"以爱相待"他人的方法，最后教师有针对性地总结升华："用你希望别人对待你的方式对待别人，让我们以心交心，用爱相待"。整个分享关注的是活动背后积极的资源——如何以爱的最好方式去对待别人，学生在自由且受保护的课堂氛围里，大方开放自我，补给正向能量。

同时，也需要意识到，每次正向深度分享能否达成预期效果，与教师对活动过程中生成资源的挖掘和活动结束后问题设置的巧思是密切相关的。因此，基于积极心理强调以人的积极心理能量为核心，研发团队在设计分享的问题时更具体地聚焦于"积极心理资本"的主要内容，即学生的自我效能、乐观、希望和韧性，学生乐于分享如何通过努力获得成功，如何对成功体验进行积极归因，如何充满希望对目标锲而不舍等，以此达到发展其良好的心理韧性。

5. 以有效拓展活动，滋养品质

积极心理品质的形成是一个循序渐进的过程，该过程的实现需要教师设计易操作、有意义的拓展活动，引导学生带着在课上的所得所感，在课后走进实际生活去践行，以行养性，形成良好的心理品质。这就要求教师在设计同一主题的课后拓展活动时要注意做到序列化，让学生能在任务的驱动下，化"知"为"行"，及时觉察与记录自己在课后活动中的感悟，在同一个主题的下一课时教师要创设机会让学生反馈在上一课时的课后活动情况，通过师生互动、生生互动，及时肯定学生参与的热情，挖掘反馈里的正向资源，助力其更快更好地达成心理发展。因此，在设置课后拓展活动时，应关注积极性、时效性、渐进性和反馈性。例如，在"自制"模块中谦虚主题《谦虚使人进步》一课的课后设置了"我的谦虚行动"活动。每个学生为自己准备一本《我的谦虚足迹》记录本，学生在课后以日记配图的方式对自己的谦虚行为进行跟踪记录，并邀请家长作自己的行动见证者，在记录本中设计了"见证者反馈"一栏，家长每日需及时记录他们观察到孩子的变化。下节课，学生将记录本带到课堂进行交流分享，教师及时肯定学生在学习生活中的谦虚表现，谦虚品质在学生心中得以滋养。

（三）阳光心理课的"慢艺术"

阳光心理课的目标与效度指向达成学生的积极心理品质养成，但这种培养绝不是"急功近利"式速成。在阳光心理课实施的过程中，要学会借积极心理学之眼，看见高效心理健康课里的"慢艺术"。实现"以学为中心"的"慢转变"，维系师生之间和谐的"慢关系"，沉浸"目中有人"的"慢备课"，达成"1+1"大于2的"慢协作"，助力学生获取积极力量和优势品格。

高效课堂，顾名思义是指教育教学效率或效果能够有相当高的目标达成的课堂。一直以来不少教师对"高效课堂"甚是困惑，毕竟在开始思索如何实现高效课堂之前，多数人都曾受过"教育是慢的艺术"和"静待花开"等"慢教育"理念的熏陶。长久以来，也有一些心理教师粗浅地采用类似二元论的方式将此二者置于课堂教学天平的两端，似乎提及"高效"就很难"慢下来"，也就更难抱持守望的态度去静等每一朵花的绽放，其心理健康课也因此进入了"发展瓶颈期"。

但作为一名愿意深度探索心理健康课效度的师者，如果曾走进苏格拉底的"产婆术"启发式提问，聆听他说，"我的母亲是个助产婆，我要追随她的脚步，我是个精神上的助产士，帮助别人产生他们的思想"；如果曾走进杜威的"做中学"体验式教学，就能察觉到他其实早已睿智提出"学生的学习，是从得到教师的共情开始的"；如果曾走进塞利格曼的"积极心理学"，循其奥义,转变长期以来问题解决视角的心理健康教育观,关注对人的优势、美德与幸福感的培养,也就能借发展之眼,窥见教育对"人"的理解的发展历程,更加全面而深刻地领悟"高效课堂"的真谛,觉察"我们越是慢下来,就能越快地去找到改变的源头,缓慢就是最新的快速",看见高效心理健康课里也蕴含着"慢艺术"。

1. 借积极心理学之眼,看见化在高效心理课里的"慢转变"

高效课堂,向先进的理念要高效。借积极心理学之眼,觉察帮助学生获得沉浸体验以及建立积极关系等是在促进学生体验幸福与主观幸福感。看见高效课堂需要师者树立正确的人才观,紧紧围绕一个中心,即"以学生为中心"。提到"以生为本",便离不开作为师者对学习金字塔理论的深度认知和对小组合作的有效指导。在美国著名学习专家爱德加·戴尔提出的"学习金字塔"理论里,科学的数据已经向当下的心理健康课发出直观警示——单靠听讲、阅读、视听、示范等"以教为中心"的被动学习方式,学生的学习内容平均存留率不到30%。因此小组讨论、实践、教会他人等"以学为中心"的主动学习方式成为了"更好的选择"。唯有如此,才能实现教学效果的提升。而这样的主动式学习,自然离不开群体协作之积极力量,因此如何基于积极心理学理念,科学组建小组合作,并发挥其真正的效用,成为高效课堂着力突破的重要方面。

积极心理品质的形成是一个行为过程,也是一个心理体验的过程。积极心理学认为积极的生活环境是构建积极品质的支持力量之一。研究表明,当学生生活在充满关心、支持和同情的氛围中时,他们更可能会建立良好的心理健康状态。高效课堂里的小组合作所秉持的"便于教师无障碍地走到每个学生的身边""让学生无障碍的起起坐坐""位置相对固定"等原则,这些"目中有人"的小原则里蕴藏着一个师者对积极心理学理念的"接地气"运用,也彰显着一个师者对教学中"人与人的尊重""亲其师,信其道""理论化为实践"等大智慧。心理健康课上,先有了"人",才有了一切的积极可能性。

2. 借积极心理学之眼,看见系在高效心理课里的"慢关系"

高效课堂,向和谐关系要高效。积极心理学视野中的师生关系是积极助益的共同体，积极回应的同盟体，积极体验的共通体。近年来，教育心理圈的同仁奔跑在探索心理健康课2.0的道路上，也竭力想勾勒出能真正对接新教改要求的心理健康课该有的样子。从精神分析走向人本主义，从近代认知行为疗法到后现代具身认知，心理教师团体花了很多时间在学习、在汲取、在统整，试图集所有的流派和技法为一身。但只要心理教师愿意站得远一点，去审视自己的课堂样貌，便不难发现，这终究不是改变学生对学习认知的关键点和发展自身学力的新台阶。如果一个心理老师基本功扎实，专业技术过硬，但始终无法与学生形成信任、平等、和谐的师生关系，那么心理健康课将无法真正走进学生内心，高效课堂也将成为一种难以企及的追求。觉察，而后诱发针对性思考。北京十一学校联盟总校校长李希贵老师说："教育学，就是一门关系学。"这句话恰是关于师生关系的积极意义最好的诠释。

诚如心理学界的行话"关系大于技术"，基于积极心理学取向的心理健康课堂，也倡导着唯有在流淌的团体动力场里才能生成高效的课堂，即创设师生之间、生生之间、"我"与他人的对话，"我"与"我"的对话是构成课堂良性互动氛围的重要方法。而要营造出这样的团体动力场，积极心理学视角下的咨询理论与技术是不可或缺的催化剂，能为心理教师提供有效的行动策略支持。倾听、共情、真诚、澄清、价值中立、内容反应、情感反应等核心技术，恰是"织出"师生之间情感联结最好的针线，一针一线慢慢织，才能织好师生关系网。换言之，也才能有效地将积极心理学的理念转化成具体的行动方法，在师生之间产生积极情绪体验，进而促进双方关系朝着积极方向发展，以保障心理健康课堂的有效推进，进而高效达成每一堂课的教学目标。

3. 借积极心理学之眼，看见置于高效心理课前的"慢准备"

高效课堂，向课前准备要高效。在《积极品质和美德：手册与分类》一书中描述了各种能使人获得幸福感的积极品质与美德，其中包括几乎世界上每个文化都认同的六大美德（智慧和知识、勇气、仁慈、正义、自制和超越自我）和二十四种积极品质。心理教师在备课的过程中，需要正确认识到备课是一个需要立足于激发学生内在潜能和培养学生积极品质的目标，依据相关心理学科学理论基石，用心设计，精益求精的过程。但现实中，却不难发现，这个过程往往很快，快到只要一个老师多留心加入几个群，关注几个公众号，就能轻而易举地获取无限的教学资源。这样的备课"目中无人"，教学效果不得而知。

一个拥有积极心理学理念视角的心理教师，懂得享受备课的"慢过程"，慢到自己想上什么样的专题，想用哪些素材，都需要在"人"字上多点思量。备课不是简单拼接一堆琳琅满目的素材，备课是认真书写一个顶天立地的"人"。因此，心理教师在备课中，应当更加尊重学生、相信学生，为激发学生的内在潜能和良好个性心理品质而"慢慢备"。武汉市教育科学研究院叶芳院长曾在其讲座上呈现了一位语文老师的日常一课——语文书上密密麻麻的备课笔记，这便是"请站在课程标准的高位俯视你自己设计的每一节课"最好的体现。因此，高效心理健康课堂的准备，绝不是快餐式的"拿来主义"的复制粘贴，更不可沦为"媳妇熬成婆"式的"尽吃老本"的老调常谈。这需要教师在备课时，站在《纲要》的高位，找到与课相接的心理发展具体目标与学段要求，对标完成高质量的课堂教学设计。这样，教学效果才不至于沦为"夸夸其谈"的伪高效，心理健康课堂才经得起检验，实现为促进学生身心和谐可持续发展，为他们健康成长和幸福生活奠定基础的育人目标。

4. 借积极心理学之眼，看见藏于高效心理课后的"慢协作"

高效课堂，向团队协作要高效。基于积极心理学理念，能更客观地认识到团队里的每个成员"没有优劣之分，只有快慢之别；没有缺点被标记，只有特点被看见；没有差生的存在，只有差异是常态"，也能更加立体地看待一个人的阶段性发展特点与需求，并能更加柔软地与之相处。这，对于教师面对学生群体是如此，对于师者融入成长共同体也是如此。一个师者对高效课堂的求索如若选择了孤身只影地苦苦寻觅，往往容易陷入故步自封的境地。因此，维系好共同体的互助协作关系，让每个人在团队中因有了对人更深刻的理解与共情，愿意开放自我，悦纳他人，乐于与不同的人结伴同行，做到彼此欣赏与鼓励，包容与扶持，进而在集体教研中，肯定自我，完善自我，超越自我，实现"1+1"大于2的合作效益，高效课堂的探索之路，方才能走得长远长久。也只有在这样的同甘共苦中，才有机会聆听到儿童的言语或缄默的声音、听见课堂中隐性的声音，倾听自己内心的声音，进而推进"人人都是心育者"理念落地实施，实现2.0版心理健康课"课课掷地有声"的美好愿景，迎来日本教育学者佐藤学在《教师花传书》一书中所描绘的"技"和"心"相结合的"妙花"绽放的一天。

同时，心理教师也需要进一步认识到良好的人际关系是个性发展和完善的重要条件，也是获得积极情绪体验的重要来源。发展心理教师团队良好的互动协作关系，需要有意识地发展团体成员具备积极心理学所倡导的"热情""友善""仁爱""团队精神"等积极心理品质，助力团体顺利经历定向、情感探索、感情交流、稳定交往四个阶段的"慢过程"，助力个体获得集体归属感和自我效能感，从而形成向上向善、积极稳定的发展性团体。

5. 借积极心理学之眼，看见高效心理健康课里的"慢艺术"

高效课堂的终极目标是致力于学生学习能力的培养，其原点聚焦于"两率"问题，即解决课堂精力流失率和提高学生高效学习率。积极心理学所倡导的心流体验就是回答"两率"问题的最佳答案。心流是指个体全身心贯注于某种活动时所获得的一种积极心理感觉，而心流体验是感受这种愉悦、充实及忘我等独特感觉的体验。心理教师在心理健康课中要有"慢"的教学艺术，能根据产生心流体验的"四要素"，渐进式创设引力十足的活动，让学生在课堂上精力集中；内容设置符合发展需求，学生能明确学习目标；学习目标清晰可达，学生能即时获得反馈结果；任务难易程度适度，学生能在课堂活动中实现技能与挑战相平衡，助力学生感受心理健康课中心流状态的"慢美好"，同时辅以"产婆术"启发式提问，引导学生在思考与交流中获取积极力量，并在课后"做中学"拓展活动中形成优势品格。

三、阳光心理课的效果评估

选取区域四所小学作为实验组，四所小学作为对照组。在实验前，所有被试均接受了问卷调查，测量心理健康水平，测量工具为孟万金教授团队于2009年编制的《中国中小学生积极心理品质量表》，该量表包括六大分量表，15项积极心理品质，共61道题。问卷采用5点评分，1表示非常不符合，5表示非常符合。量表具有良好的信度和效度。在实验阶段，实验组的教师在其所在学校班级开展阳光心理课；对照组的教师则在其学校开展传统心理健康课，时间为一学年。实验结束后，对实验组和对照组被试进行后测。使用SPSS22.0软件对收集到的数据进行统计分析。

干预前，对实验组和对照组的学生积极心理品质六大维度的得分进行比较，结果表明差异无统计学意义（$p>0.05$）。干预后，实验组学生的积极心理品质六大维度中的认知维度、节制维度、超越维度的得分均明显高于对照组（$p<0.01$），结果见表3-1。

表3-1　实验组与对照组学生干预前后积极心理品质六大维度得分比较（$X \pm SD$）

项目	前测			后测		
	实验组	对照组	t	实验组	对照组	t
认知维度	3.04 ± 0.37	3.32 ± 0.38	1.65	3.88 ± 0.41	3.35 ± 0.37	2.89**
情感维度	3.33 ± 0.42	3.03 ± 0.37	1.23	3.42 ± 0.32	3.37 ± 0.40	1.25
人际维度	3.52 ± 0.40	3.72 ± 0.44	1.17	3.35 ± 0.43	3.62 ± 0.38	0.93
公正维度	3.42 ± 0.48	3.52 ± 0.40	0.40	3.51 ± 0.33	3.55 ± 0.51	1.32
节制维度	3.41 ± 0.37	3.35 ± 0.31	0.62	3.81 ± 0.62	3.22 ± 0.53	2.97**
超越维度	3.64 ± 0.31	3.72 ± 0.34	0.82	3.89 ± 0.53	3.12 ± 0.43	3.01**

注：$*p<0.05$，$**p<0.01$，$***p<0.001$。

通过数据分析，接受阳光心理课的学生，其在积极心理品质的养成上较优于接受传统心理健康课的学生，尤其是在认知（创造力、好奇心、开放的思想、热爱学习、有视野）、节制（宽容、谦虚、谨慎、自律）和超越（审美、感恩、希望、幽默、信仰）等方面养成效果显著。

四、推行阳光心理课的阶段性反思

该项研究基于积极心理学的理念设计的阳光心理课构建了"五环节"模式，强调学生在活动中的积极心理体验，以阳光暖身活动，感知主题；以典型励志故事，启迪心灵；以积极主体活动，激发潜能；以正向深度分享，补给能量；以有效拓展活动，滋养品质；有效培养学生的积极心理品质。

诚然,一个新的教学理念的提出需通过模式的探索得以落实,但每一种教学模式的实施并不是固化的程序。正所谓"教无定法",在后续研究中将进一步明确课程目标、主体和方法,对学生积极心理品质的提高程度和课程本身进行评价与反思,继而修订课程教材和改善教学模式,从对阳光心理课教学模式的研究走向教学策略研究,使积极心理学取向的心理课教学策略更具有推广性和实效性。

通过总结前期的研究成果,并反思研究中的不足,找到后续可持续探索的方向:一是探究运用积极心理学培养小学生的多元智能。根据美国当代著名心理学家和教育学家加德纳的多元智能学说,如何针对学生不同智能特点,运用积极心理学理论开发学生的智力潜能,让学生得到适合自身素质特点的发展是后续可以继续探索的空间。二是关注对小学生积极应对能力的培养。后续,研究团队也发现"积极应对"在自编的《小学生阳光心理学堂》教学素材里并未体现。日后可不断完善教学素材,增加该项内容,以期能培养学生积极应对问题的良好个性心理品质。三是基于积极心理学视角持续探究小学生积极学习品质的培养策略与评价机制。继续基于积极心理学理论背景,围绕"聚焦学习品质培养的阳光心理课堂学习评价的实践研究"课题展开心理健康课教学评价研究。基于已有的研究成果,探索出学生需要具备的积极学习心理品质,并通过实施学习心理专题的阳光心理课,增强其学习动机,提升学习能力,培养学习习惯,增强学习效能感。研制评价学习品质培养阳光心理课的标准,并根据标准制订阳光心理课(尤其是学习品质培养专题)的评价工具。

五、聚焦学习品质培养的阳光心理课

基于研究的反思和后续探索的方向,研究小组继续深耕细作,以笔者所在学校厦门市金林湾实验学校被确认为"福建省基础教育小学心理健康学科教研基地校培育单位"为契机,继续围绕"聚焦学习品质培养的阳光心理课堂学习评价的实践研究"课题开展阳光心理课的实践与探索。

随着核心素养的出台,各学科教学从"教知识"转向"育素养",《纲要》也特别指出,要立足教育和发展,培养学生积极心理品质,挖掘他们的心理潜能。其中,学会学习是中小学心理健康教育的主要内容,也是学生积极心理品质的重要组成部分,在学生的终身发展中具有重要的作用。葛明贵等人研究发现,一个人的学习品质越积极,其获得学业成功的可能性就越大。基于此,聚焦学生的学习品质培养,研究团队致力于开发一套全面的心理健康课程单元计划,该计划深入挖掘并重新构建影响学生学习品质的五大关键系统:认知与体验、学习动机、能力与方法、学习持续性以及学习成果。这一设计以满足学生的个性化发展需求为出发点,旨在创建一个以主题为中心、各要素紧密相连、条理清晰的综合教学单元。

(一)整合五大系统,提炼整体单元主题

在单元整体教学设计中,精确提炼单元主题意义,关键是确定该单元的学科核心素养与教学主线。根据《纲要》关于小学高年级学段心理健康教育在"学习心理"方面具体内容要求"着力培养学生的学习兴趣和学习能力,端正学习动机,调整学习心态,正确对待成绩,体验学习成功的乐趣",结合学生学习品质构成要素之五大系统,提炼出小学高年级基于核心素养"学会学习"的心理课整体单元主题——"智学有道 慧养品质"。其中,针对学习认知与体验系统,拟定学习项目主题"学而不厌——我好学";针对学习动力系统,拟定学习项目主题"敏而好学——我想学";针对学习能力与方法系统,拟定学习项目主题"学之有方——我善学";针对学习维持系统,拟定学习项目主题"学无止境——我勤学";针对学习结果系统,拟定学习项目主题"学有所成——我乐学"。

找到学习品质培养的单元整体教学主题的意义和学生心理发展需求的共振点,也就是提炼出的学习项目主题要与学生的学情基础和学习品质发展的可能性相扣。例如,学习项目主题"学而不厌——我好学"中学生对各学科课程的喜恶是衡量其学习情感状况的重要指标。学生在学习过程中,对学科课程的认知会影响自己对课程的喜欢,因此拟定此学习项目主题,以引导学生对学习目标的认知,感受学习过程中的积极情绪体验,形成积极认知倾向,从而达成助力学生形成"好学"学习品质的主题意义。

需要注意的是,"学习品质"是一个可以持续理解的概念,是超越心理

课程（不局限于某学科）的认知观点，同时其也可从心理课中得到印证，这就是单元整体教学设计里的"大概念"。根据崔允漷（我国基础教育知名专家）等人关于单元整体教学的研究，反观核心素养培养导向下的心理课，关于"单元"的内涵需要重新定义，围绕大概念的单元整体设计是按大概念的逻辑而非按内容的逻辑，它不再局限于一个个内容单元，而是指素养单元，即围绕某项心理品质达成的一个小概念集合，这个小概念集合由大概念做黏合剂。因此，在聚焦学生学习品质的单元整体教学设计中，应引导学生能基于对学习项目主题的学习和提炼而形成的各项学习品质子概念——"好学、想学、善学、勤学、乐学"，逐步建构出基于"智学有道 慧养品质"整体单元主题的大概念——"学会学习"。

（二）对照关键指标，制订单元教学目标

单元整体教学目标要把宏观的课程育人目标细化到具体学习项目以及相关课时的教学中，即在单元教学设计中可预见、可操作、可检测学生学完单元主题后形成相关学科核心素养的情况。体现在心理课中，需要心理教师能根据大单元目标、学生心理发展特点，以及相关心理核心素养的关键指标，制订单元整体教学总目标，层级单元教学目标以及具体课时教学目标，以作为后续规划各主题教学内容的依据，促使学生能深刻理解单元大概念，并能在学生头脑中建构该单元的心理知识、技能、素养的网状图。在学习品质培养单元中，根据整体单元主题"智学有道 慧养品质"与五个学习项目主题，从认知目标、行为目标、情感目标三个层面制订单元整体教学总目标。认知目标主要是了解自己学习品质各关键指标的发展现状，懂得学习品质对学习效果的影响，知道学习品质的主要构成。行为目标主要是在心理训练中掌握学习品质的养成方法，自主养成"好学、想学、善学、勤学、乐学"等各项学习品质，切实提升自身学习效果。情感目标主要是感知学习品质对学业提升的帮助，感受养成良好学习品质带来的积极情绪体验，获得学习自我效能感。在单元整体教学总目标的统领下，对照陈朝晖等人针对学习品质构成要素，针对五大系统进一步细化提出的九大关键指标（学习认知、学习情感、学习态度、学习动机、学习能力、学习方法、学习意志力、学习投入、学习效果），进一步明确各学习项目及相关课时的教学目标。

陈朝晖等人研究发现，积极的学习认知、学习情感是形成良好学习态度与点燃内在学习动机的重要前提，也只有具备了良好的学习动力，学生才能更加积极主动地探究学习方法，提升学习能力。因此，知识组块之间的关联与影响启示教师在制订单元整体教学目标时应关注各学习项目教学目标之间的逻辑关系，形成一张单元教学的目标网，助推学生对学习品质的具体内涵形成持续性理解，达到促进"知识向能力""能力向素养"转化的目的。

（三）围绕情境主线，做好活动项目分配

在单元整体教学设计中，大概念是综合性强的高阶目标，其指向学生真实世界的问题解决。深度学习理论提倡学习者在真实情境中，通过团队合作与主动探索，实现知识的深层理解和应用。这种学习方式强调在实际问题解决中进行意义建构，鼓励学生在互动中学习，提升理解和分析能力。心理课的单元整体设计应能基于主题与目标，结合学生的心理发展需求，采用团体辅导、心理训练、问题辨析、情境设计、角色扮演等组织方式，围绕清晰的情境主线，为学生设计真实情境下的（或"类真实"情境下的）、以学生为中心的主题活动任务，以学习任务为驱动推进学生的心理体验与训练活动，搭建学生心理成长的阶梯。考虑大概念之间以及小概念与大概念之间的关联来划分单元组块，选取相应的项目内容和资源并将之序列化，做好教学内容与课时的分配。基于此，根据"智学有道　慧养品质"大单元主题，拟定"学海无涯　畅游有法"情境主线，以"乘一叶心灵扁舟，探一片未知学海，养一身乐学品质"贴近各学科学习情境的任务导向活动，在单元教学设计中创设与学生学习生活息息相关的活动项目，助力学生运用心理学方法与技能在探索"未知学海"的深度体验中逐步形成"学习品质"。例如，在学习项目主题"学而不厌——我好学"中设置课时专题"学习'真'心话""学习'心'体验"，创设情境"畅游学海"——为鼓励学生表达学习过程中的情绪体验与真实感受设置登陆"'真心话与大冒险'岛"活动任务；为反映学生对学习目标的认知和自身条件的感知情况，设置"寻找学海上的灯塔""如果'学习'会说话"等活动任务，将具身认知、焦点解决、教育戏剧等后现代心理辅导技术融入活动体验与分享过程

中，引导学生从学习认知与体验系统出发，对学习品质展开主体性认知、体验与建构。学生系统式学习"学习品质"五大系统相关项目主题（见表3-2），由浅入深、循序渐进地对"学习品质"大概念进行持续性理解，最终转化为认知和行动自觉，形成"学会学习"核心概念，养成积极学习品质。

表3-2 心理课"智学有道 慧养品质"单元整体教学目标与主题一览表

大概念	子概念	关键能力	教学目标	项目主题	课时与专题设置
学习品质	学习认知与体验	学习认知	1. 认知目标：感知自己对学习的喜恶，正确认知自己的学习能力。 2. 行为目标：能准确表达自己在学习活动中的感受，学会设置合适的学习目标。 3. 情感目标：在各项学习活动中感受到学习活动的正向情绪体验，形成较好的学习满意度	学而不厌——我好学	2课时 第一课时：学习"真"心话 第二课时：学习"心"体验
		学习情感			
	学习动力	学习态度	1. 认知目标：了解自己对各学科学习价值的理解，看见自己学习的需要，认识到学习是自己的责任，了解自身学习动机的来源。 2. 行为目标：从学习兴趣、学习主动性、学习责任心、学习信心等方面入手，学习改善学习态度，提升学习动力的方法。 3. 情感目标：形成积极主动的学习态度，肯定自身学习能力，勇于对学习结果负责	敏而好学——我想学	2课时 第一课时：拥抱"学习君" 第二课时：学习"永动机"
		学习动机			

续 表

大概念	子概念	关键能力	教学目标	项目主题	课时与专题设置
学习品质	学习能力与方法	学习方法	1. 认知目标：了解学习规律，了解小学生四大重要的学习能力（制订计划能力、获取知识能力、问题解决能力、独立学习能力），正确认知自己各方面能力的现状。 2. 行为目标：掌握费曼学习法、西蒙学习法等学习方法，学习预防和应对过度考试焦虑的方法，提升学习能力。 3. 情感目标：在各学习任务中运用科学的学习方法，体验完成学习任务带来的成功与喜悦	学之有方——我善学	2课时 第一课时：学习有"心"法 第二课时：你好，考试君
	学习维持	学习意志力	1. 认知目标：知道意志力是一种重要的学习品质，正确认知学习时间、睡眠时间、学业质量、学习压力等因素对学习投入的影响。 2. 行为目标：根据学习目标和学习能力，自主做好情绪自我调整、动机自我监控、意志力调控、学习评价与反思，以良好学习状态参与各项学习任务。 3. 情感目标：对学习有浓厚的兴趣，在学习活动中体验到学习的价值感，能在其中感受到"心流"体验	学无止境——我勤学	2课时 第一课时：我的学习"励志剧本" 第二课时："沉浸式学习"带我畅游学海
		学习投入			

续表

大概念	子概念	关键能力	教学目标	项目主题	课时与专题设置
学习品质	学习结果	学习效果	1. 认知目标：了解学习效果的影响因素，知道学习结果检测的方式，正确认知各项学科检测的意义，以发展性眼光看待学习效果。 2. 行为目标：学会以过程性评价与总结性评价相结合的方式评价学习效果，初步尝试运用制作课程履历的方式记录学习中发生变化的过程，适时掌握和了解学习效果。运用学习结果反馈，进一步改善学习品质。 3. 情感目标：感悟各项学习品质对学习效果的意义，感受养成良好学习品质获得学业成就带来的积极情绪体验，提升学业自我效能感	学有所成——我乐学	2课时 第一课时：彼岸和沿途一样美 第二课时：我的课程学习履历

　　心理课的单元整体教学就像"滚雪球"，不仅可以打通不同年级之间相关的心理健康教育内容，还能够实现各大模块及其指向的相关素养之间的学段衔接。因此，"学习品质"主题心理单元整体教学不应只局限于某个年级，应可打破年级之间"藩篱"，充分发挥单元整体教学的累积效应，从为学生的健康成长和幸福生活奠定基础出发，长远地考虑"学习品质"这一核心素养如何在学生身上实现可持续性发展。因此，若学校因受限于心理课的课时数少，而无法在某个年级开展"学习品质"单元整体教学，可以将项目实施的时间周期拉长，遵循心理发展规律，明确单元教学顺序，以学段（如小学高段，即五、六年级）为单位开展心理课跨年级单元整体教学。

（四）"教学评"一体化，完备单元教学评价

威金斯和麦克泰格的"逆向设计"理论强调教学应从预期的学习成果出发，即教学应"从结果反推过程"。这一理念对单元教学设计具有指导意义，它要求教师在设计之初就明确评价标准，确定哪些证据能证明学生掌握了所需的知识和技能，以及如何判断学习成果是否符合预期。在心理课程的单元设计中，学生的心理变化、参与的活动任务和学习成效的评价应当是连贯一致的。为了促进学生知识的应用和迁移，需要将学习过程和成果具体化。教学设计中应包含目标导向的评价活动，教师应引导学生进行学习记录和反思，使学生能够形成个人的学习档案，记录学科学习过程中的变化。通过可视化的评估方法，教师可以更直观地了解学习效果，确保教学目标的实现。

任务导向评价活动，即通过任务驱动，观测完成任务的过程与结果，检测学生对知识、技能的掌握，并及时反馈其是否能有效将所学迁移到新的环境和挑战中，助力其建构生活与学习的经验，从而进一步强化学生相关核心素养。核心项目任务应能呼应教学目标，又能延续素养培养。心理课的任务导向评价活动由各项目主题中的形成性评价任务和单元总结性评价任务组成，应贯穿于整个学习过程，以评促培，凸显"教学评"一体化。学习成果应聚焦知识结构的建立，可观察的表现性行为，以及学科关键能力与必备品格的形成，建立丰富、完整、规范的课程履历，可总结出学习者学习某个学科的任务性、程序性、规约性的成长经历。

在"智学有道　慧养品质"单元整体教学设计中，在各项目主题中设计贯穿于每个课时"课前—课中—课后"形成性任务导向评价活动，如在项目主题"学之有方——我善学"中第二课时对比"先测后学"与"先学后测"学习中，基于单元设计"学海无涯　畅游有法"情境主线，课前在"学海实验岛"情境中设置"先测后学"与"先学后测"形成性评价任务，采用学生现场举手并计数的方式进行反馈，对学生的举手情况及对问题的猜想情况进行统计与评价，及时在黑板上罗列数据进行即时反馈，反映出课前学生对学习方法有效性的认知情况。课中在"学海觅学法"情境中设置"预知效果的水晶球"形成性评价任务，在"学海实验岛"活动项目后，以小组合作进行头脑风暴的方式

对比两颗"水晶球"（一颗为"先测后学"水晶球，一颗为"先学后测"水晶球）的优劣，教师采用派发"畅游学海锦囊"的奖励方式给予即时性评价和反馈，同时小组合作完成现场心理成长记录单，学生对心理成长记录单进行现场的展示与分享，师生、生生根据学生的分享情况进行口头反馈和评价，引导学生跳出原有学习方法的思维定势，打开探索科学学习方式的视野。课后在"学海再扬帆"情境中设置"妙用学海锦囊"，采用ABC角色扮演方式，观察学生对两种学习方法的掌握程度和迁移情况，并设置课后贯穿整个单元的活动任务（也是该单元总结性评价任务）"畅游有法——学习品质养成记"心灵成长记录手账，并在下一课时的学习中进行课前展示与反馈。实现每个项目任务完成后，都有相应的评价和课程履历的记录，切实做到"教学评"一体化，促进学生对后续项目主题的学习和对学习结果的迁移与应用。教师还要关注学生在"好学、想学、善学、勤学、乐学"等各主题的项目任务完成后，是否达成了对"学习品质"结构化知识的内化与重构，以及相关能力与素养的提升。

聚焦学习品质培养的心理课单元整体教学设计不仅仅是针对心理健康教育在相关学段关于"学会学习"具体内容的教学设计，而更应该在设计中突出学生对与学习相关的关键能力和必备品格的可持续发展。同时，学习品质不单是心理健康课程的核心素养，而应贯穿于全学科的教学过程中。诚然，心理课的单元整体教学设计的探索处于起步阶段，只有在相关心理学和教育学理论的指引下，在借鉴其他学科已有经验的基础上，进一步对单元主题的准确提炼、目标的科学制订、项目的层次规划、内容的有机整合、评价的有效设计等诸方面进行优化，才能真正发挥单元整体教学设计在心理课中的价值，切实助力学生形成适应其终身发展和社会发展需要的必备心理素养和关键能力。

六、阳光心理课的课后延续性

《纲要》指出，学校开展心理健康教育应坚持科学性与实效性相结合的基本原则，注重心理健康教育的实践性与实效性，切实提高学生心理素质和心理健康水平。课堂是小学实施心理健康教育的主渠道，而检验一堂心理健康课的实效如何，则应关注课堂结束之后，学生在认知、情感、行为层面是否发生了与主题活动目标相关的转变。换言之，一个良好的心理品质的形成不是靠几堂课或几次主题活动就能形成的，它应该贯穿学生成长的始终，这一过程的实现需要教师为学生创设在课后学以致用的机会，让学生带着课上所感所得走进家庭，走进校园，走进社会，走进实际生活，进而形成良好的心理品质。

（一）忽视课后延续性所存在的问题

目前，小学阶段的心理健康课基本达成了"暖身活动—主题活动—交流分享—拓展延伸"的课堂结构模式。就一堂课而言，将前三个环节"做到、做足、做好"并不难，但真正能检测活动实效的最后一个环节——"拓展延伸"却很难在课内窥见。且目前中小学心理健康课多为两周一节，课一结束，常因教师缺乏对课后延续性的关注，导致学生的体验与感受往往止于课内，有失课程实效。

1. 重上好一课，轻做好主题——缺乏同一主题的课后延续

心理健康课应基于学生的认知水平与心理需求确立主题。学生良好的心理品质的形成应贯穿于学生成长的始终，而不是单靠一节课的体验与感悟就能达成，需要教师遵循其身心发展规律，循序渐进、有的放矢地培养。然而，综观目前小学心理健康课，不难发现"重上好一课，轻做好主题"的现象仍然普遍。因缺乏统一的教材和充足的课时保障，教师在确立主题时往往考量的方向是如何在有限的时间、有限的课程资源里，让学生感知更多的主题活动。而这样"贪多"的课程理念也终将衍生出"多则不透"的问题。教师只注重上好每一节课，每个主题只有一课时的探索，同时每课时又必须承载着超额的内容，学生在有限的四十分钟里对某一主题的认知才被启动就戛然而止。两周之后，却又从一个"情绪调节"的主题生硬地转到一个"认识自我"的主题，对上一个主题的感知才仅浮于表面，却又要调整自己投入新主题的学习。在"贪多"的理念下又缺乏同一主题的课后延续的强化，学生对于主题活动只是浅尝辄止，虽每个主题都"知晓"，但每个主题都无法"通晓"，活动效果甚微。

2. 重认知领悟，轻行为训练——缺乏从知到行的课后衔接

在心理健康课课内有限的时间内，学生通过暖身活动、主题活动、交流分享等环节所收获的体验与感悟要转变为学生正向的行为模式和良好的心理品

质，需要课后的实践活动辅助达成。但目前心理健康课呈现出的是，教师更倾向于将教学重心置于如何设计形式多样、内容丰富的课堂活动，让学生能领悟活动中所蕴藏的心理内涵与学习目标，却鲜有教师关注到如何引导学生将课内既得的知识、习得的技能与悟得的情感转化为实际学习生活中"让我变得更好的"的行为模式与处世态度。换言之，这样的心理健康课忽略了利用课后实践活动达成从知到行的课后衔接，不能及时引导学生学以致用，课内的收效未在学生的实际生活中见效。

3. 重固有预设，轻灵动生成——缺乏个性问题的课后干预

在心理健康课前教师做好充分的预设意味着其对活动目标有更明确的感知和对主题内涵更深入的理解。有效的预设可帮助教师事先预见课堂上可能出现的问题并提前做好应对策略的储备。但再怎么充分的预设都无法穷尽课上灵动的生成。课堂上那些超乎教师预设的偶发事件恰恰是教师引导学生对主题更深刻感悟的宝贵资源，如个别学生在活动中显现的心理问题，小组合作中暴露的沟通问题等。然而，不少教师却因为缺乏教学机智，或一心只想照着既定的预设走完活动流程，选择忽视或抑制，且未在课后进行个别的辅导与干预，导致个别学生的"问题"还是"问题"。

4. 重活动布置，轻评价反馈——缺乏反哺课堂的课内交流

部分教师能关注到心理健康课的"拓展延伸"环节，并能扣紧主题目标布置利于学生践行的课后活动，但其只是将课后的拓展延伸当作教学的一个环节而已，并未充分重视之，更缺乏对其有效的跟踪与反馈机制。学生在课后是否认真践行了该活动，活动中遇到了什么困难，最终达成什么样的效果，都不得而知。长此以往，学生察觉到课后活动做与不做，都不能得到积极的关注与反馈，主动性遭挫伤。课后活动布置流于形式，活动实效也将大打折扣。

因此，关注心理健康课的课后延续性，设计行之有效的课后实践活动，引导学生内化并运用课内所感悟的知识与技能，同时回归课堂给予其积极关注与反馈，让课的效果得以拓展与深化，才能真正扎实有效地促进学生的心理成长。

（二）阳光心理课注重做好课后延续性的有效实操

1. 主题活动系列化，强化同一主题的课后延续

在设计主题活动时应做到将其系列化，强化同一个主题的课后延续性。因为，阳光心理课是以学生的心理发展需求确立主题，并以每一个主题为主线有机地开展活动的。学生对每一个主题中的核心心理素养的习得是一个循序渐进、分层领悟的过程。以情绪调节为例，将该主题系列化时应关注到这一主题的活动设计逻辑"认知情绪的多样性—寻找快乐情绪，接纳消极情绪—习得调节情绪的方法"，如此丰满的主题内涵是无法在一堂40分钟的活动课里达成的，需要2~3课时分层"小步子"达标。在"小步子"达标的过程中，教师应关注到如何做好每两周才能轮到一节课的阳光心理课的课后延续，以及同一主题的课时之间的衔接，以防止学生对主题的感悟在每一堂课结束之后戛然而止，在进入下一课时的学习时又显得颇为迷茫而无所适从。因此，如果教师在每一个课时学习之后，布置能发挥"承上启下"之效的课后实践活动，让学生在课后去践行该课时所习得的知识与技能，同时又能使学生在践行的过程中觉察新的视角与问题，带着觉察的内容进入下一课时的学习，学生对同一个主题的感悟与思考会更加深刻而富有价值。

2. 家校社形成合力，关注从知到行的课后衔接

学生良好心理品质的形成离不开家校社三方的合力作用。评判阳光心理课的成效，无疑应考量学生回归生活能否化"知"为"行"，努力成就"更好的自己"，这需要阳光心理课的课后拓展延伸能触及家庭、社会，充分挖掘家庭与社会的资源，构建一个家校社共同协作的社会支持系统，合力达成学生的心灵成长。简言之，就是关注从知到行的课后衔接，可以设置家长评价表，在学生完成课后践行活动之后，邀请家长从家庭观察的视角就学生在某一心理品质的成长方面给予客观评价，并撰写反馈；可以以活动为载体，设计"小手拉大手"亲子互动的心理活动，让家长在寓教于乐的活动中与孩子平等沟通，助力孩子良好心理品质的形成；可以设计走进社区的心理调查活动，让学生在主题活动的驱动下，学习如何挖掘社会资源的能力，锻炼走进社会与他人沟通的能力，丰腴自己对主题认知与感悟。多方法、多渠道，促进家校社形成合力，做

好知行合一的课后衔接，方才能让阳光心理课的成效最大化。

3. 心理辅导相辅助，做好个性问题的课后干预

《纲要》指出，要坚持面向全体学生和关注个别差异相结合，关注个别差异，根据不同学生的特点和需要开展心理健康教育和辅导。在心理健康课上难免会出现超出教师课堂预设的生成。该生成里可能透露着学生在该主题的催化下呈现出的个体心理问题，但教师往往因主题活动的需要和需要关照到全体学生的学习，而选择在课堂上只进行点到为止的处理。课下，如果教师未对其采取任何的干预措施，可能导致该学生一直带着这个被激活的心理问题学习与生活，显然不利于其成长。因此，需要教师在课上面向全体学生之后，课下能走进个体，对个别需要心理辅导的学生进行有效的干预，才能保障每一个学生在心理健康课上能够获得积极的关注与正向的感悟。例如，在"妈妈，我爱你"的主题活动中，对于那些父母离异且和父亲同住的学生而言，这是一个容易引发其情绪波动的话题。而每个情绪背后都隐藏着不同的心理困惑或者心理问题，需要教师在课后一对一的心理辅导中引导学生找到化解的方法。

4. 评价反馈常态化，开展反哺课堂的课内交流

对课后延伸活动进行评价反馈，能让学生感受到自己即便在课后也能得到教师积极的关注，同时也能帮助教师及时了解学生在一堂课结束之后的成长情况，并从学生课后延伸活动成果中撷取有价值的资源，开展反哺课堂的课内交流，实现活动成效的优化共享。常态化的评价反馈形式应该是简便易操作，且能激发学生交流的兴趣的。例如，课前设置5分钟"我的心灵成长足迹"，引导学生以心理剧、心理漫画、心灵演说、心理电子板报等形式进行展示交流，并留有问答互动的时间，让生生之间就其最被触动的内容进一步充分交流，形成团体动力，在课前为主题的深入探究营造良好的氛围。交流后，教师组织学生进行评价（自评、小组评议、教师评价相结合），并于每次主题结束之后评选出最佳活动小组授予"主题之星"，以此激励学生热情、主动地参与到课后延伸活动中，同时让课后延伸活动的成果既能助力学生心灵成长，又能反哺课堂，润泽同伴，起到举一反三的功效。

总而言之，关注阳光心理课的实效性，应充分关注课后延续性，找到行之有效的实操形式。做到设计系列化主题活动，强化同一个主题的课后延续性。充分发挥家校社联动合力，多渠道为学生创设课后践行心理感悟的机会，引导学生实现从"知"到"行"的转化。能在预设与生成的差异里，关注个体需求，辅之以及时有效的心理辅导。同时，将评价反馈常态化，以同伴互助模式开展反哺课堂的课内交流。如此，方能在具体的课后延续活动中窥见阳光心理课的实效，才能在量化的评价反馈中见证学生心灵成长的足迹。

第三节 构建"阳光心乐园"

《纲要》中明确提出,心理健康教育须面向学校全体学生,全力提高全体学生的心理素质,开展形式多样的心理健康教育活动,增强学生的心理品质。积极心理学视角下的心理健康教育应以普适性、预防为主,着眼于个体内部系统的塑造能力,以挖掘自身优势为出发点,注重积极心理品质的培养。构建"阳光心乐园",将积极心理学的理念引入学校心育活动中,以积极心理学为理论基础,创设形式多样、丰富新颖的心育活动,营造安全开放的心理环境,帮助学生在参与体验中获得积极体验,感受集体的温暖和团队的力量,进而培养自信心和主观幸福感。积极心理学框架下的心育活动致力于促进学生的心理发展,通过情感共鸣和情境教育,设计具有启发性的活动环境。这些活动旨在激发学生的内在潜力,唤起他们深层的情感体验,唤起他们对美好生活的渴望,并带来积极的情感感受。通过学生感兴趣的活动,不仅能培养他们的积极心理特质,还能满足他们的基本心理需求,从而激发他们自我提升的内在动力。这有助于学生建立起持久的积极心理状态,最终形成优秀的品格特质。

一、开在"心乐园"里的那些积极心理课

在中小学校中,培养学生的积极心理品质最直接的方式是通过课程的设计、开发和实施。除了之前提到的"阳光心理课",国内外的实证研究也表明,积极心理学家塞里格曼等人提出的"认识—探索—应用"心理干预模型是培养积极心理品质的有效框架。该模型包括三个阶段:"认识"阶段帮助学生了解并识别积极心理品质及其个人已具备的特质;"探索"阶段引导学生深入

理解自身的积极品质，发现其核心优势；"应用"阶段则是协助学生设定目标，将这些品质应用到生活中，并鼓励他们在多种环境中实践这些品质。

以该模型为基础所设计的积极心理课程中，最具代表性的是何敏贤等学者所建议的四项环环相扣的体验和练习活动。

活动一："你的积极心理品质是什么"

通过测量工具帮助学生了解积极心理品质的知识并识别自身的品质。

活动二："我的最佳状态"

通过引导学生回忆和谈论曾经有过的"最佳状态"以及对当时事件、情境的思考和分析，发现自身未曾觉察但已在潜移默化地影响自己的个人品质。

活动三："积极心理品质活动建议清单"

为学生提供一些具体的运用积极心理品质的活动建议，旨在帮助学生更好地理解这些心理品质的本质，同时清晰地指导学生在具体生活情境中的运用。

活动四："以全新的方法运用积极心理品质"

引导学生制订一个计划，尽量发挥自己的创造力，在学习、工作、家庭和休闲活动中以一种新颖的方式使用自己的积极心理品质。

何敏贤等人设计的课程活动提供了一个基础框架。由于学生在不同教育阶段的身心发展、生活经历和心理需求存在差异，因此学校应依据深入研究学生的年龄特征、生活状况、发展需求及心理成熟度来定制课程。这种课程设计应与学生的认知、情绪和能力相匹配，能够激发学生的兴趣，并针对他们的潜能进行培养。以北京第十九中学为例，学校通过详尽的调查，了解了学生在积极心理品质方面的发展水平、理解程度以及生涯发展的需求，并据此开发了具有递进性的课程。特别是针对初一和初二年级学生"好奇心"和"热爱学习"品质的提升，学校专门加强了这方面的课程内容，旨在激发并维持学生对学习的好奇心和热情，让学生在学习过程中体验到乐趣。

二、办在"心乐园"里的那些暖心活动

在校园这个"心乐园"中，举办各种温暖的活动，旨在培养学生积极的人格特质。这些特质的核心是良好的行为习惯，它们是从随机的心理和行为表现

向稳定人格特质发展的关键过渡。因此，学校需要通过日常活动，有意识地培养学生的行为习惯，这些习惯最终将固化为学生的积极心理品质。首先，学校要识别和创造特定的情境，让学生在这些情境中反复实践积极的行为。例如，可以通过团队合作游戏、社区服务或艺术创作等活动，让学生在实践中学习合作、尊重和创造力。这些活动不仅能够提供即时的积极体验，还能够通过重复参与，帮助学生形成长期的习惯。其次，学校需要建立一套强化机制，以激励学生的积极行为。这可以通过表扬、奖励或提供更多参与机会等方式实现。当学生展现出积极的行为时，及时的正面反馈可以增强这种行为，使其更有可能成为习惯。

（一）将每一项积极心理品质具体化为特定群体在特定情境中的积极行为

将积极心理品质转化为具体行为对培养学生至关重要。以"自我调节"为例，需将其细化为学校环境中的具体行动。在教室，这可能意味着专心听讲；在走廊，代表安静行走；在食堂，则是文明用餐；在卫生间，则是维护卫生。通过明确的行为指南，学生能更好地理解并实践这些品质。可以将"遵守规定和纪律"具体化为学生这一特定群体在教室、走廊等公共空间、食堂、卫生间这四种情境下的行为要则（见表3-3）。

表3-3　自我调节——不同场合行为要则

要求	教室	走廊等公共空间	食堂	卫生间
所作所为能够遵守规定和纪律	1. 守时。 2. 专注。 3. 主动提问。 4. 倾听同学的发言。 ……	1. 保持整洁。 2. 靠右侧行走。 3. 使用礼貌用语。 4. 让他人先通行。 5. 轻声慢语。 ……	1. 文明排队取餐。 2. 将椅子放回原位。 3. 进行垃圾分类。 ……	1. 保持整洁。 2. 将垃圾扔进纸篓。 3. 注意他人的私人空间。 4. 主动冲厕所。 ……

学生将通过明确的指示学会在不同情境下展现恰当的行为。学校环境的每个角落都应指导学生如何以适宜的方式行动，帮助他们将环境与行为模式紧密关联。通过持续的实践，学生将能在特定情境下本能地做出反应，从而养成良好的习惯。教师必须确保学生明白在特定情境中适当的行为标准，尤其是对于

年幼或理解能力较弱的学生，教师应通过具体例子，如注视讲话的老师、积极参与课堂讨论等，来具体说明何为专注。通过这种具体化指导和反复实践，学生能逐步学会并内化这些行为。

（二）建立强化机制以激励学生的积极行为

建立一套有效的激励机制对于促进学生的积极行为至关重要。这种机制通过提供正面的反馈或减少负面的反馈来增加某种行为发生的频率。在学生展现出积极行为后，通过各种强化手段来鼓励他们继续这种行为，从而帮助这些行为逐渐变成习惯。强化手段包括物质奖励，如奖励文具；社会性奖励，如通过微笑、表扬来表达认可；活动性奖励，如提供在国旗下讲话的机会；免除式奖励，如减免作业；象征性奖励，如颁发奖状；以及代币式奖励，如积分兑换制度。这些方法能够从多个角度激发学生的内在动力，促使他们持续展现积极的心理品质。

下面，以"向光，向未来"心理健康活动月系列活动为例，具体阐述如何普及积极心理学知识，引导学生发现自身内在优势，挖掘自身潜能，培养学生的积极心理品质，在发现自身的光之外，也能发现身边像光一样美好的事物。

该主题活动包含"路过光的世界"积极心理学海报展示、"发现你的光"积极心理学现场宣传互动活动、"追光吧，少年！"校园心理游园会、"裂缝中的阳光"小黑点创意绘画征集、"品味光的味道"积极心理学理念下的团辅活动、"心光课堂"阳光心理课、"你是一束光"表达感谢心理采访视频、"微光的力量"积极心理自助手册的编印等精彩项目。

（1）"路过光的世界"积极心理学海报展示：积极心理是光，转角便能遇见。"路过光的世界"是放置在校园转角处的一幅幅心理海报，向同学们介绍、普及积极心理学知识，主要内容包括《我有一个内/外向朋友》《再见了，"病入膏肓"的心理学》《乐观者说VS悲观者说》等有趣的积极心理学知识。

（2）"发现你的光"积极心理学现场宣传互动活动：积极心理是光，主动便能发现。同学们在热闹、新奇、愉悦的活动氛围中一步步地深入积极心理学的世界。"走进科学心理测试"——想知道自己哪一项的积极心理品质最突出吗？想知道自己的积极心理资本有多少吗？心理问卷的填写能让你更好地了解自己，发现自己的光。"双马双骑士"——两匹马、两个人，三张卡片，你能在不折叠任何一张纸的情况下让两个人分别骑上两匹马吗？在通过自己的一番努力后，同学们恍然大悟，才发现打破思维定势是如此快乐的一件事。"神奇的木棍"——一根"很长"的木棍和一张"很大"的纸片，再加上一条不那么长的绳子，你能够通过自己的智慧，在不损坏道具的情况下把木棍从纸片上取下来吗？活动听起来简单，但做起来却有些困难。"圆珠金字塔"——让你拿着数量众多的圆珠木棒，摆成金字塔的形状，你会觉得一头雾水吗？你会觉得这是不可能完成的任务吗？同学们跃跃欲试，尝试挑战不可能。"鲁班立方体"——面对颜色不一、形状不一的小方块们，你能尝试着把他们拼成一个完整的正方体吗？当同学们不断尝试，最终拼成并大喊"拼好了！我太牛了！"的时候，才能体会到坚持的真谛。"憋笑大挑战"——两个人面对面坐着，让你看着对方，不要笑场，你会忍住不哈哈大笑吗？其实这也是同学们自制力的一种体现，克制也是一件不简单的事。"答案之书"——最近这段时间，你有被什么事件或情绪所困扰吗？问一问答案之书吧，或许它能给你解答。答案之书所提示的，不仅是寥寥几个字，更是促成你对未来生活进行更深入思考的契机。参与各项活动并有所得的同学们，可以在最后的奖品兑换处兑换老师们精心准备的礼物。礼物虽小，却个个击中同学们的心；礼物虽小，却饱含着积极生活的祝福。

（3）"追光吧，少年！"校园心理游园会：积极心理是光，追光才是少年。游园会围绕积极心理品质，为同学们量身定制了8个团队体验项目，分别是创意搭塔、智慧翻转、洞穿密码、幽默魔圈、坚持到底、小心翼翼、学而不厌、夸夸天团。创意搭塔——考验的是同学们的创造力、动手实践能力和团队合作能力。在活动中，同学们纷纷开动脑筋，集体合作，通过团队的智慧搭出了与众不同的高塔。智慧翻转——需要同学们齐心协力，找到合理高效的翻牌策略。活动虽然看起来很简单，但考验着团队的智慧。洞穿密码——需要同学们打开自己的脑洞，用洞察力、专注力、智慧快速破译出每张图片背后代表的数字，并在活动的最后推选一位代表，在100秒内将图片按顺序排列。幽默魔圈——需要同学们保护好自己身上的呼啦圈，使其不落地。在活动中，同学们积极参与，采取各种搞怪又有创意的方式完成任务，在过程中体会到了幽默品质的重要性，快乐挂在每个人的脸上。坚持到底——考验的是同学们坚持的决心和毅力。"坚持住！坚持住！坚持住！还有20秒！"这一边同伴们振臂高呼，为参赛的选手加油打气，另一边四位同学屏住呼吸，咬紧牙关，一鼓作气，齐心协力保持人椅不倒。"坚持"在每一位同学那涨红的脸上展现得淋漓尽致。小心翼翼——需要同学们发挥自己又快又准的行动力。同学们巧妙地将科学课上学到的知识运用到了游戏中，在完成任务的同时发现"实践是检验真理的唯一标准"。学而不厌——通过学习大富翁的形式，向同学们发出一次又一次挑战。同学们热情高涨，在活动过程中积极开动脑筋、互相帮助，不断击破活动设下的难题，最终获得胜利。夸夸天团——作为收尾赋能活动，引导同学们对自己和他人表达欣赏之情。活动培养了同学们自我欣赏和欣赏他人的能力，并在自我欣赏和接受他人欣赏的过程中获得心理支持。该项校园心理游园会，展现了同学们的积极风采。每一个追光的少年都散发出自己的光亮，绽放出自己身上的积极心理品质与优势。

（4）"裂缝中的阳光"小黑点创意绘画征集：积极心理是光，裂缝也能照亮。一个黑点，你会想到什么？是挫折困难，还是缺憾？同学们发挥自己的创意，将小黑点巧妙地融入画作中，在画卷上学习与小黑点相处，接纳、改变、创造。

（5）"品味光的味道"积极心理学理念下的团辅活动：积极心理是光，品味光的滋味。将人生比作一个甜甜圈，有平淡的底胚，也有丰富的装饰，就如同缺憾与高光交织而成的完整而又完美的人生。团辅活动中，同学们在制作、品尝甜甜圈的同时，也品味着甜甜圈中的人生哲学，回顾与分享自己的人生，接纳生活中的遗憾，认可自己的高光时刻，学会用欣赏的眼光看待有苦有甜的人生，产生对未来生活的希望感。

（6）"心光课堂"阳光心理课：积极心理是光，心光在课堂点亮。围绕着积极心理品质，在阳光心理课上，心理老师与同学们共同谱写了一堂又一堂精彩的积极心理学课。同学们或是在课堂中解锁了自控力的密码，或是更进一步地了解了谦虚的本质，或是为妈妈送上了一封感恩信，或是……阳光心理课带领同学们看见了不一样的自己,也带领同学们看见了不一样的美好生活。

(7)"你是一束光"表达感谢心理采访视频:"感恩所有的遇见,当微光聚合为灿阳,辉染我们的明天,你有多久没说过谢谢了?"录制表达感谢的视频,向身边的亲朋好友表达感谢。在制作感恩明信片环节中,同学们积极探寻令自己感动的瞬间,为某个人写下一段赤诚的话语,感恩他的言行像一束光,照亮自己的心房。

(8)"微光的力量"积极心理自助手册的编印:积极心理是光,微光也具有力量。在"向光,向未来"心理健康活动月中,学校精心设计了一份积极心理学自助手册,旨在通过手册的方式向同学们介绍积极心理学,帮助同学们更好地了解和认识什么是积极心理学,普及心理知识,并通过手册里提供的自助练习来培养自己的积极心理品质。

同学们在"向光,向未来"的心灵之旅中,发现光、追逐光、成为光,并让积极心理学的光照亮自己的学习与生活。

三、激发"心乐园"里每个人的内在动机

激发学生的内在动机对于培养积极心理品质至关重要。内在动机能够引导学生深刻理解并认同这些品质的深层价值,从而主动地学习和实践。与外在奖励或惩罚相比,内在动机更能持久地推动学生的行为,并带来深层的心理满足,如快乐、满足和成就感。研究表明,内在动机驱动的学习能够对大脑神经回路产生长期的改变,形成新的结构,而外在动机则只产生短期效果。因此,教育者应致力于激发学生的内在动机,以确保积极心理品质的培养能够长期有效。

激发学生的内在动机可以通过满足自我决定理论中提出的三种基本心理需求来实现:自主性、能力感和关联性。自主性强调个体行为的自愿性和选择性,让学生感到自己的行动基于内心的愿望而非外界压力。能力感涉及个体对自己能力的信心,通过提供适度挑战和成功体验来增强。关联性则关乎个体与他人建立积极联系的渴望,需要通过建立支持和尊重的社交环境来培养。满足这些需求有助于促进学生的内在动机,从而更有效地培养积极心理品质。

依据自我决定理论，教育工作者在开展积极心理品质教育和日常管理行为时，可以通过支持学生的自主性、能力感和归属感来满足他们的基本心理需求，从而激发学生内在的自我提升动力。以下是一些具体的实施策略。

（一）自主支持的策略

教育者应实施自主支持策略，以促进学生的内在动机。这包括尊重学生的兴趣和选择，通过调研了解他们对积极心理品质的看法和偏好，并将这些见解融入课程设计中。同时，教育者应鼓励学生自主管理学习过程，使用引导性而非控制性的语言，创造一个支持学生自主决策和表达意见的环境。这样的方法不仅展现了对学生兴趣的尊重，也有助于培养学生的自主性和独立思考能力。

1. 种下期待话心理，心灵奇旅向未来

阳光走进心育周，用心种下学期期待。为进一步开展每学期开学初学生心理健康教育工作，帮助学生以积极向上的状态投入新学期的学习生活，促进学生身心健康成长，笔者所在学校在开学第一周都会开展"种下学期期待，开启心灵奇旅"心理健康教育周系列活动。学校"育见"学生成长中心根据不同学段学生开学期间的心理状态，以小伙伴的口吻书写了一封《写给伙伴们的"心理话"》，鼓励学生"睁开眼睛多发现""翘起嘴角多微笑""张开耳朵多倾听""伸出双手会互助""拥抱内心持希望"，在新学期里成长为更棒的自己。"育见"陪伴每一个小伙伴开启美妙的心灵奇旅，一起种下期待，努力奋斗，"预见"更好的未来，"遇见"更好的自己！

2. 分层竞赛激潜能，奇思妙想心乐园

心理辅导中心是每个学校开展心理健康教育的重要阵地。充分信任学生，积极为其赋能，将心理辅导中心的设计交由学生个性化设计，这样的中心将成为学生的心灵乐园。在笔者所在的单位心理辅导中心——"育见"学生成长中心落成之初，学校巧妙设计了分层竞赛活动，鼓励学生参与到中心的文化与氛围布置中。例如，一、二年级的小朋友们在老师和家长的指导下，插上奇思妙想双翼，纷纷拿起画笔参与到"'育见'LOGO我设计""育见"学生成长中心LOGO设计征集活动中，一只只呆萌又富含心理寓意的吉祥物应运而生——有寓意校训博雅与坚毅的"小雅小毅"，有象征积极乐观的"心心小天使"，有代表知识渊博的"心理小博士"……每只吉祥物都蕴含着同学们对心理健康的想象与理解。三、四年级的同学们用五颜六色的画笔勾勒出"我心中的心灵乐园"（"育见"学生成长中心空间设计图征集）。有独处发呆的软垫秋千，有可以倾诉的安全树洞，有让人舒压的缓解"心"空……一件件作品表达着同学们对"育见"学生成长中心的憧憬与喜爱。五、六年级撰写"亲情友情师生情"情感好物博物馆活动，学生为自己生命中的重要物件书写暖心故事，分享着自己成长的点滴与感悟。七、八、九年级开展"'剧'焦心灵，'戏'说成长"校园心理情景剧创编与展演，把生活中的心灵点滴感悟，搬上舞台，表达出青春少年的成长体悟与发展期待。

3. 生涯发展"心"启蒙，职业体验圆梦想

引导学生做好生涯发展规划，也是落实自主支持策略的重要体现。在支持学生生涯发展方面，基于积极心理学理念，结合人格特质理论和生涯发展理论组建了"人生无限公司"生涯发展规划社团。该社团通过序列化生涯发展专题课程，以团体训练的方式，强化学生的参与和体验经验，启蒙生涯认知，挖掘其特质与潜能，变被动规划为主动规划，尝试对自己的未来进行科学而有意义的规划。以社团成果展示日为契机，开展"职业演出"游园活动。游园前，社团教师对心理社团"人生无限公司"社团的成员们进行了摊主"职业能力"培训。社员们充分发挥自己的创想，活动当日穿着自己设计的生涯梦想T恤衫，早早地摆好摊位，等待各年段学生前来体验。热情的摊主先让挑战小组中的一名同学抽取一张卡片，由该名同学将卡片上的职业通过肢体动作展示给小组其他同学，小组其他的同学竞猜是什么职业，猜中者获得游园奖品一份。猜完之后，小组进行思考与交流：从事卡片上的这类职业需要具备哪些品质与能力。该项活动为学生开启了生涯启蒙大门，种下了梦想的种子，为其健康成长和特性化发展打好底色。

（二）胜任支持的策略

教育者应采取胜任支持策略，以增强学生的能力感和自信。这包括设定合理的学习目标，让学生在实现这些目标时获得成功体验，并通过及时的正面反馈来强化学生的努力和成就。同时，教育者应指导学生合理归因，帮助他们理

解成功的原因，从而在面对挑战时更加自信和有动力。通过这些方法，学生能够感受到自己的进步和成长，进而提升自我效能感。

1. 举办成长工作坊，正念提升幸福感

为了提升教师的幸福感和工作胜任感，举办以正念为基础的成长工作坊显得尤为重要。鉴于教师在日常工作中承受的脑力劳动和情绪压力，正念冥想作为一种有效的心理调整方法，可以帮助他们调节情绪，缓解压力，并增强认知功能。通过参与呼吸冥想、风景冥想、身体扫描等多样化的正念练习，教师们能够学习并掌握正念技巧，这不仅有助于提高他们的自我觉察和内在力量，还能增强复原力，从而在职业生涯中感受到更多的成就感和幸福。此外，工作坊中的个案辅导能够针对教师的具体压力和焦虑提供个性化支持，帮助他们更有效地应对工作中的挑战。通过这种参与式和体验式的培训，教师们能够在积极心理学的框架下，增强心理健康，提升整体的生活质量。

2. 仪式感日积跬步，微习惯成就自律

积极心理学认为，"自律是一切美德的皇后"。微习惯，就是如果一个人想培养一个新习惯，那么微习惯就是把这个习惯大幅缩减的版本。由于足够小，因此小到不可能失败；因为每天只做一点点，所以没有任何负担。笔者所在学校在全校启动了"'五步法'修炼我的微习惯实施计划"自律能量卡打卡行动。引导学生采用"五步法"微习惯养成策略，加上有仪式感的打卡与分享行动，培养良好的学习生活习惯。"五步法"微习惯养成策略为：①选择适合自己的微习惯和计划，挖掘每个微习惯的内在价值；②明确习惯依据，将其纳入日程；③建立回报机制，以奖励提升成就感；④可视化地记录和追踪完成情况，微量开始，超额完成；⑤服从计划安排，摆脱高期待值，留意习惯养成的标志。学生结合自己的习惯养成项目，坚持做到并每天打卡、记录，达成即兑换"自律星"一枚，并获评为班级"自律小达人"。这样的活动能激发学生行动与思考的自觉性，每天进步一点点，促使其在每一天的积极进取中不断成就更加自律的自己。

3. 赢得成长福利券，开启美妙心灵奇旅

充分发挥心理健康教育发展与预防的作用是对学生胜任支持策略的重要体

现。笔者所在学校"育见"学生成长中心精心设计了"'心灵奇旅'成长福利券",赠送给需要的学生,学生可以凭借成长福利券,在中心开放时间段,在心理老师的陪伴下菜单式选择体验项目,这些项目分别有:(1)心灵悦读书吧;(2)箱庭游戏体验;(3)心灵放松体验;(4)心理宣泄体验;(5)跟着叶老师一起舞动体验;(6)跟着苏老师一起正念冥想体验;(7)心理自助机体验。学生在功能室的各项体验项目中达成自我修复和成长。"成长福利券"开启了学生的心灵奇旅,起到助人自助之效用。

(三)关系支持的策略

教育者需采取关系支持策略,以促进学生之间的积极互动和建立归属感。这包括展示同理心,通过真正倾听和理解学生的需求来建立信任关系;积极关注和接纳所有学生,确保每个人都感到自己的重要性;以及创造一个包容的班级和学校氛围,让学生感觉自己是被接受和尊重的。此外,鼓励同伴间的互助,利用学生群体的天然社交网络,为学生提供即时和持续的支持,尤其是在专业心理健康支持有限的情况下,这种朋辈互助的作用尤为重要。

一项关于中小学生的调查结果显示:在回答"我碰到问题首先找谁商量"时,找同伴的占70%,找父母的占10%,找老师的占8%,其他占12%。这表明朋辈群体对学生心理健康的作用不容忽视。心理健康教育开展至今,不少中小学将其受众狭隘化,只侧重于对有心理问题的学生进行心理健康教育,但从发展的总目标看,学校心理健康教育应该面向全体学生,这也是朋辈心理辅导所关注的。将朋辈心理辅导引入中小学心理健康教育工作中已成为一种趋势,其既容易为学生所接受,也能在一定程度上发挥助人效果,弥足学校心理健康教育力量。

在中小学实施朋辈心理辅导时,不应将其仅限于治疗和干预,因为让学生掌握专业的心理咨询技能是不现实的。相反,辅导活动应侧重于预防和发展,通过建立一个完善的朋辈辅导培训体系,来实现"自助—助人—互助"的良性循环。这种机制鼓励学生首先学会自我帮助,然后通过培训和实践,逐渐能够支持和帮助其他同学,最终形成一个互助合作的社区氛围。这样的方法更符合学生的实际能力,也更有利于培养他们的社交技能和情感支持能力。

笔者所在单位经过三年的实践与总结，形成了较为系统的实施程序：一是甄选班级心理委员，培训心理辅导技能；二是组建心灵成长小组，规划常态工作内容；三是开展朋辈心理互助实践活动，促进学生心理全面、和谐和健康发展。

1. 甄选班级心理委员，培训心理辅导技能

新学年伊始，全校发动倡议，招募班级心理委员。根据自荐及他荐原则，增补人员。原则上，每班限定男女同学各一名。选出的班级心理委员经过心理教师面试后通过活动进行分组，并选出组长、班长，明确各自职责、任务。由心理辅导教师对他们进行培训。班级心理委员培训主要内容为传授必备的心理专业知识和行之有效的实操技能，具体包括：学生心理健康的标准；学生常见的心理问题；怎样调适情绪、怎样控制行为、怎样选择适当的宣泄方式、怎样寻求帮助、怎样寻求合适的求助对象和适宜的求助方法；掌握一定的辅导原则，如尊重、同理、倾听，在需要自助和助人时，能够胸有成竹地理性应对；选择科学的心理读物、推荐有益的心理网站；收集典型个案，完成同伴辅导工作记录表；发现同学中情绪异常情况及时向心理教师、任课教师或班主任等反映。

2. 组建心灵成长小组，规划常态工作内容

为了提高心理委员的工作能力与实效，组建心灵成长小组，并研制一整套切实可行的培训方案，对他们开展心理健康理论与技能培训，并在实践活动中引导其改进与完善。

每学期初，组建由班级心理委员构成的心灵成长小组。利用学校的兴趣小组活动时间，对全体心理委员开展为期六周的专业技能培训。随后，每两周组织一次工作能力提高培训活动。心理委员在班级中的角色地位很重要，但他们的工作能力需要在不断的实战演练中得以提升，方能获得同辈的认可与信任。因此创设机会让其经常交流，汲取力量显得尤为重要。在每次的提高培训活动中，培训的主题是依据学校心理健康教育的进展和各班学生的心理状态而择定的。如期末考试月份，对心理委员进行考试心理辅导的技能培训，通过专业教师指导和同侪学习，以期能助他们在辅导学生缓解考试焦虑时能从容应对。

每两周召开一次工作规划与布置会。心理健康教育工作存在于学生生活的每一个环节，与学校的教育教学整体工作配合在一起才能使其具有实效性和生命力。例如，心理健康教育月期间，要求心理委员组织同学们全员参与心理漫画赛、心理书签制作比赛等各项心理竞赛，通过人人关注心理健康、人人宣传介绍心理健康知识，达到广泛的宣传教育目的。通过会议，让心理委员明确自身近期工作，找准方向，完成自己的工作职责，形成良好的朋辈心理辅导工作效能感，并在经验的积累中，尝试创造性地开展具有年级或班级特色的心理健康教育活动。

每学期对朋辈心理辅导员进行一次同伴心理互助案例督导。心理委员在实践活动中经常会碰到依照自身的经验与能力无法解决的问题。定期对其进行督导既有利于其更好地开展朋辈心理辅导工作，也有利于其自身的心灵成长，消除其对朋辈心理辅导的畏难情绪。在定期的督导中，帮助朋辈心理辅导员及时调整对同学的心理辅导方案，提升心理辅导的实效；并明确地让朋辈心理辅导员意识到，助人活动基于自身的能力。如果自身未达到帮助别人解决该问题的能力时，选择转介才是对来访者负责任的表现。

3. 发挥心理委员作用，开展朋辈心理互助

组建"阳光小队"，搭建心理沟通桥梁。"阳光小队"，寓意为同学带来积极、正向的心理能量。碰到心理委员无法解决的问题时，他们会在督导过程中及时向其他心理委员请教，或者及时转介给心理老师。"阳光小队"定期开展"请到心灵葵花园来"的活动，每名心理委员向班级同学发放邀请卡，打破同学们对心理咨询的陌生感和神秘感。让同学了解心理咨询，为心理教师和学生的沟通搭建桥梁，并引导学生以正确的眼光看待心理咨询，必要时能主动寻求专业的心理辅导。

策划"相约心灵葵花园"，宣传心理保健常识。为了让每周五大课间"相约心灵葵花园"的专题广播能够使学生了解到更多元的心理健康信息，心理委员会定期在学生群体中搜集他们感兴趣的、迫切需要解决的、具有共同困惑的话题，并和心理老师共同撰写播音材料，编排演播程序，使20分钟的广播能集专业性、趣味性、实效性为一体，充分发挥心理健康教育预防和发展的职能。

结对"心灵伙伴",携手共促心灵成长。学期初分发给每个学生一本《心灵伙伴谈心本》,这本谈心本用于记载同学们在心灵成长方面的体悟,也会成为同学们和心理小委员谈心的对话本。每周一,各班心理小委员收齐"心灵伙伴"谈心本,通过文字的沟通,走进每个同学的内心世界,倾听他们的心声,助人成长。

组织"心理游园会",互助激发心理潜能。学校德育处和心理辅导中心每学期会针对各年级学生的不同需求,开展心理游园会。每次开展心理游园会前,心理咨询中心会组织心理委员了解同学们的想法和需求,为活动收集同学们身边的素材,以翔实的案例提升活动的实效性。心理委员作为心理游园会各个关卡的策划人与主持人,设计菜单式的心理普识内容,学生通过挑战各种关卡,了解心理保健知识,激发心理潜能,完善心理品质。

编演"校园心理剧",化解一般心理问题。以校园心理剧的编演促进同伴心理互助,使朋辈心理辅导员在心理互助的过程中学会自主解决常见心理问题。在前期的预研究中对校园心理剧从剧本生成到排演效果进行了系统的探索,总结出校园心理剧编演"三步骤":第一步,从个别咨询和团体辅导过程中生成校园心理剧;第二步,编排、完善校园心理剧;第三步,演出结束后的分享感受。心理委员通过携手同伴进行校园心理剧的编演,展示了通过同伴互助解决一般心理问题的过程,在宣传朋辈心理辅导工作的同时,充分展示心理健康教育"助人自助"的理念。

需要注意的是,积极心理学视角下的心育活动内容是动态的存在,虽然学生的心理发展具有连续性、阶段性特点,但其独特性、个体性的特点更不容忽视,在活动内容选择的过程中,一定要避免把其作为静态的存在或者静止的成品。同时,学校应该主动和学生及其家长建立联系,在心理品质养成、良好习惯形成的过程中形成合力,把家校社三方关于心理健康教育的智慧融入校园心理健康活动设计中,让维护学生心理健康素养成为自觉行动、共同行动。

第四节 联动"阳光心资源"

儿童青少年健康成长需要构建一个学校、家庭、社会、学生共同参与、和谐互动的生态育人系统。在此系统中,儿童青少年是成长的主体、被影响的客体;家庭是孩子的第一所学校,父母是孩子的首任老师;学校是国家赋予特殊教育职能、促进学生健康成长的专业机构,学校教育深刻地影响学生的成长轨迹;社会是儿童青少年终将走进、不断适应并为之服务、施加影响的地方。只有联动"阳光心资源",让四者同频共振,才能营造良好的生态育人氛围,真正构建和谐心灵、和谐家庭、和谐校园、和谐社会。

一、关于"人的资源":教师心理健康,学生幸福成长

在学校系统中,教师对学生的影响至关重要。所罗门指出,在塑造学生个性方面,教师的作用仅次于父母。当孩子在家庭中感受到爱,同时得到健康心理的教师的指导,他们会感到非常幸福。教师不仅是心理健康教育的执行者,也是维护学生心理健康的关键因素,对于解决学生心理问题至关重要。只有教师自身心理健康,才能创造一个积极的教育环境,进而培育出心理同样健康的学生。

2020年,陕西师范大学公布了一份基于3万名教师的职业心理现状调研报告,指出学校教师存在职业压力过大、情绪抑郁焦虑等心理健康问题。中国人民大学的调查结果表明,超过80%的教师反映压力较大,近30%存在工作倦怠,近90%存在一定的工作倦怠,近40%心理健康状况不佳。

教师心理健康是其职业效能的基石。我国心理学专家提出的九大指标概括

了这一概念：首先是对教师职业的积极认同，这是心理健康的基石。其次是适应教育环境的能力，包括敏锐的观察力和创新教学技巧。再次是稳定的积极情绪，这对教育氛围和效果至关重要。教师还应深爱自己的职业和学生，以获得内在的满足和成就感。此外，教师需要有控制情绪、坚定意志的能力，以及适应教育改革的开放性。和谐的人际关系和良好的情绪调节能力也是关键，它们有助于教师在多变的教育环境中保持乐观和热情。最后，面对挑战时，教师应具备自我调适的能力，通过理性策略和心理防御机制来维持心理平衡。这些指标共同确保教师能在个人和职业生活中保持健康的心态。

二、关于"资源整合"：三方助力，让同伴交往为幼小衔接"添色彩"

积极心理品质的培养是一个连续的过程，贯穿于儿童青少年成长的全过程。特别是儿童发展过程中的几个重要节点，如幼小衔接、初小衔接、青春期等。以幼小衔接阶段为例，儿童从幼儿园进入小学，因教育条件和生活环境的改变，会面临许多新的问题，需要建立一套新的行为方式，编织属于自己的崭新的社交关系网，以满足适应新生活的需要。其中"同学""同桌""小伙伴"等新名词，指向了儿童的一类重要人际关系——同伴关系。近年来，各项政策文件出台，凸显了培养良好同伴关系对儿童适应学校生活和社会化发展的重要作用。其中，2021年4月，教育部印发《关于大力推进幼儿园与小学科学衔接的指导意见》，文件中两个附件《幼儿园入学准备教育指导要点》《小学入学适应教育指导要点》都强调了同伴关系对儿童入学适应的重要性；文件中关于"社会适应"的发展目标也特别强调教师与家长应帮助儿童建立良好的伙伴关系，促进儿童以积极愉快的情绪投入小学生活。

同伴交往是满足儿童社会需要、获得社会支持和安全感的重要源泉，良好的同伴关系有利于儿童的认知及人格的健康发展，对一年级学生入学适应有着重要的促进作用。因此，笔者依据杭州市江干区费蔚等人在德育工作中提出的一个"三原色"体系，即将学生成长中最为基础、核心的三个德育要素喻为红、绿、蓝"三原色"，梳理出了儿童成长过程中最为基础、核心的三方力量，构成了构建儿童良好同伴关系的"三原色"系统：将作为基础力量的家庭教育视为"温馨蓝"，将作为主导力量的学校教育视为"喜悦红"，将作为支持力量的社区教育视为"希望绿"。该系统主张在幼小衔接中，应发挥家校社"三位一体"的力量，以培养儿童良好的同伴关系为目标，为儿童走向社会提供学习相关社会适应技能的机会和试验这些技能的场所或情境，引导儿童融入校园集体生活，获得积极的入学体验，从而顺利适应小学生活。

（一）原生家庭里的"温馨蓝"：积极养育，为同伴关系打好底色

原生家庭里的"温馨蓝"，象征的是基于积极养育理念下形成的民主型家庭氛围和客体关系心理学所倡导的"Good Enough（足够好）"的成员关系，这有利于儿童培养良好的个性心理品质，为儿童入学发展同伴关系打好底色。

1. 建立积极关系，满足爱与归属需要

父母是满足儿童爱与归属需要的重要他人。父母的教养方式和教育观念，决定着儿童发展需要是否被满足，作用于儿童的社会化发展，从而对儿童的同伴交往行为有着直接影响。民主、平等、和谐的亲子关系对儿童的社会性发展起着积极作用，而纵容、专制、冷漠的亲子关系对儿童的社会性发展有着不同程度的阻碍。采用积极养育所倡导的"和善而坚定"的教养方式，能促进儿童自尊的发展，提高儿童的自尊水平，而"过度保护""过分干涉""惩罚与严厉""拒绝与否认"等教育方式不利于儿童自尊的发展，将影响儿童在人际交往中的自信水平。因此，家长应努力为刚入学的孩子创造良好的家庭氛围，多给予孩子发言权，尤其是与孩子相关的事情，应多听听孩子的意见，鼓励孩子主动表达自己的想法和要求，让家成为满足儿童爱与归属需要的港湾。

2. 打造温馨氛围，培养积极交往品质

家庭作为儿童与外界环境相互作用的基地，也是影响儿童成长最直接、最具体的微观环境。一年级新生正处于人际关系的认知和技能的形成阶段，而父母是他们的第一交往对象，也是他们习得社会规则的重要来源，良好的家庭氛围和成员之间的友爱有利于儿童的积极模仿，有助于儿童形成较好的人际交往效能感。邱海棠等人在关于家庭环境对儿童探究行为及同伴关系的影响研究中发现，家庭氛围温馨、家庭成员亲密度高、情感表达良好的儿童在与同伴交往中,不仅容易获得老师的喜爱和表扬,而且容易被同伴所接纳。因此,父母要积极为孩子营造温馨的家庭环境和氛围,让家成为助力孩子形成积极人际交往品质的"乐园"。父母与孩子一起进行ABC角色扮演(A为孩子本人、B扮演儿童同伴、C为观察员)是一种行之有效的方法,具体可以围绕以下几个方面展开:①锻炼孩子认识新朋友的本领,如模拟派发交友卡片、借物介绍、申请加入等交往情景;②让孩子体会与朋友分享的乐趣,如创设邀请小伙伴来家中参加"好朋友档案"分享会的场景等;③学习解决同伴冲突的技能,如由家长扮演孩子的同龄小伙伴,模拟同伴之间发生矛盾的场景,引导孩子寻找解决问题的最佳策略;④培养孩子的共情能力,如在家庭中发起"亲子悦读",引导儿童站在不同角度叙述同一个故事。

(二)暖心校园里的"喜悦红":积极赋能,让同伴交往有声有色

暖心校园里的"喜悦红",象征的是儿童在入学适应过程中,通过教师精心创设的情境被积极赋能,感受与同伴互动的成就感与喜悦感,让学习生活因积极的同伴交往而更加有声有色。

1. 创设多样情境,发展同伴交往技能

在入学适应阶段,儿童通常会经历三个阶段的心理历程:兴奋期—压力期—适应期。在这个过程中,儿童通过建立新的人际关系,在新的班集体中寻找自己在集体中的位置,体现自我价值,有助于提高儿童的归属感与认同感。因此,学校教师应关注儿童各阶段的心理状态,在各项德育和心理健康教育活动和平日课堂教学中为儿童创设同伴互动的机会,为儿童主动交往积极赋能,使其学会在具体的情境中思考和解决活动中的交往问题。比如,通过心理电影、绘本阅读等方式,让儿童在观看同龄角色人际交往方式的替代性经验中潜移默化地习得与同伴交往的技能;通过情境演练,让学生通过对角色的亲身感知,认识到人际交往中换位思考的重要性,发展合作互助的良好关系;等等。教师尤其要关注那些在人际交往中处于劣势的儿童,通过创设适合他们的交往情境,提高他们的社交意识。教师可在预先设置的情境中,以榜样示范或朋辈互助方式,让沟通能力、交际能力较弱的儿童模仿其他同伴之间良好的交往行为与方式,发展他们的同伴交往技能。

2. 注重同伴接纳，满足儿童情感需求

同伴接纳对于儿童情感需要的满足和集体归属感的形成十分重要。在入学适应阶段，儿童如果经常遭到同伴拒绝，容易感到焦虑和沮丧，甚至表现出害羞、疑虑、哭闹、肌肉紧张、活动性下降、抗拒教师、拒绝上学等各种问题。教师在入学阶段为儿童营造温暖的、支持性的环境和氛围，创设机会让儿童体验成功的同伴交往经验，可以在很大程度上缓解学生在实际交往过程中产生的不良情绪，有助于发展儿童的亲社会行为。如组织充满趣味性的互动活动，引导学生学会自我介绍、积极倾听、礼貌待人、欣赏同伴，让每个儿童获得"看见"自己和"看见"别人的机会，感受到被同伴接纳的喜悦。除了创设彼此之间"有乐同享"的愉悦时刻，"有难同当"也是同伴交往中必不可少的内容。所以，教师还需创设机会，提高儿童的情绪管理能力，让儿童在同伴交往中（尤其是游戏情境中）既拥有"追求赢"的主动性，又具备"不怕输"的耐挫力。对此，教师需积极关注那些"输不起"的儿童，通过有效陪伴"四步骤"来帮助他们形成良好的心态去面对同伴交往中的问题。"四步骤"为：第一步，"陪他静一静"，即通过"积极"暂停，将儿童带离现场，对其进行非语言安抚，平复其情绪；第二步，"引他说一说"，即引导儿童通过描述事件原貌，进行合理的情绪表达，而非失控暴力宣泄；第三步，"助他试一试"，即助力儿童找到解决问题的方法，在正向行为出现时及时强化；第四步，"让他笑一笑"，即在学生群体中及时肯定当事者的改变和成长，帮其找回被同伴认可和接纳的积极体验。

需要注意的是，儿童良好的交往能力和其语言能力、学习能力、情绪管理、社会行为等方面是相辅相成的。其中，语言能力包括理解他人的能力和表达自己的能力，因此，教师还需要站在儿童的角度，循循善诱，逐步提高他们对言语的精细加工和组织能力。

（三）给力社区里的"希望绿"：积极联动，为交往技能提质增色

儿童成长系统"三原色"之给力社区里的"希望绿"，象征的是将社区作为儿童成长的重要外部系统，成为助力家庭积极养育、儿童自主发展的重要力量，从而形成家校社合力积极育人的效应，以促进儿童社会化技能的形成，为儿童的同伴交往提质增色。

除了学校能够为儿童与儿童之间的交往提供大量机会，社区也是锻炼儿童交往能力的理想场所。如在社区里发生的日常交往：跟长辈打招呼、去别人家里做客、到邻居家借东西、帮父母去便利店买东西等，能够帮助儿童克服羞怯、怕生的心理，形成主动交往的意识，培养礼貌大方的社交品质。我们应注重形成有效的家校社协同联动机制，为刚入学的儿童提供更多真实、多样的同伴交往机会，助力儿童形成良好的同伴关系。比如，学校可以与社区联动开发新生入学适应"帮帮团"支持项目，编制与发放《幼小衔接一日一练》家庭教育指导手册，缓解家有一年级新生的家长的教养焦虑；为即将进入小学的儿童和家长建立"家有小一生"幼小衔接适应力（含同伴交往能力）提升小组，开展"和你一样"和"找呀找呀找朋友"等同伴交往主题的同质性小组活动，创设朋辈交流情境，增强儿童的人际交往能力，激发儿童对小学生活的向往；组建混龄小组，在社区中开展"大带小"交流活动，由高年级的哥哥姐姐带领新生参与某项任务，增强儿童与新伙伴交往的意愿，为融入小学新集体做好准备；等等。

在通过家庭、学校、社区多方联动生态场，助力儿童发展好同伴关系，顺利引导新生幼小衔接的同时，我们也应理性地认识到，一年级入学适应阶段只是儿童漫长成长历程中的一个阶段，构建儿童良好同伴关系的"三原色"应"着色"于儿童个体发展的全过程，才能充分激发儿童个体内在的潜能，促进其身心和谐可持续发展。

三、关于"自我资源"：看见自我教育的力量，提升儿童积极心理品质

教育的目的是激发孩子的潜能，培养孩子良好的行为习惯，养成孩子自我教育的能力。这是学校教育和家庭教育需要共同面对的使命。奥地利社会哲学家鲁道夫·施泰纳曾说："孩子在环境中教育他自己，身为成人的我们只是孩子周围环境中的一部分。因此孩子必须可以教育他自己，这是成人面对孩子所应该持有的态度，要树立这种态度，只有通过不断增长对这个事实的认可。"

正如施泰纳所言，"孩子在环境中教育着自己。我们都是孩子经历的环境中的一部分"。仔细思考一下我们的人生，好像出生之后我们就在经历着不同的教育，首先是家庭教育，我们的爸爸妈妈在潜移默化地影响着我们。之后，我们长大了，入学了，开始接受正规的教育，其中就包括小学教育、中学教育、大学教育。施泰纳认为这些教育只能称之为"中途教育"。因为仔细来看，好像不是我们遇到它们，而是它们在遇见我们。小学教育遇到了小学时期的我们，中学教育和大学教育遇到了青年时期的我们，而我们毕业以后，告别校园了，也就告别它们了。

可是，有一种教育，是从生下来起就一直伴随着我们的，那就是自我教育。顾名思义，自我教育，就是自己教育自己。中国社会科学院哲学研究所研究员周国平先生曾经在一次学术讨论会上，提出了一个著名的论断："所有教育归根结底都是自我教育，所有学习归根结底都是自我学习"。因为只有自己才能发展自己的天赋和能力。换言之，每个人都是自己最好的成长"心"资源。

我们也发现，之所以在教育中缺乏对学生的自我教育，很大程度上是因为自我教育困难重重。一方面，孩子的自我教育更加强调孩子内在的积极品质，而这种内心活动看不到也摸不着。另一方面，因为自我教育强调的是孩子慎独，即孩子独自一人的时候所采取的行为方式，要求去除必要的监督，所以也很有可能因为放松对孩子的监督而导致其"随心所欲"。

不过，正因为自我教育难以开展，我们才应该迎难而上，给孩子补上这重要的一节课。它是一个漫长而艰难的培养过程，所以更需要家庭、学校和社会三方配合，发挥共同育人的合力。

（一）家庭教育的"孩子观"

"熊孩子"可能会用各种形式来演绎"熊"，没有最"熊"，只有更"熊"。许多家长都发现，"可怕"的两岁孩子常常会因为家长不允许做而故意做某件事。其实，这些学步儿的目的并不是要把我们逼疯，他们只是在探索事物，获得自尊感。

蒙台梭利认为，这种自尊感是孩子一生自我发展的原动力，父母应该百般呵护。给孩子一个玩具让他去玩，给孩子一些零件让他去组装，完成这些任务之后获得的力量感会让孩子在未来更愿意通过自我教育来完善自己。从这里我们发现，一个孩子所展示的学习内驱力和自我实现内驱力是多么的强大和根深蒂固。作为家长，在孩子小的时候，理应尊重孩子的这些探索行为。

著名教育专家朱永新倡导的"四自"方案是培养学生积极心理品质的有效途径。其中，"自信"是基础，它能赋予孩子积极向上的力量，激发他们的内在潜能。朱永新强调，家长应避免过度批评，应通过鼓励和肯定来帮助孩子建立自信，重视孩子的优势而非不足。教育应着重于发挥孩子的长处，而非仅仅弥补短处。

建立自信之后，孩子需要"自强"，通过不懈努力和坚持来实现成长。朱永新建议家长通过树立榜样，如引导孩子阅读杰出人物的传记，来激励孩子的自强精神。榜样的力量能激发孩子模仿和学习，无论是对科学感兴趣的孩子阅读乔布斯、居里夫人的故事，还是具有领导潜质的孩子了解伟人的生平，都能有效地促进孩子的积极性和自我提升。通过这种方式，孩子能够在自信的基础上，不断追求进步和成长。

"四自"方案中，"自律"是关键一环，它要求孩子控制冲动，不去做想做的事，同时坚持做那些不想做但对成长有益的事。朱永新建议家长通过设定规则和奖励来培养孩子的自律习惯。例如，可以允许孩子在完成作业后玩网络游戏，但要限制时间，如每天20分钟。对于阅读，可以设定每天的阅读时间，哪怕不长，关键是要持之以恒。坚持一段时间后，家长可以给予奖励，如看电影或其他孩子感兴趣的活动，以此将应做事项转化为自我约束的行为。

朱永新还强调"自省"的重要性，认为自省有助于培养孩子的好习惯。他推荐让孩子通过写日记来自省，记录每天的得失，并在这一过程中加强自律。朱永新特别指出，家长在培养孩子"四自"时的态度至关重要。家长不应高高在上，而应以平等的身份与孩子讨论问题、协商规则、制订奖惩措施，让孩子感受到尊重，从而更愿意接受和完成任务。通过这样的方法，孩子能够逐渐形成自律和自省的习惯，为个人成长打下坚实基础。

（二）学校教育的"学生观"

在当前的学校教育体系中，教师往往扮演着过度帮助学生的角色，这种以他人为中心的教育模式往往忽视了学生的主体性。尽管学生可能具备理想、知识和文化素养，但他们可能缺乏自我认知和自主性。

教育者应避免过度干预，而应激发学生内心的热情，引导他们利用自身的潜力照亮自己的精神世界。学校应为学生提供一个展示才华的平台，让他们有机会表现自己，并成为他们成长过程中的持续支持者，鼓励学生自我激励和自我鞭策。学生应在自我探索的过程中认识自我，而学校的角色是创造一个有利的环境，促进学生与自我对话，帮助他们发现和培养自己的个性和能力。通过这样的教育观念，学生不仅能够获得知识和技能，还能发展出独立和自主的精神。

（三）社会教育的"公民观"

社会教育的核心在于培养具有自我教育能力和自我完善精神的公民。社会进步是由每个个体的努力推动的，这与自我教育的理念紧密相连。个人的自我教育方向和社会环境的影响密切相关。

教育应具有前瞻性，引领社会发展，通过预见性目标设定和积极意识来规划社会自我激励的未来。这样的教育能够确保每个社会成员的自我教育都有明确的方向和动力。成人教育、社区资源和企业进修等都是实现这一目标的重要途径。

教育的本质是促进个体的自我教育和自学能力。每个人都是自己问题的解决专家，也是最宝贵的资源。正如周国平所指出的，真正的教育是自我教育，真正的学习是自学。历史上有重大成就的人往往不是学校的考试高手，而是那些擅长自学、能够自我教育的人。因此，教育的目标不仅是传授知识，更重要的是激发和培养个体的自学能力和自我教育的动力。

第五节 彰显"阳光心精彩"

积极心理学理论于国内学校实践,其要点宜集中于积极体验、积极人格和积极的社会组织系统这三大支柱,从理论出发落到实处,以人为本;积极心理学学校实践的策略则需关注和提高学生在学习过程中的主观幸福感,充分发展积极教育,同时关注教师的积极发展;其方案的落脚点包括"创设积极的心理健康教育活动体验""开设阳光心理课并不断提升教学实效""以积极视角提升学困生学业成就感"等。营造促成积极建构的教育生态,彰显"阳光心精彩"。

一、借助积极心理学,提升心理健康教育活动的实效性

积极心理学的引入为学校心理健康教育活动提供了新的理论支撑,强调通过多样化和创新的活动形式,为学生创造一个安全、开放的环境。这些活动旨在促进学生的积极参与,并在体验中培养积极情绪。心育活动的核心目标是促进学生的心理成长,通过情感的投入和情境的创设,激发学生的内在潜力,唤起他们对生活的深刻感知和对美好未来的渴望。通过参与具有启发性和拓展性的活动,学生能够调动自身的资源,实现情感上的积极体验。为了提升心理健康教育活动的实效性,关键在于设计有效的活动情境。这些情境应能够引导学生进行自我探索和自我表达,同时提供一个支持性的环境,让学生感受到被理解和接纳。通过这样的活动,学生不仅能够增强自我认识,还能够建立起积极的人际关系,从而在心理和情感上获得全面的发展。

（一）构建心育成长共同体践实效

积极构建心育成长共同体，旨在通过系统化和主题化的心理健康教育活动，为学生的全面发展提供持续的支持和积极影响。在这一过程中，教育者应采用建构主义的观点，强调学习者在社会互动中基于自身经验构建知识的意义。

心育共同体项目应关注将生活情境与积极品质相结合，采取多样化的实践形式。例如，通过积极关注学生的表现、优势、进步和易被忽视的方面，以及将积极心理学的"三件好事"具体化为感恩三件事的日记练习，从而为学生提供明确的实践路径。

检测心育共同体的实效性，关键在于其是否能够实现积极心理学所倡导的关注个体发展潜能的理念。教育者应具备积极的发展视角，专注于发现和培养学生的品质，而非仅仅关注他们的不足。通过这种长期的育人育心过程，学生内心的力量将不断增强，最终转化为他们感受和创造幸福生活的能力。这种力量的培养是一个持续的旅程，需要教育者的耐心引导和支持。

（二）唤起学生积极回忆有实效

在心育活动中，唤起学生的积极回忆是一种有效的策略，尤其当活动考虑到学生的年龄特点和心理需求时。例如，针对青春期学生设计的"品味童趣幸福悦享"活动，就是利用"5.25"（"我爱我"）这个特殊日子，让学生回顾和分享自己的童年经历。童年时期的物品往往承载着宝贵的记忆和情感，是心灵深处的慰藉。随着成长，童年的纯真可能逐渐被烦恼和忧虑所取代，人际关系变得复杂，自我怀疑和否定也可能出现。在这样的背景下，通过分享童年时期的珍藏物品，可以帮助学生重新连接那些美好的回忆，激发积极情绪。

这种活动能够与学生的生活经验产生共鸣，为他们的现实生活带来新的活力和正面影响。通过重温童年的幸福时光，学生不仅能够获得情感上的支持，还能够增强对自身身份和经历的认同，从而提高心理健康教育活动的实际效果。通过这样的积极回忆，学生能够更好地理解自己的过去，珍惜现在，并以更积极的态度面对未来。

（三）引导学生积极体验见实效

积极体验是学生成长不可或缺的一部分，它要求学生通过亲身参与来获得深刻的认识和感受。体验式活动的设计应简单易行，确保学生能够轻松参与并产生直接的感受。心育活动中的分享和交流环节至关重要，因为每个团队成员都是共同体的一部分，他们互相支持、回应和体验。通过分享积极的体验，学生之间能够实现心灵的交流和思想的碰撞。例如，回忆童年的美好时光不仅能唤起每个人对美好事物的向往，也是一次积极的心理体验。这样的过程有助于将难以言表的情绪转化为更易于识别和觉察的积极情感，从而营造一个阳光的心理环境。

这种环境鼓励同伴间的积极探索，并帮助团队成员利用有效的社会资源，实现朋辈间的互助与支持。通过积极体验，学生能够积累力量，增强自我认同，同时也能够建立起积极的人际关系，为个人成长和心理健康提供支持。心育活动通过引导学生进行积极体验，不仅提升了活动的实效性，也为学生的全面发展奠定了坚实的基础。

二、借助积极心理学，激发学困生内在的无限潜能

学校教师在针对学困生进行辅导时往往定势思维地采用"对症下药"的方式，针对学生的知识缺漏进行课后辅导。这种辅导方式不仅增加了教师的工作负担，也打消了学困生学习的积极性，效果常是事倍功半。而基于积极心理学取向的团体心理辅导的视角与传统课后辅导截然不同，其关注的是学困生的潜能和美德等积极力量的开发。本研究尝试设计一套积极心理学取向的团体辅导方案，以期通过此辅导引导学生以开放的、欣赏的眼光去看待自身的潜能、动机和能力，激发其自身所固有的某些实际的或潜在的积极品质和积极力量，进而提升学业自我概念，以促进其学业发展。

笔者所领衔的名师工作室团队从厦门市某所普通学校五年级学生中选取60名学困生，随机分成实验组和对照组，每组30人。学困生的筛选方式：第一，四年级第二学期期末语文、数学两科总成绩排在年段的后26%；第二，无明显的智力障碍或行为障碍。

该项研究的测量工具为自我描述问卷中的"总体学术自我分量表"。自我描述问卷共有102项测题，构成11个分量表（每个分量表8～10题），其中3个学业自我概念，即言语、数学和一般学校情况组合成总体学术自我分量表。研究采用实验组、对照组前后测实验设计。在干预前后，所有被试均接受了自我描述问卷中的"总体学术自我分量表"测验。在干预阶段，对实验组进行了10次积极心理学取向的团体心理辅导，而对照组进行正常的课后辅导。

在干预前，对实验组和对照组的学业自我概念进行比较，结果表明两组学困生的学业自我概念没有显著性差异（$p>0.05$），结果见表3-4。

表3-4　实验组与对照组前测对比结果（$X \pm SD$）

项目	实验组	对照组	t
总体学术自我	119.27 ± 5.56	122.87 ± 8.70	1.910
言语	37.37 ± 4.82	38.47 ± 4.83	0.883
数学	41.07 ± 4.85	41.87 ± 3.30	0.747
一般学校表现	40.83 ± 4.28	40.13 ± 6.56	0.489

该研究实验组所接受的培养方式是将积极心理学所倡导的积极主观体验与团体心理辅导相结合，设计出一套为期10周的积极心理学取向的团体辅导方案。该团体心理辅导以游戏、讨论、行为训练和分享体验等形式为主，每周一次，每次50分钟，通过挖掘学困生在认知过程、学习目标、学习行为、学习情绪等方面的积极心理潜能，改善其学业自我概念，具体团体活动实施方案见表3-5。而对照组接受的培养方式为传统的课后辅导。

表3-5　积极心理学取向的团体辅导活动——"爱学习"心灵成长小组活动方案

周次	主题	目标	活动内容	材料
第一周	有缘相聚	1. 引发个人参与团体活动的兴趣和热情； 2. 认识并接纳团体伙伴； 3. 了解团体目标和进行方式	热身：叠罗汉； 创建小组，形成团体契约； "许愿精灵"；秘密小天使； 《当我们同在一起》手语操学习	卡纸； 水彩笔； 手语操素材

续表

周次	主题	目标	活动内容	材料
第二周	我是谁？我不是谁？	1. 了解自我和他人； 2. 接纳自我，肯定自我	假如学习生活可以这样表示； 记忆中的那些事儿； 彩色烙印。 头脑风暴：如何评价你自己？你认为要将自己的学习潜能挖掘出来使用的可能性有多大？ 《我真的很不错》手语操学习	彩虹卡片； 水彩笔； 手语操素材
第三周	优势大转盘	1. 充分认识和了解自己的优势； 2. 学会用自己的美德和优势积极地面对学习生活	找到你的优势； 优势大转盘； 优势轰炸； 积极的生活。 分享交流：你是否发现你以前所没有发现的优点？当你听到、看到团体成员对你优点的轰炸时，你有什么感受？你觉得他们说的优点符合你自己吗？ 《我真的很不错》手语操复习	优势大转盘； "优势"卡片； A4纸和笔
第四周	学习的乐趣	1. 激发自己的内在学习动机，提高在学习中的自我决策力； 2. 认识到好的学习理由的力量——给个体带来足够强劲而持久的动力，积极地投入学习中	心理剧表演《学习的理由》； 纸上画气球，交流分享：你手中什么颜色的气球最多？这说明什么？比较自己的学习原因和大家有什么不同？这些原因对你的学习的积极作用和消极作用是什么？ 你来当导演	水彩笔； A4纸； 小奖品
第五周	我为自己掌舵	1. 认识设定学习目标的意义和重要性； 2. 学会合理制订个人的学习目标，使之成为自己学习的动力； 3. 学会有效达到学习目标的方法	蒙眼画嘴； 跳起来摘苹果； 你有多高——自我探索卡； 你希望能跳多高； 我的目标宣言； 我的执行意图	自我探索卡； A4纸和笔 两个没有嘴巴的人头像； 执行承诺卡
第六周	做自己的尺子	1. 充分认识和重视自我调节与反思的重要性；	画线段（两次不同的活动对比）； 感受与分析：我认为存在差异的原因是什么？我对此次活动有何感受？	A4纸和笔； 尺子；

续 表

周次	主题	目标	活动内容	材料
第六周	做自己的尺子	2. 学会在目标实现过程中对自己的行为进行自我监督和调节	自我监控表（关于学习的反思）；小组讨论：交流自己关于学习的反思，小组内互相提出意见，以督促小组成员的目标实现	上次活动使用的执行承诺卡
第七周	学习的披萨	1. 认识到管理时间的重要性和必要性，并能掌握科学管理学习时间的方法和技巧；2. 在日常学习中运用科学管理时间的方法，养成良好的行为模式，从而保证自己人生目标的实现	时间的意义；学习的披萨；拖延时间的借口；拖延时间的代价；做个时间管理大师：目标明确、定计划写清单、设定完成时间、马上做少抱怨、认真做好不马虎、当日事当日毕、做事有条理、善用零碎时间等	A4纸和笔
第八周	归因方式管理	1. 学会积极看待学习的问题和成就，合理归因；2. 在交流分享中找到解决学习问题的方法	成长三部曲；循环沟通：我最头疼的学习项目是什么？是什么原因造成的？如何解决？交流与分享：最有优势的学习项目是什么？有什么技巧？成功树上的苹果（回顾个人取得的学习成绩，归纳取得成绩的原因）	A4纸张；水彩笔
第九周	创新，我能行！	1. 培养自己的创新思维；2. 尝试以创新思维解决问题	趣味智力题（拓展思路）；挪亚方舟（如何利用有限资源）；偏向虎山行（完成挑战性任务的能力）；比比谁高（利用旧报纸建塔，比速度和创意）；我还能做什么？（挖掘自身潜能）	纸笔；报纸；胶水；剪刀
第十周	我的未来不是梦	团体结束，重新起航	学习拼图（你学到了哪些好的学习方法？）；放松训练；轻松幻游（憧憬个人未来学习状态的改善）；分享参加团体的整体感受；小天使揭秘；礼物大派送；合唱《我的未来不是梦》	纸笔；音乐素材

经过10周的积极心理学取向的团体心理辅导干预后，实验组学困生再次参加了"总体学术自我分量表"测验（后测）。通过对该组学困生的前、后测结果进行分析，发现其总体学术自我有显著的提高（$p<0.001$），且在言语、数学、一般学校表现等三个子维度上也均显著高于实验前（$p<0.001$），结果见表3-6。

表3-6 实验组学困生前、后测对比结果（$X \pm SD$）

项目	前测成绩	后测成绩	t
总体学术自我	119.27 ± 5.56	82.13 ± 8.04	19.400***
言语	37.37 ± 4.82	29.40 ± 5.39	6.932***
数学	41.07 ± 4.85	22.10 ± 3.84	15.680***
一般学校表现	40.83 ± 4.28	30.63 ± 6.23	7.005***

注：*表示$p<0.05$，**表示$p<0.01$，***表示$p<0.001$（下同）。

将已接受积极心理学取向的团体心理辅导的实验组与已接受传统课后辅导的对照组进行学业自我概念对比，发现实验组的总体学术自我概念显著高于对照组（$p<0.001$），且在一般学校表现维度上显著高于对照组（$p<0.001$），但言语、数学等子维度无显著性差异（$p>0.05$），结果见表3-7。

表3-7 实验组与对照组干预效果对比结果（$X \pm SD$）

项目	实验组	对照组	t
总体学术自我	82.13 ± 8.04	96.67 ± 11.42	5.700***
言语	29.40 ± 5.39	31.00 ± 6.04	1.083
数学	22.10 ± 3.84	23.97 ± 4.44	1.740
一般学校表现	30.63 ± 6.23	41.70 ± 5.31	7.405***

以往关于学困生学业自我概念的干预研究中多数着眼于找出学困生消极学业自我概念的成因，并针对如何消除其消极学业自我概念设计方案，进行干预。然而，对于学困生而言，消极学业自我概念的消除并不等于积极学业自我概念的建立，即对学困生的转化不仅要着力于消除其在学习过程中形成的不良心理品质，还应注重培养和开发其在今后学习道路上应该具备的积极的心理潜质。积极心理学取向的团体心理辅导将"问题取向"的辅导目标转变为"发展

性取向"的辅导目标,聚焦学困生的"自我发展",通过活动让学困生学习的潜能得以极大的发挥,让他们体验到前所未有的学习乐趣,体会到学习的巨大收效,并创造条件使其冲击高峰体验,从而拥有更积极的学业自我概念,促进其学业发展。本研究实验组所接受的干预方案正是基于以上理念而设计的,测试结果表明此干预对学困生学业自我概念的提高起到了明显的效果。

课后补习通常由教师在放学后为学习有障碍的学生提供,目的是填补他们的知识缺漏。虽然这可以帮助教师掌握学生的学习情况并提供即时帮助,但这种方法也有缺陷:它主要着眼于学生的智力发展,而忽视了其他如动机和情感等非智力因素的影响。经过一天的学习,学生的大脑可能已经疲劳,神经细胞的活跃度降低,导致信息处理速度变慢。如果补习内容只是课堂知识的重复,缺乏创新性和刺激性,学生可能难以集中注意力,影响学习效果。因此,为了提高课后辅导的效率,需要采取更多元化和个性化的方法,同时关注学生的身心状态。鉴于此,该项研究对比了积极心理学取向的团体心理辅导与传统的课后辅导对学困生学业自我概念干预的效果。基于积极心理学取向的团体心理辅导既关注了影响学困生学业自我概念的智力因素,也关注了学习动机、学习情绪等非智力因素,将学困生的转化视为一个综合、系统的过程,而不是像传统的课后辅导仅从单维的知识辅导的角度进行干预。研究结果表明,基于积极心理学取向的团体心理辅导明显提高了学困生的学业自我概念,尤其是在一般学校情况维度显著优于传统的课后辅导。这说明积极心理取向的团体心理辅导能克服传统课后辅导只关注智力因素和易引起学业倦怠的两大弊端,同时激发学困生在学业上自我发展的潜能。但在言语、数学等方面两种干预效果并无显著性差异,这可能是由于该研究所设计的团体心理辅导方案侧重于挖掘学困生在认知过程、学习目标、学习行为、学习情绪等方面的积极心理潜能,而鲜有针对各学科学习策略方面的辅导。此问题有待在今后的研究中进一步关注与修正。

以上仅是从三个落脚点(学校心理健康教育活动、阳光心理课的实施"慢艺术"、学困生的学业成就感提升)以点带面窥见积极心理学视野下的学校心理健康教育的实施与成效。积极心理健康教育的实施需要在创建积极的教育环境上下更多功夫，以促进学校、家庭和社会之间的积极互动，构建一个支持学生全面成长的良好体系。在我国，积极心理学在教育领域的应用前景广阔，吸引了国内外学者和实践者的广泛关注。随着该领域的学术研究和实践经验的不断积累，预计其发展速度将会加快。积极学校管理学和领导学的兴起将提升教育管理者的领导能力，而积极德育和班主任工作将使教师和班主任的工作更加贴近学生的心灵。这些变化将促进课堂中师生关系的积极发展，提高学生的学习动力。此外，积极的家园和家校关系，以及亲子关系的建立，将有助于营造一个积极的家庭教育环境和家风。随着这一趋势的深入发展，教育将变得更加人性化。积极心理学为学校心理健康教育乃至整个教育体系注入了新的活力，其在中国教育改革和实践的广阔天地中必将蓬勃发展。

第四章

社会里的"积极生态"

本章着重于创建一个"暖阳体系",为儿童青少年的成长提供坚实的基础和温暖的环境。通过建立"营养专线",确保心理健康教育的资源能够高效、精准地服务于儿童青少年的心理发展需求。构建"防护屏障",做到早识别、早治疗、全面综合干预。以打造家校社共育的"生态圈"为目标,在这个生态圈中,儿童青少年能够在积极的环境中茁壮成长,实现身心的全面和谐发展。

第一节　优化合力奠基成长"暖阳体系"

心理健康是构成个人整体健康的关键要素，对个体的成就和幸福感起着至关重要的作用。目前，心理健康问题不再局限于成人，而是逐渐向青少年群体扩展，呈现出一种年轻化的趋势。近期，关于学生心理健康的问题引起了社会的广泛关注。

为了应对这一挑战，加强青少年心理健康教育已成为社会的普遍共识。一些小学通过在班级中设立心理委员来营造一个自信和充满爱的校园环境；中学则推广"积极教育"的理念，将危机干预转变为教育的契机；高校则通过心理咨询辅导发现问题，并在师生关系紧张的学院为教师举办讲座；一些地区还组织了志愿服务队伍，邀请专家进入学校进行教学，以满足学校对心理健康服务的需求。这些措施都是近年来各地和学校在推进学生心理健康工作方面的积极探索，旨在不断提升学生的心理素养。然而，随着经济社会的发展和学生成长环境的不断变化，学生的心理健康问题变得更加突出。这要求我们在健康教育、师资队伍建设以及家校社会协同育人机制等方面进一步加强和改进，以更全面地支持学生的心理健康和成长。

党的二十大报告提出，重视心理健康和精神卫生。促进学生身心健康、全面发展，是群众关切、社会关注的重大课题。2023年4月，教育部等十七部门印发关于《全面加强和改进新时代学生心理健康工作专项行动计划（2023—2025年）》（以下简称"行动计划"），明确"五育并举促进心理健康"。随后，教育部会同有关部门召开全国学生心理健康工作视频会议，部署进一步做好全国学生心理健康工作，提出"探索建立省级统筹、市为中心、县为基地、学校布点的学生心理健康分级管理体系。"着眼未来,应把学生心理健康工作摆在更加突出的位置。此"行动计划"从某种意义上说是新时代学生心理健康工作走向体系化、科学化、完善化的旗帜性"行动计划"。

该"行动计划"由"全方位的心理健康教育落实普及""五育并举、全面发展的心理健康教育理念融合构建""全覆盖的学生心理健康监测与预警咨询与干预指导模式健全""大力度的心理健康教师培养、装备与提升培训体系建设""新站位的心理健康教育科研与成果推新"五大模块建构,为未来两年内心理健康教育的高质量发展规划了方向、明确了目标、厘清了工作思路。

从上述工作思路不难看出,构建家校社三位一体的心理健康服务体系的新样态就是"心理健康教育与家校社协同育人'手拉手'"可以更高效、高质地实现心理健康教育的发展与实践。其中,构建优化合力奠基成长的"暖阳体系",是为儿童青少年形成积极心理品质的有效举措。

一、优化家校社协同育人的工作模式与思路

心理健康教育的工作实施,要想发挥全角度、全方位、全场景的布局,就必须深刻实践家校社协同育人的工作模式与思路。具体而言,在心理健康教育的工作实施思路方面,我们需要通过"家庭""学校""社会"三个维度的同时开展与深化落实,将心理健康教育工作做到实处。

(一)家庭中强化父母的职责

在家庭层面,需要强化父母的心理健康教育的职责与使命,首先做好父母对孩子的心理健康监测的"第一站"。在孩子有思想波动、情绪变化、行为异常等现象时,第一时间做出反馈和沟通,并以个人亲情的力量和温暖给予孩子帮助和纾解,在必要时可以寻求第三方心理咨询机构的专业指导与帮助。

家庭教育的亲密性、早期性和长期性使其在孩子个性、人格、意志和价值观的形成上具有不可替代的作用。父母应明确心理健康教育的目标,培养孩子理解世界、珍爱生命、关爱社会、感恩人生和创造生活的心理素养。这包括教育孩子形成积极的世界观,培养对生命的尊重和珍惜,以及发展对社会的责任感和感恩的心态。

营造一个充满爱和民主的家庭氛围对孩子的心理健康至关重要。家庭环境的和谐、家庭成员间的相互尊重和民主和谐的亲子关系，为孩子的健康成长提供了良好的条件。父母应避免过度保护或过度严厉，以免影响孩子的独立性和自信心的发展。同时，父母的言行对孩子有着潜移默化的影响，因此父母应成为孩子的榜样，展现出积极的生活态度和价值观。

父母还应通过共同游戏和日常互动，将心理健康教育融入孩子的生活中。适宜的游戏不仅能缓解孩子的紧张情绪，还能促进智力和情感的发展。父母应有意识地通过游戏活动培养孩子的观察力、毅力和创造力，使教育过程自然而不造作，达到"随风潜入夜，润物细无声"的效果。通过这些方法，父母可以有效地促进孩子的心理健康和全面成长。

（二）学校里协同多方营造氛围

在学校层面，心理健康教育的实施需要跨学科教师、教学活动、学校职能部门以及校园文化氛围的全面协同，共同营造一个积极、关爱和支持学生的整体学校环境。学校应积极发挥主导作用，建立现代心理健康教育理念，整合心理健康教育与课程教学、生命教育、德育和校园文化，提高教育工作的科学性、针对性和实效性。

为了提升心理健康教育的专业化水平，学校应探索发展型心理健康教育路径，以心理育人为核心，关注学生的心理健康和快乐成长，为未成年人提供良好的成长环境。学校还需加强心理健康教育教师队伍的专业化建设，配备足够的心理健康教育教师，并加大对兼职教师的培训力度，同时增加对心理辅导室专业化建设的投入。

加强家校沟通是学校心理健康教育工作的重要组成部分。学校应通过家访、家长会等形式，及时与家长沟通学生的情况，争取家长对学校教育的理解、支持和配合。此外，学校应承担起家庭教育指导任务，利用心理健康专业指导优势，将服务纳入学校计划，并建立网上家长学校，定期组织家庭教育指导活动。

学校应充分利用社会育人资源，拓展校外教育空间，与社区、企事业单位等建立联系，建立心理健康教育基地和资源目录清单。邀请各界人士到校开展活动，丰富学生的课后服务，满足学生多样化的心理健康需求，将教育的触角延伸到更广阔的社会领域。通过这些措施，学校可以为学生营造一个全方位支持其心理健康发展的环境。

（三）社会构建良好育人环境

在社会层面，构建一个有利于未成年人心理健康的教育环境是各方共同的责任。政府、保健院、医疗卫生机构等社会资源单位应协同工作，致力于完善家庭教育服务体系，将家庭教育指导纳入城乡社区公共服务的核心内容，共同打造一个普惠的家庭教育公共服务体系。

社会各部门应共同努力，净化育人环境，服务于全面育人的目标。这包括对社区活动场所、儿童之家和公共空间进行儿童友好型的改造，以及加强网络环境的综合治理，消除不良信息，为未成年人营造一个健康、清朗的社会氛围。

社会资源的开放与共享对于推进教育公平同样重要。教育基地和活动场馆应向中小学生及学龄前儿童免费或提供优惠开放，鼓励社会各界以未成年人喜闻乐见的形式，提供优秀的儿童文化产品和精神熏陶，培养他们健全的人格特质。

社会各界应关注并暖心支持弱势群体，特别是流动儿童和留守儿童的心理健康教育。鼓励爱心人士和专业机构积极参与，为这些孩子提供必要的心理健康支持和教育资源，确保他们能够在一个充满关爱和支持的环境中健康成长。通过这些措施，社会可以为未成年人的全面发展提供坚实的基础和丰富的资源。

（四）协同各方构建保障机制

要确保未成年人心理健康教育的有效性，需要构建一个包含领导、投入、奖惩和反馈四大支柱的全面保障机制。

首先，确立领导机制至关重要，这要求各地区相关部门在党委的领导下，将心理健康教育纳入政府的重要议事日程，形成一个统一领导、分工负责、社会广泛参与的工作模式。县级以上人民政府需明确本地家庭教育指导机构，各级党委和政府加强组织协调，确保心理健康教育任务的落实，并建立专业的家庭教育指导服务队伍。

其次，改革投入机制，加强心理健康教育的理论建设和专业支撑。通过推动高等院校、科研机构和专业团体的协同研究，强化心理健康教育的理论与实践基础。财政部门需增加对心理健康教育的财政投入，确保专业设施建设和课题研究的资金支持，同时注重心理健康教育队伍建设的资金安排。

再次，创新奖惩机制，实施奖惩目标责任制，对在未成年人心理健康教育工作中做出突出贡献的单位和个人给予表彰和奖励，同时对不负责任、推诿扯皮的单位或个人实施严格的责任追究。

最后，健全反馈机制，通过宣传政策举措、工作成效及典型案例，提高社会对心理健康教育的关注度和支持度。建立信息库，及时更新和分析数据，交流工作经验，确保教育工作的连续性和有效性，为未成年人的心理健康提供坚实的保障。通过这些措施，可以形成一个全社会共同参与、多方协同的心理健康教育保障体系，促进未成年人的全面健康成长。

二、践行家校社协同育人的整体布局

心理健康教育工作的机制落实需要认真践行家校社协同育人的整体布局。实际上，心理健康教育工作的落实也需要一整套互相啮合、相互协作的工作机制。这套工作机制的制订与落实，可以借鉴家校社协同育人工作的整体布局思路。

就心理健康教育工作而言，实现教育主管部门高度重视、肯抓落实：一线大中小幼学校积极贯彻、认真开展：社会资源单位（如卫健、卫生、网安、妇联、关工委、民政、财政等）——相对专业化的咨询机构［妇幼保健院所、精神（神经）学科医疗诊疗机构、第三方心理咨询机构］的联通、联动体系。真正做到从学生的心理问题预防——心理问题及早发现——心理问题全方面干预——心理问题全方位熏陶感化——心理问题全过程监护辅导的心理健康教育"全链条"服务模式。

三、嵌套家庭心育指导的工作开展

心理健康教育工作的细致化落实需要以家庭心育指导服务的开展为依托。当前，家校社协同育人领域的工作成绩斐然，工作成效突出。

心理健康教育工作也完全可以依托家校社协同育人领域中的"家长学校""家委会""家庭教育指导服务平台"（包括线下的家庭教育指导服务中心以及线上的APP、网课、系列主题课程的呈现）和"家庭教育指导"等途径开展服务。

真正做到家长重视孩子心理健康教育问题、家长基本懂得未成年人心理健康问题的辅导纾解、学校全方位地保障未成年人心理健康工作、社会努力配合未成年人心理健康教育工作的落实与开展的整体氛围。

当然，未成年人心理健康教育工作的开展和落实需要厘清更多的关系、理顺更多的程序、梳理更丰富的案例经验。所以，在后续的工作落实中可以采取"试点启动""工作经验积累""特色项目品牌""经验推广整合"的基本工作原则，将心理健康教育工作落实好、践行实。

在"双减"背景下如何通过学校对家庭教育的有效指导，把更多时间还给孩子，"减出来"的时间去了哪里、做了什么？家庭心理健康教育可以"新增"什么？等问题成为新时代教育改革需要思考的重要议题。这些问题驱动学校携手家庭，合力探索家校共育途径，助力家长掌握科学的家庭教育方法，提高家庭心理教育的能力，促进家长更好地履职，学校和社会更好地引导和支持家长开展家庭心理教育，从而实现提升孩子良好的个性心理品质的育人目标，为其健康成长和幸福生活奠定基础。

"双减"政策要求，减轻义务教育阶段学生作业负担和校外培训负担。作为家长应该明确"双减"是为了增效和赋能，减掉的是孩子的压力，而不是家长的责任。在家庭心理健康教育指导中需要凸显"双增"，一是增加家长的责任心，二是增效家长的"教育能"，即增强家长"教育的能量"和"教育的能力"。基于此，笔者所在单位成立"臻美家校"家庭教育指导中心，下设"心桥工作室"，开展家庭心理健康教育指导活动，尝试把家长请进学校，探索"双减"背景下的家庭心理健康教育工作坊的实施途径，引导家长从心理健康教育的视角正确理解"双减"，增强责任意识，明晰共育方向，增长教育本领，提升育人实效。

（一）"双减"下的家长育儿理念转变：减少补习，增加兴趣

"双减"背景下，增强体质健康，提升艺术素养，激发孩子潜能，发展多元兴趣，是积极心理取向的家长心理健康教育亟需重视的议题。中国教育报家庭教育首席专家、重庆师范大学赵石屏教授指出："家长对孩子身兼多重责任，不应仅仅体现在关注学业成绩上。如果家长只关注分数，在某种程度上是失职的。""双减"政策出台后，伴随着作业量减少带来的课外时间增多的现状，以及艺术素质测评纳入综合评价的趋势，家长的补习教育决策有所改变，减少学科类补习班，向非学科类倾斜。"家庭教育促进法"也明确规定了家庭教育的内容应包括对孩子道德品质、身体素质、生活技能、文化修养、行为习惯等多方面的教育和培养。加德纳的多元智能理论指出，每个人都同时拥有相对独立的八种智能，即语言智能、数学逻辑智能、空间智能、身体运动智能、音乐智能、人际智能、自省智能、自然智能，这八种智能以不同方式、不同程度进行组合，使得每个人的智能各具特点。基于此，家长需要转变育儿观念，教育的方法、内容、评价应该更加多元化，以激活孩子不止一种智能，为其全面发展和发挥个性特点创设条件，增强其自我探索与发展的兴趣。

在"减负增效，育见成长"家庭心理健康教育工作坊中，设置"畅游'心'世界，开启多元智能"亲子游园会活动。以多元智能理论为指导，共设置了8个摊位，分别对应不同智能，即体现语言智能的"爱的五种语言"项目、体现逻辑—数理智能的"掌握命运之牌"项目、体现空间智能的"'我们这一家'创意摆拍"项目、体现身体—动觉智能的"亲子出击，一击全中"项目、体现音乐智能的"亲子合奏我爱我家"项目、体现人际交往智能的"亲子信任之旅"项目、体现自然观察智能的"探秘校园花花世界"项目、体现自我认识智能的"我是宝藏男孩/女孩"项目，引领学生畅游"心"世界，开发"新"智能。在各个关卡，学校精心准备的小礼物也特别指向学生多元智能的发展，有魔方转转转、七彩色笔变变变、游戏绘本翻翻翻……亲子组队，集齐

8个智能徽章，可获得藏宝图提醒，并获得"物说我心"家庭亲子博物馆纪念品一份。通过多元智能摊位的探索，家长携手孩子以沉浸式体验方式了解"双减"的政策导向，多元看待孩子发展的可能性，给孩子更大的发展空间，响应"补趣不补习，赋能心力量"的倡议。

（二）"双减"下的孩子学习心理辅导：减少压力，增加动力

"双减"应是减轻孩子的课业负担，而非减掉孩子的学业主责，家庭心理健康教育应在减轻孩子压力的前提下，进一步增强孩子的内在学习动力。阿德勒心理学说认为，学习是孩子的课题，家长需要做到课题分离。如果家长无法做到课题分离，将会把自身对于学习的未完成事件和期待加于孩子身上，日复一日，家长的期待累积成孩子的压力，其结果往往适得其反，导致亲子双方产生激烈冲突，或孩子对学业产生厌恶情绪。因此，家长需要引导孩子将"外归因"转为"内归因"，即改变认知：学习是自己的事情，是自我实现的途径，而不是为家长学、为老师学。"双减"政策减轻了孩子身上的负担，对孩子的内在学习动力与自律能力却提出了更高的要求。家长应通过科学的教养方式，减轻孩子的学业压力，助力孩子自发地形成"勤学—乐学—善学"良性循环的动力系统。

在"减负增效，育见成长"家庭心理健康教育工作坊中，设置"鸭梨君VS加油鸭"专题活动。团体带领者以学习力的构成要素为话题，引导家长使用短焦技术中的评量问句自评，量化孩子目前的学习动力值，同时觉察"没有被家长看见的，并不代表没有"。继而，家长通过分组扮演"鸭梨君"和"加油鸭"参加"鸭梨君VS加油鸭"专题活动，体验自己对待孩子学业的不同态度与期待对孩子产生的不同作用力，明晰孩子作为学习的主体责任人、家长作为孩子学习的陪伴者所应担当的不同使命。在家长的感受分享中，总结出孩子学习动力充足时的共同特征：兴趣浓厚、目标明确、态度端正、心态乐观、自制力强、拥有良好的学习习惯、学习结果有正向反馈等。家长领悟有目的、有反思地将工具性需求与价值性需求融合的方法，在孩子每天的学习中做到"心中有目标，眼中有孩子"，在追求学习成绩时，更多地关注成绩背后的关键能力和必备品格的培养。

（三）"双减"下的家庭人际关系维系：减少要求，增加沟通

心理学上强调"关系大于技术"，良好的家庭人际关系是实施家庭心理健康教育的保障。"双减"为家长缓和家庭人际关系创造了机会。在亲子交流沟通中，家长如果善于倾听孩子的烦恼，能让孩子感到被家长理解、接纳和支持，可以有效维护和促进孩子心理健康发展，增进亲子情感，否则会让孩子报喜不报忧，内心处于彷徨无助的状态。在家庭心理健康教育指导中，家长通过学习"温柔而坚定"的教养态度，看到孩子的情感和需求，尊重孩子的意见，抱持孩子的负面情绪，学会如何去关爱孩子。

在"减负增效，育见成长"家庭心理健康教育工作坊中，设置"'戏'说亲子关系"专题论坛剧场活动。论坛剧场以生活议题为蓝本，重演家庭中常见的矛盾，让亲子回溯到矛盾发生的当下被看见，并积极寻找解决策略。该专题论坛中，以绘本故事《等一会儿，聪聪》为脚本，邀请家长进行角色扮演，家长根据提供的脚本，链接自身经历的家庭场景，演绎出属于自己的家庭故事。在这样的论坛剧场里，参与的家长沉浸其中，仿佛回到学生时代，感受孩子的感受，展现和看见当下的亲子关系。活动中允许家长进行"积极暂停""孩子的失落情绪后面藏着那些渴望？""如果是你，你会选择哪种方式跟孩子沟通呢？"等问题激发不同观点的碰撞。家长在家庭剧场与多元观点中，觉察到"不当的沟通方式会激化小冲突，放大成亲子关系中的裂痕"，领悟到在与孩子的对话中"提供多选择的话题""多表达观察与感受"等方式更能够让孩子感受到家长的信任和尊重，这也是建立良好家庭人际关系的基础。

（四）"双减"下的家庭成员情绪调适：减少焦虑，增加理解

"双减"的总目标是建设高质量教育体系，治理校外培训机构，减轻孩子的学业负担，有效缓解家长焦虑情绪，构建教育良好生态。虽然多数家长对"双减"政策所倡导的理念以及出台的相关措施持支持态度，但作业减少后家长担心孩子无法及时巩固所学知识，以等级替代分数使得家长因无法得知孩子的学习掌握程度而衍生出焦虑情绪。因此，学校需要在家庭心理健康教育指导中，引导家长看到焦虑背后所隐藏的自身成长过程中的期待，并达成自身的理解与接纳，才能进一步去克服家庭教育中的短视化和功利化倾向。

在"减负增效,育见成长"家庭心理健康教育工作坊中,设置"听见'情绪信使'的声音"体验活动。萨提亚认为期待可以是对他人、对事件,也可以是对自己的,但"只要是对外面的人事物,就是把幸福的钥匙交给了别人"。在家庭教育中,家长往往习惯于将期待投注于孩子,因此,要缓解家长的教养焦虑,需要引导家长将期待转向对自我。此次工作坊中,团体带领者邀请家长们模拟"一分钟"随堂测验。在短短的一分钟内,家长们积极投入,紧张做题,在类真实情境体验中,去贴近和理解孩子的焦虑。接着,带领者从"认知—生理—行为"的角度对情绪进行剖析,理解情绪会产生不同的生理和心理状态从而影响家庭成员的沟通方式和关系。继而,帮助家长分析可能产生负面情绪的原因,从萨提亚的冰山理论看到藏在情绪背后的需要,引导家长将期待转向自己——"你期待孩子学业有成,那就问问自己,如何做才能匹配一个学业有成的孩子的家长?"同时,学会把情绪当成"信使",倾听"情绪信使"的声音,通过觉察、接纳、倾听、思考四个步骤,看见情绪,理解情绪,接纳情绪,调适情绪。

(五)"双减"下的家庭互动方式优化:减少任务,增加陪伴

学校需要引导家长认清自己角色,做到有所为有所不为。家庭成员之间的活动具有累积效应,家长始终与孩子保持良性互动,成为与孩子并肩而行的朋友,孩子也能把家长当成交心的对象,在遇到自身无法处理的状况时,积极地寻求家庭成员等的帮助。高质量的陪伴,不仅仅是物理意义上的陪伴,更是精神的陪伴。家长应提高亲子陪伴的质量,切忌出现在孩子身边但心不在焉的无效陪伴。即重在心灵互通的"在位陪伴",而不是布置任务的"在场陪伴"。家长不要一味盯着孩子学业成绩,在孩子的课余生活中额外增加学业负担,而要在优质的家庭互动活动中,培养孩子的感恩、乐观、抗逆力、心理弹性等积极心理品质,为其形成健全人格和终身学习蓄能。

在"减负增效,育见成长"家庭心理健康教育工作坊中,设置"有陪伴,才有培养"父母哲学团体活动(Philosophy for Parents)。活动伊始,团体带领者搜集家长们关于"日常生活中需要花时间和精力做事"的答案,家长们众说纷纭,回应"洗衣服、辅导作业、带娃、运动、读书"等答案。接着,团体带领者邀请家长们分组讨论以下假设性问题："假如你身边的人要陪着你做某件事，这个陪伴者可能会做些什么？这个陪伴者不太可能会做什么？有人陪和没人陪有什么不同？你希望有人陪你做这件事情吗？"在家长们的分享中，团体带领者引领家长们勾勒出"陪伴者"的角色轮廓，并在哲学"产婆术"式的对话中，启发家长思考："家长对于孩子的学习管理，与陪伴有什么区别？抓孩子学习的时候，家长像个_____（某种职业、职务或角色）？家长究竟应该像个_____，还是应该像个足够好的陪伴者？"在对问题的探索中，家中们共同梳理了高质量陪伴的特点：①家长与孩子一同制订清晰的规则，并且共同遵守；②家长允许孩子表达自己的感受并能理解孩子的感受；③关注过程比关注结果重要，家中需要看见孩子在学习或其他任务中付出的努力；④家长陪伴孩子的方式应该让孩子感到自由且受保护，而非过度干涉，家长以温情、信任、鼓励、肯定等态度来回应孩子，同时注意多个成员之间保持态度的一致性；⑤家长应和孩子建立相互合作与支持的关系，达成共识并朝着共同目标前进。

"双减"背景下实施家庭心理健康教育工作坊，让家庭心理健康教育不再是抽象概念，通过工作坊序列化的深度体验活动看见并解决家长的心理困惑，同时形成有效的家庭心理健康教育方法与途径，为孩子的身心健康保驾护航。值得一提的是，孩子的成长是在系统中发生的，除了学校指导家庭如何更好地开展家庭心理健康教育，还需要把家庭、学校、社区、社会等多方力量整合调动起来，形成多元镶嵌、协同联动的常态化成长服务体系，其实质是以广阔和开放的视野整合形成儿童心理健康服务共同体，才能更好地增强儿童心理健康服务能力，提升儿童心理健康水平。

四、构建奠基成长"暖阳体系"

基于积极心理学理念，构建奠基成长"暖阳体系"，以团队联动的形式，通过"三纵、三维、三元"的结构化的实践模式营造积极心理"态""境""际"生态系统：尊重个体生长发展的规律，发现个体积极的人格特质；构建适应的场域，创设个体所处的环境积极向上；营造温暖的关系，感受人际互动积极的主观体验。厘清"生活情境"与"积极品质"内在解构理论再建构的逻辑关联，寻找实践的理论依据，再进行深度实践，提升个体的积极心理品质，发展其性格优势。

尝试采用"三纵、三维、三元"的结构化实践模式来推进心理健康教育。"三纵"模式从实施过程角度出发，首先以区域特色活动为基础，融入积极心理学理论，明确实施路径，最终目标是培养学生的积极心理（六大美德和二十四个性格优势）。"三维"模式则从生态、环境和人际关系三个维度寻找项目与积极心理学的结合点。"态"关注个体在生态系统中的积极发展，尊重其成长规律，发掘其积极人格特质；"境"着重于创造一个有利于个体成长的环境，确保个体所处的环境充满正能量；"际"强调通过建立亲密和温暖的人际关系，让个体在人际互动中体验到积极的情感，如图4-1。这种模式的实践要求教育者深入理解积极心理学的核心理念，并将其融入到教育实践中，从个体的内在特质到外部环境，再到人际交往，全方位促进学生的积极心理发展。通过这种结构化的实践模式，可以更系统、更科学地推动心理健康教育，帮助学生建立积极的心理状态，促进其全面发展。

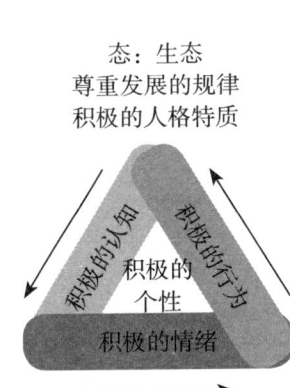

态：生态
尊重发展的规律
积极的人格特质

境：环境
构建适应的场域
积极的社会环境

际：人际
营造温暖的关系
积极的主观体验

积极的认知　积极的行为
积极的个性
积极的情绪

图4-1　基于积极心理学理念建构的"暖阳体系"

"三元"模式强调以学生为中心，同时关注教师和家长的心理成长，通过开发与积极心理学理念相结合的项目和课题，推动"暖阳体系"的立体化发展。在实施过程中，重视将生活情境与积极品质相联系，寻找理论依据并进行深入实践，实现理论的解构与再建构。上海共富实验学校的"积极关注"实践，通过关注学生的具体表现和进步，提供了积极的心理支持。上海罗南中心校项目组则通过"班主任感恩日记活动"，具体化为感恩三件事，为教师提供了明确的实践路径。这种结构化的实践模式，为一线教育实践者提供了具体可操作的方法，有助于提升教育成效，促进学生、教师和家长的积极心理成长。

　　基于积极心理学理念建构的"暖阳体系"更加关注个体的发展潜力。促进未成年人身心发展，不是盯着他身上的短处，而是要识别和培养他们的品质，增强令他们生活得更好的力量。这种神奇的力量，在他们的心灵深处不断增强、发展，最终转化为促进他们感受幸福生活的能力。

第二节　打造心育生态系统"营养专线"

2023年5月，教育部联合其他十六个部门发布了《全面加强和改进新时代学生心理健康工作专项行动计划（2023—2025年）》（以下简称《行动计划》），提出了八项关键任务，旨在全面提升学生心理健康水平。《行动计划》的第七条特别强调了营造有利于学生健康成长的环境，普及心理健康知识，预防心理问题，并强化日常监管。此外，该计划还强调了教育、卫生健康、网信、公安等部门应与学校、家庭、精神卫生机构和妇幼保健机构等建立协同工作机制，共同推进心理健康教育和宣传工作。这表明，构建一个坚实的儿童青少年心理健康教育体系，需要社会各方面的共同努力，共同打造心育生态系统"营养专线"。

一、建好未成年人心理辅导站——不秘密的"秘密基地"

加强未成年人心理健康辅导站建设，是关爱未成年人健康成长的重要举措，是促进青少年身心健康发展的重要载体。近年来，各地方政府携手卫健委、文明办、教育局、民政局、妇联等多个部门，以未成年人心理健康辅导站建设为抓手，融合推进"社会心理服务体系建设""健康行动""儿童友好城市建设"综合治理服务创新实践，进一步完善社会心理服务体系，补齐未成年人心理健康服务短板，有效提升儿童青少年心理健康素养，维护未成年人心理健康。

例如，陶老师工作室作为全国极具影响力的心理辅导站，经过30年的发展，已经成为南京乃至江苏的一张亮丽名片。该工作室创建的7+1工作体系，包括24小时热线电话、面询、首访评估、微博、微信、邮箱、流动服务和危机干预，构成了一个全面的儿童青少年心理健康守护系统。这个系统由186位专业的"陶老师"队伍支撑，他们每年接听电话和面询的案例数量庞大，通过各种服务项目惠及数万人次。

"陶老师"们不仅需要专业的心理知识，还要有高度的敬业精神和同理心，他们经常为了接好每一个电话而加班加点，甚至整夜不能休息。为了保持专业性和服务质量，他们定期接受督导师的指导和培训，以提升工作能力和心理素质。付林涛老师等13位注册督导师负责对"陶老师"们的工作情况进行监督和指导，确保他们能够以专业的态度和方法为家长和学生提供服务。

随着服务的不断扩展，陶老师工作站在西宁等地建立了分站，其服务已经从南京走向全国。2010年，工作站被中央文明办确立为"未成年人心理健康（全国）辅导中心"，成为全国未成年人心理健康服务的示范标杆。工作站还结合年轻人的特点，开通了QQ谈心平台、微博和各种网络平台、小程序等，以保护倾诉人的隐私并扩大服务范围。

近年来，陶老师工作站与公安、妇联、医院系统合作开展危机干预，成功化解了多起危机，救助了200多个孩子。这些成就展示了陶老师工作站在未成年人心理健康领域的专业能力和影响力。

又如，厦门市未成年人心理健康辅导站，二十多年来坚持"治未病"的服务理念，先后成立厦门市教科院未成年人心理健康教育志愿服务队、厦门市中小学心理健康教育讲师团、厦门市中小学突发事件心理危机干预小组、厦门市24小时学生心理援助热线等服务机构，在全国范围内率先开展社会主义核心价值观心理教育、家庭心理健康教育、心理危机干预等课题研究，率先开展心理健康志愿服务和公益巡讲、心理夏令营等特色活动。辅导站开通24小时学生心理援助热线，积极开展多种形式的心理援助，用"心"守护未成年人的心理健康，得到了社会各界的广泛赞誉。

作为地方二级心理辅导站，厦门市海沧区未成年人心理健康辅导站坚持做到"规范化、专业化、常态化"。该辅导站成立于2012年8月，是为广大未成年人及其主要社会支持系统服务的公益性专业机构。建站以来，辅导站开展各类宣传辅导活动近百场次，接待各类来访人员近千人次，受益群众上万人次，引起《人民文摘》、《福建日报》、福建电视台等媒体的高度关注，吸引了浙江宁波等考察团前来交流互动，取得了可喜的工作成效。

明确三个定位，服务指导规范化。定位决定发展方向。一是着力打造成未成年人心理健康成长的辅导中心。辅导站通过网络咨询、电话咨询、面谈咨询、团体辅导等多种形式开展辅导工作。每天开放8个小时，周末不休息，免费向未成年人开放；开通2部心理咨询热线，建设独立网站，开通了微信公众平台"海沧心晴家园"，建有2个专业QQ群，全方位对广大未成年人及家长、老师开展心理健康知识宣传及辅导。二是着力打造成未成年人心理健康教育工作的指导平台。以辅导站为龙头，辐射带动、服务指导全区未成年人心理健康教育工作，持续开展进校园、进社区专题讲座，心理帮扶，开展意象对话，沙盘游戏，房树人投射治疗，亲子咨询，家庭治疗等专业培训。三是着力打造成未成年人心理健康教育的实践基地。辅导站拥有沙盘、放松椅、宣泄器材、团辅设备、测评工具等专业设施，户外心灵花园有种花草区、阅读成长区、中草药认知区、休闲区等，利用周末组织未成年人开展各种心理体悟、团体活动，利用暑假举办心理夏令营，寓教于乐，让未成年人在实践中体验心理成长经验。

依托三支队伍，心理辅导专业化。专业的人做专业的事。海沧区未成年人心理健康辅导站一直致力于专业队伍建设。一是专家督导。依托福建省内高校资源，聘请多位省内知名心理专家，作为辅导站的心理督导师，对站内咨询师和志愿者进行个人成长体验、沙盘游戏治疗、行为主义治疗、实操技能等方面的培训和督导，切实提高咨询师的专业化水平。二是专职人员。辅导站安排1名专职心理咨询师、3名工作人员负责日常工作，相关人员均已取得心理咨询师资格，保证了日常管理和业务开展的专业化。三是专业志愿者。由30名心理咨询师组成，负责周末值班、接待咨询、开展调研、举办讲座、宣传发动、志愿帮扶等工作。辅导站坚持为志愿者提供至少每两周一次沙龙、每月一次督导和每季度一项专业技能培训，制订激励措施，支持志愿者开展各项心理志愿服务活动。此外，辅导站经过两期国家心理咨询师资格考试培训，培养了100多名预备志愿者，经过实操训练和个人体验后，将充实到辅导站志愿者队伍中，并服务于社区、学校、医院。

构建三级网络，宣传引导常态化。充分整合资源，构建区、学校、社区三级心理健康辅导网络，推动宣传辅导工作的常态化。一是区级未成年人心理健康辅导站。作为全区未成年人心理健康辅导工作的专业机构，辅导站环境舒适、整洁、温馨、安静、保密、安全、专业，设置专业的设施设备，组建专业队伍，制订各类工作守则、工作制度，开展各种专业培训和宣传辅导工作，指导全区未成年人心理健康辅导工作。二是学校心理辅导室。全区各中小学配备专兼职心理教师，建设心理辅导室，开设心理健康教育课程，开展师生个案咨询和团体辅导。辅导站充分发挥学校心理教师和心理咨询室的作用，有针对性地开展宣传教育，提高教师专业技能和心理健康水平。三是社区谈心室。指导城市社区成立谈心室（聊天室）等，培养专业心理志愿者和社区工作人员，选派志愿者到社区谈心室轮值服务，把心理健康教育做到社区去，渗透到居民的日常生活中。

二、打造青少年心理服务"一地一品"工程——织密心灵"守护网"

积极推进社会心理服务体系建设，共同打造心育生态系统"营养专线"，卫健局、教育局、区妇联、医疗系统等多方部门探索区内青少年心理服务预防、支援网络体系等青少年心理服务发展，把社会心理服务纳入到社会治理框架中。

围绕"全过程管理的青少年心理服务体系建设"，可在青少年心理健康干预工作领域中推动"一地一品"工程，形成了一批服务品牌，做实驻校社工服务，着力打造个案转介中心、个案管理服务中心、心理援助热线等项目，逐步探索出家校社服务模式及个案分类分级介入机制，建立青少年心理服务热线，为学生、家长提供心理咨询服务，将基层社会治理的触角延伸至"最小单元"，把青少年心理健康问题化解在萌芽状态，以市域社会治理绣花针功夫织密青少年心理健康的守护网。

(一)打造驻校社工服务品牌,搭建家校社心理支持网络

打造驻校社工服务项目,围绕学生健康发展的需要,在区域内中小学搭建"学校—家庭—社区"成长平台,关注师生的心理健康,联动社会资源。在专职社工团队的努力下,项目配合推进"大教育"建设,加强"1+1+N"教育生态宣传推广,不断深化区域学校社工的服务品牌。

项目通过搭建学生心理支援沟通机制、转介机制以及个案服务机制等,制定《项目心理危机预防与干预工作方案》《项目心理健康支援资源手册》,组建校园心理危机干预工作小组,促进青少年心理健康服务体系持续优化。同时,发挥驻校社工的专业力量,立足对青少年群体及家长群体的服务需求评估,通过主题班会、参与式体验、团康活动等形式开展心理健康教育课程,结合学校"家长学校"工作计划,研发推行线上线下亲子课程,助力学校搭建青少年关键支持网络。

(二)"心灵守护天使"进驻学校,化解学生心理危机

构建青少年心理健康服务体系离不开对校园学生心理健康的守护。打造"心灵守护天使"校社联动项目,面向区域学校提供社工心理健康支援服务,通过联合学校开展心理筛查,筛选和识别出具有心理危机的学生,并定期跟进辅导,协助有情绪、心理危机的学生掌握合适的心理调适方法,建立心理健康防线,减低自我伤害的风险,渡过成长危机。同时,搭建青少年互助平台,让青少年能自察、懂求助、有方法。发挥青少年群体之间的正向朋辈影响,强化青少年的朋辈支持网络,组建自助团队,促进青少年的心理健康良好发展。

为快速有效地识别各校具有心理危机的学生,需要科学设立个案服务机制,制订"个案筛查—个案评估—确定接案—个案目标订立—个案跟踪—个案结案"的完整服务流程,精准提供心理援助,并与医疗系统联动,建立就医绿色通道,及时化解学生心理危机,助力学生健康成长。

(三)做实社区心理援助热线,打造多元心理服务阵地

区域组建"专职社工+心理咨询师+专业志愿者"的专业人才队伍,为居民提供24小时心理援助热线服务,打造具备电话咨询、个案服务及管理、志愿队伍培育、运营试点等功能的心理援助服务中心,建设接线平台,建立心理援助

服务数据库，为区域内青少年及居民提供专业、便捷的心理援助服务。

此外，在地方政府部门的指导下，社区联合学校、家长在校园内打造青少年喜闻乐见的"解忧杂货铺"心理服务阵地，发挥宣传倡导、个案识别转介及引导心理自助的作用，形成完整服务模式，给学校、社区提供可复制的经验，推动探索青少年及其家庭心理服务体系建设。

（四）构建区域个案管理中心，搭建线上心理服务云平台

建立区域个案管理中心，以区域困境青少年及其家庭为重点服务对象，建立起"预防—治疗—发展"的服务体系、"社工+心理咨询师+志愿者"的服务模式。对青少年家庭关系、情绪困扰、学业困难、精神问题、人际关系等重点问题进行深度介入，有效解决或者缓解区域内青少年的问题与困境，提升青少年的安全感与抗逆力。

个案管理中心应对潜在服务对象进行初步接触与初筛、接案，搭建线上心理服务云平台，联动多方部门，设计并完善线上心理测试平台服务机制、青少年心理危机干预机制与服务对象分级分层服务机制，引进专业服务人员进驻平台做实预防平台，精准甄别潜在青少年心理问题。建立个案分层分级介入机制，通过接案评估、危机介入、联动学校资源、改善家庭教养方式、增加照顾者对青少年身心发展特征和特殊情绪的认识、建立社会支持系统等方式，为出现心理危机、处于困境中的青少年提供支持服务，拓展外部支持网络，稳定身心状态。

（五）打造个案转介中心，提升心理健康专业力量

在社区、学校搭建起个案转介求助平台，且加强倡导关注青少年心理健康，营造积极正向氛围。通过联动社区和大众媒介，提供青少年倾诉和情感支持平台，同时倡导家、校、社联动，关注青少年心理健康发展的需要，征集居民的力量，积极正向倡导心理健康，营造关爱青少年心理健康的氛围。区域社工服务站通过个案转介平台（家长求助、学校和社区转介）跟进转介的青少年个案。

发挥区域青少年心理服务平台培育作用，提升青少年心理健康人才服务队伍的专业水平。引进各项心理咨询与治疗的专项培训、家庭教育指导师等专业

系列课程，加强对一线青少年心理健康服务骨干的业务培训，持续做大建强心理健康专业力量。这是重视青少年心理健康服务体系建设，注重资源整合，多部门协力，发挥专业心理咨询师、社工服务的体现。

（六）成立家庭心理支持服务中心，探索家庭教育指导路径

在助力社会心理体系建设方面，地方教育局联同妇联，推出"家有阳光"家庭心理支持服务计划，成立地方家庭心理支持服务中心，通过联动部门力量，整合心理专业资源和社会服务资源，从学校、家庭、社区以及社会四个层面，介入帮助有需要的家庭。做好家庭教育指导，围绕当青少年出现心理困扰问题时家庭如何给予支持，社工将协助为青少年与监护人、支持者之间搭建家庭沟通的桥梁，为家庭、个人提供正确的沟通技巧、方法指导。组建专家智囊团和"家庭'心'视角"心理观察团，打造出心理缓冲第三空间，探索形成1+1个案管理模式，有效处理和预防心理危机事件，助力平安家庭建设，促进社会和谐。

打造青少年社会心理服务体系建设试点项目"社区'心'驿站"，项目通过构建社区心理服务基础网络，组建社区心理服务队伍，建设社区心理服务阵地，推动由社区心理服务体系助力下的青少年社会心态的良性发展。

围绕"全过程管理的青少年心理服务体系建设"，推动区域探索青少年心理健康干预工作的品牌特色，不断健全分类分级介入机制，建立区级转介服务中心完善服务体制，提升心理健康人才队伍，打造一批可复制的、可推广的服务经验，织出一张本土特色的心灵"守护网"。

三、开展"安'心'护童"护苗专项行动——提升心灵"免疫力"

护苗先护根，育人先育心。重视青少年心理健康工作，因地制宜开展个案咨询、热线援助、心理讲座、团体辅导等公益服务，积极为青少年健康成长创造良好的社会环境。深入开展"安'心'护童"护苗专项行动，营造全社会共同关心关爱未成年人健康成长的良好氛围，充分利用区域优势资源，开展内容丰富、形式多样的"护苗"专项活动，提升青少年的心灵"免疫力"。

（一）加强12355阵地建设，夯实工作基础

共青团12355青少年网络服务平台是共青团中央联合中青在线和腾讯公司共同开发的全国性公益在线心理服务平台，专为青少年提供心理咨询服务。该平台拥有2 000多名专业咨询师，提供视频连线、文字交流和树洞倾诉等多种形式的咨询，满足青少年多样化的心理法律咨询需求，帮助他们缓解情绪、解决心理问题，为青少年的健康成长提供支持。

一是专家咨询。微信搜索栏搜索"青听益站全国12355网络平台"，进入小程序，点击首页"心理咨询"或"法律咨询"，在"专家预约"页面选择咨询师进入"咨询师详情页"，点击页面左下方"预约咨询"，选择预约日期、预约时段后点击"确定"，即可预约咨询师。

二是留言咨询。留言咨询，分为一对一文字留言和在线文字咨询。若咨询师暂时无法预约或来访者不方便视频，也可点击咨询师详情页右下方的"文字留言"，与咨询师进行一对一文字咨询。在"专家预约"页面，来访者可以切换到"在线咨询"，与咨询师就"家庭教育""恋爱交友""校园学习""就业创业"等模块问题进行文字交流。

三是树洞倾诉。点击首页"树洞倾诉"进入倾诉页面，选择"倾诉类型"后，写下要倾诉的问题，点击页面下方的"提交信息"即可。倾诉后，请耐心等待益小青的回复。来访者可以在"倾诉记录"中查看回复及历史倾诉记录，也可以追加提问。益小青倾听并守护来访者内心的声音。

四是倾听热线。点击首页"倾听热线"进入热线页面，点击"本地倾诉热线"后会自动跳转至当地12355青少年服务热线，成功拨通后，会有专业的咨询师为来访者答疑解惑。12355青少年服务热线是共青团直接面向青少年提供心理咨询和法律援助的公益热线。

（二）开展宣传教育，筑牢自护理念

联动各系统开展以"安'心'护童"为主题的心理健康宣传活动。如开展"从心出发·预防青少年违法犯罪"专题讲座，开展"青春自护"主题系列活动，开通"成长'心'攻略"视频号，利用青年人才驿站直播间，打造"团团心理健康直播课"品牌，邀请心理健康教育专家围绕中高考心理调适、挫折教

育、青少年常见心理问题等开展线上心理健康专题讲座。

通过共青团联动网信办与学校,加强青少年心理健康疏导教育,营造积极向上的网络环境,预防青少年沉迷网络,增强未成年人网络安全意识和自我保护能力。如以网络安全宣传周为契机,联动网信办走进各中小学,组织开展了"拒绝网络沉迷·护苗健康成长"主题讲座。围绕预防网络沉迷主题,以心理学的角度,通过生动的案例、情境模拟和趣味问答互动等方式,与学生一起探究了网络的好处与弊端,并教育学生提高自律意识和自控能力,树立正确的上网观和学习观,做到绿色文明上网,远离网络诱惑,提高其文明上网、健康上网的意识和能力,引导学生正确对待、合理使用网络,筑牢预防沉迷网络"防火墙"。此外,通过优秀公益视频展播、线上网络安全漫画连载、LED播放网络安全宣传标语等方式开展相关活动,将网络安全文明意识向全民灌输,激发全社会共建网上美好精神家园的信心和决心,共同携手,认清风险,找出漏洞,净化网络环境,积极维护网络安全,形成人人争当网络安全坚定守护者的良好氛围,为青少年构建天朗气清的网络空间环境。

(三)推进机制创新,建立多元体系

开展"护航青春"志愿服务活动,组织法律工作者、心理辅导专家等利用延时服务期间开展法治宣传、心理健康教育。开展"七彩假期"志愿服务进乡村活动,对留守儿童开展作业指导、读书交流、谈心谈话等关心关爱,为假期增添温暖。

推进机制创新,建立多元体系。基于此,多地充分发挥心理志愿者服务队为青少年心理健康保驾护航。如濮阳市教育系统心理志愿服务队的主要任务是为广大学生提供心理健康咨询服务,帮助他们解决学习和生活中的心理问题,提高心理素质。同时,志愿服务队还开展心理健康教育宣传活动,向广大师生普及心理健康知识和技能,促进全社会对心理健康问题的关注和重视。为了扩大服务面,服务队还与濮阳交通广播"阳光心理"栏目合作,安排十多位队员参与栏目访谈。自成立以来,濮阳市教育系统心理健康志愿服务队在当地教育部门的大力支持下开展了多项内部专业培训活动。培训大大提升了志愿服务队成员的专业水平,拓宽了成员们的视野,提高了志愿服务专业能力。该志愿服务队充分用好"宣讲"和"咨询"两大工作"法宝",组织志愿服务队进学校、进社区、进家庭,持续开展多种形式的心理健康讲座、咨询、宣讲等活动,为学生和家长提供全面和专业的心理健康服务,发挥自己的专业优势和服务精神,不断加强与社会各界的合作,共同推动心理健康事业的发展。

又如,2006年,在共青团厦门市委员会、厦门市青年志愿者协会的指导下,厦门市青少年宫组建了由资深心理专家组建的"心灵小屋"心理咨询师志愿服务队,这是厦门最早提供公益心理服务的组织之一。2012年起,市青少年宫通过热线进行预约登记,提供公益面询服务。2020年,为了提供更多的心理支持,在团市委的发起与支持下,心灵小屋加入"厦门市青少年心理咨询热线",并作为主要运营力量,为青少年提供更长时间、更多渠道的心理支持。2020年以来,已接听来电600余起,累计为350余个家庭提供专业支持。到2023年,"心灵小屋"已有持证心理咨询师46人,以预防性、发展性咨询为主,实行预约制服务,主要目的是为青少年提供一般性的心理支持,陪伴有自主咨询意愿的青少年减轻情绪困扰。

(四)做实关爱工作,解决实际问题

为了加强对困境儿童的心理健康关爱,中华人民共和国民政部、教育部、国家卫生健康委员会、共青团中央和全国妇联联合发布了《关于加强困境儿童心理健康关爱服务工作的指导意见》(以下简称《指导意见》)。该指导意见明确了六项主要工作内容:加强心理健康教育、实施心理健康监测、及早介入关爱、确保诊疗通道畅通、加强后续服务与帮扶,以及完善心理健康服务设施。根据《指导意见》,学校应积极引导困境儿童参与心理健康评估,并主动了解他们的心理健康状态,以便提供必要的关怀和支持。同时,儿童督导员和儿童主任在日常工作中应通过家访、谈心、问卷调查等手段,特别关注那些可能面临学业压力、经济困难、家庭变故或合法权益受侵害的儿童。一旦发现儿童出现心理健康问题,应及时与家长或其他监护人沟通,确保他们能够得到及时有效的帮助和干预。

开展"心护童"行动,切实关注儿童成长,解决家庭实际需求。2023年,上海着力于婴幼儿期的全面评估,包括行为、心理发展等方面,并积极介入。

0至6岁儿童孤独症的筛查和干预工作全面启动，并成为儿童保健的一部分。在6岁前，儿童可享受多达11次的筛查服务，初步筛查可在社区健康中心进行，确保对心理异常的儿童能够及时发现、诊断和干预。辽宁省教育厅联合其他17个部门，发布了《辽宁省全面加强和改建新时代学生心理健康工作专项行动计划实施方案（2023—2025年）》，强调健康教育的重要性，并将心理健康工作提升至更显著的地位。

"小围，你喜欢吃些什么呢？想不想尝尝我的手艺？"刘志明，一位国家二级心理咨询师，同时也是湖北省大冶市一缕阳光社会工作服务中心的社工，通过电话与困境中的小围建立了联系，并约定了一顿特别的饭局。这是社工、民政及社区工作人员对小围家庭的第二次访问。在访问过程中，他们了解到小围的父亲已经去世，他与患有二级精神残疾的母亲和正在上一年级的妹妹一起，依靠低保金维持生活。在社工离开时，小围满怀期待地问："刘老师，你们什么时候再来？"第二天，社工团队再次登门，不仅帮助小围申请了事实无人抚养儿童的生活补贴，还安排他到外婆家生活，以改善他的居住环境。大冶市民政局和大冶市慈善总会共同出资30万元，启动了"爱满铜都"慈善公益创投项目，小围正是"一缕阳光·益童成长"关爱儿童项目中的受助者之一。工作人员表示，"一顿简单的饭菜，却能温暖一颗心"。他们承诺将继续为小围提供帮助，努力解开他的心结，帮助他重新回到校园。当实际问题得到解决，那些受困的心灵也将得到慰藉。

加强青少年心理健康教育与宣传，优化各项平台和工作机制，推进学校教育和家庭教育相互配合，协调精神卫生医疗机构、校园心理健康咨询中心等优质、规范的专业机构、专业资源和团队，构建家校社多方联动、多措并举的工作格局，为青少年及其家庭提供更优质的心理健康服务和更高效的心理危机应急干预，让心育生态系统"营养专线"滋养青少年的身心健康可持续发展。

第三节 筑牢青少年心理健康"防护屏障"

心理健康是整体健康的关键部分,尤其对儿童和青少年的成长至关重要,它影响着每个家庭的幸福。了解儿童和青少年的心理健康问题并采取有效措施来应对,筑牢青少年心理健康"防护屏障",是各国共同面临的挑战和研究课题。

一、国际视野下,各国应对青少年心理问题的策略

(一)英国:为儿童青少年提供心理支持服务

英国依托深厚的心理学研究传统,特别关注儿童早期的心理健康。从孕期到儿童成长各阶段,都有专业人员提供心理健康关怀。尽管如此,英国青少年的心理健康问题依然严峻,心理健康服务的需求不断攀升,创下了历史纪录。

据"青年心理"慈善机构的数据显示,仅在2023年3月前的一年内,英国就有2.1万名18岁以下的青少年被迅速转介至心理健康危机小组,同比增长46%。5月单月,超过3 500名青少年紧急转诊,是2019年同期的3倍。此外,2022年有近150万名青少年被转介至心理健康机构,比疫情前增加了79%。英国的儿童心理咨询热线2022年提供了超过10万次咨询服务,其中压力和焦虑问题占3万次,情绪低落和不快乐的问题超过1.4万次。

英国政府承诺,到2024年,每年将额外投入23亿英镑用于心理健康服务,并计划增加心理健康专业人员的数量。英国还提供专门的心理诊所和多种疗法,如大自然疗法、骑马和宠物疗法等,以满足不同孩子的需求。学校也为学生提供心理支持服务,并通过情绪识别游戏帮助儿童、教师和家长识别和沟通

心理问题。同时，也为家长和教师提供专业的心理辅导，以支持孩子们在健康的社会环境中成长。

（二）美国：积极探索管好在线平台

三十年前，美国青少年主要面临的健康威胁包括酗酒、酒驾、早孕和吸烟等问题。然而，当前青少年精神健康问题正逐渐上升为一个严重的公共卫生问题。美国卫生局局长曾在一次公开警告中提到青少年正面临一场"毁灭性"的心理健康危机，这一问题已引起医院和医疗团体的广泛关注，他们将其视为"全国紧急状态"。治疗资源的短缺使得情况更加严峻。

美国心理学家普遍认为，社交媒体的普及是导致青少年心理健康问题激增的一个重要因素。调查显示，大多数青少年每天在社交媒体、视频和游戏上花费的时间超过5小时。其中，32%的青少年每天上网5至6小时，17%的青少年每天上网7至8小时，还有13%的青少年每天上网时间达到9小时或以上。

青春期大脑对社会等级信息极为敏感，社交媒体成为他们探索自我身份和价值的重要平台。但是，青少年往往缺乏理性地回答关于自我认知的问题，这导致他们接收到的网络信息与大脑处理能力之间的差距不断扩大。同时，他们的睡眠时间、体育活动和与朋友相处的时间都在减少，这些因素共同作用可能导致青少年自我认知的失衡，引发焦虑、抑郁、强迫行为和自伤等问题。

为应对这一挑战，美国商务部的国家电信和信息管理局正在征求制订保护未成年人在线心理健康、安全和隐私的实践方案的意见。他们与儿童在线健康与安全工作组以及药物滥用和心理健康服务管理局合作，致力于识别和减少在线平台可能带来的健康风险，以促进未成年人的在线健康与安全。此外，美国也在探索通过生命援助热线为需要心理援助的青少年提供干预。研究显示，及时的干预可以减少青少年的自我伤害行为。社区中的志愿团体通过细致的评估来确定青少年是否需要进一步的治疗和干预。

（三）新加坡：汇聚各界力量关心儿童青少年心理

根据杜克—新加坡国立大学医学院与新加坡心理卫生学院的研究，新加坡有大约16%的儿童青少年表现出抑郁或焦虑的迹象，年龄范围从4岁至21岁。这些儿童每年平均缺课时间高达190小时，约合24天，而13%的儿童甚至缺课达到

3个月之久。这些受影响的青少年不仅学习成绩下降了约63%，他们在进行日常活动时的能力也有所降低。

新加坡的资深精神病学家黄立伟强调，青少年面临来自家庭、朋友、学业和就业等多方面的压力，因此，全社会包括教育、社会工作、卫生领域以及家人和朋友的共同关注和努力对于解决青少年的心理健康问题至关重要。在政府的支持下，新加坡于2020年成立了青年心理健康网络，该网络集合了不同行业的资源，鼓励公众提出创新想法，共同制订关注青少年心理健康的计划。自网络成立以来，已有数千名青少年、家长、照护者以及心理健康和社会服务领域的专业人员参与其中，开发了22个基础项目。这些项目从增强青少年的情绪韧性到提供工作场所和社区支持等多方面着手。例如，有的项目针对10岁至12岁儿童，由志愿者带领参与户外活动，旨在帮助他们扩展社交网络和增强自信；还有的项目将心理健康知识编纂成指南，供家长使用。

新加坡一直重视发挥社会各界在青少年心理健康问题上的作用。2021年7月，新加坡成立了一个心理健康跨部门工作小组，汇集了政府机构、学术界和民间组织的代表。该工作小组提议设计一个"家长工具箱"，提供易于理解且实用的策略，帮助家长更好地支持孩子的心理健康。

（四）日本：成立儿童家庭厅

日本在儿童青少年的心理健康方面面临挑战。根据联合国儿童基金会研究所2020年发布的多维度儿童幸福度调查，日本儿童在"身体健康"方面排名第一，但在"精神幸福度"方面却排在倒数第二位。这一现象凸显了日本在儿童心理健康方面的不足。报告指出，儿童的幸福感不仅受其个人行为和社交关系的影响，还与家庭经济状况、居住环境和社会环境等多重因素密切相关。

为了构建一个以儿童为中心的社会，日本政府在2023年4月1日成立了儿童家庭厅。该机构的成立旨在更全面地关注儿童虐待、贫困和欺凌等问题，提供包括经济和精神在内的全面支持。

尽管如此，日本在儿童抑郁症的治疗方面还存在一些挑战。目前，日本尚未建立针对儿童抑郁症的系统治疗方法和医疗体系，国际上认为有效的药物也未在日本获批。此外，日本还面临儿童精神科医生短缺的问题。在教育方面，尽管小学取消了成绩册，减轻了一定的学业压力，但中学和大学入学考试的竞争依然激烈，给青少年带来了不小的心理压力。

二、国内做法：整合资源，筑牢青少年心理防护屏障

儿童青少年的心理健康是社会持续发展的关键，也是实现"健康中国"战略的基石。《中国儿童发展纲要（2021—2030年）》着重强调了促进儿童健康成长的重要性，认为这能为国家的持续发展提供重要的资源和动力。通过实施国家政策、建立心理健康服务体系、完善干预策略，可以推动儿童青少年的身心健康发展。这不仅是提升人口质量、实现全生命周期健康的重要基础，也是公共卫生领域的优先事项和时代挑战，对于增强国家人力资本和人口素质、建设人力资源强国具有深远的战略意义。

（一）国内儿童青少年心理健康状况

我们必须正视我国儿童青少年心理健康状况的严峻性。据调查，学生群体中抑郁、焦虑、睡眠障碍和自我伤害等问题的发生率较高，这应引起社会各界的高度重视。2022年中国青少年研究中心对24758名中小学生的调查结果显示，焦虑和抑郁是青少年面临的两个主要情绪问题。

青少年时期是身心变化剧烈、充满挑战的阶段。在这一时期，由于心智尚未完全成熟，青少年更容易面临成长风险。他们在适应学习和社会环境的过程中，既受到外部环境的影响，也与内在心理状态息息相关。当遭遇外界压力时，可能会影响到青少年与自我、他人及环境的关系，进而冲击他们的情感、认知和期望。同样，内在心理的紊乱也会对他们的人际关系产生负面影响。例如，青少年在处理家庭、学校或朋友间的关系时遇到困难，可能会遭受情绪上的困扰。若这些情绪问题未能获得有效的干预和正确的引导，且缺乏适当的自我调节和健康社交关系的指导，就有可能逐步积累，最终可能发展成心理问题甚至精神障碍。

另外，学生在学习和生活中遇到的挑战，如考试、社交和自我认同等，可能会引发抑郁、焦虑和自卑等情绪。缺乏有效的情绪管理技巧和面对外界负面评价时，这些情绪可能加剧，甚至发展成严重的心理障碍。

面对日益增长的心理压力，青少年可能会感到自尊心受损，经历焦虑、抑郁、迷茫和孤独，难以寻找到生活的价值和意义，导致各种心理行为问题的出现。鉴于心理健康问题的隐蔽性和突发性，社会需要加强对青少年心理健康的关注，积极采取预防措施，构建起保护青少年心理健康的屏障，帮助他们更好地面对生活的压力和挑战。

（二）多方合力，构建青少年心理健康"防护屏障"

我国儿童青少年心理健康服务体系逐步健全，通过社会动员、科普教育、筛查评估等手段，提升公众对心理健康问题的认识。目前，心理服务网络正在持续优化，试点项目在提供个性化心理支持方面取得了显著成果，确保了儿童和青少年能够获得更专业、更细致的心理健康服务。教育系统在推进心理健康教育方面也做出了实质性努力。以北京市为例，教育系统在各中小学校和大学中已经普遍配置了心理教师和心理辅导室，同时，学校与专业心理机构之间的合作也在不断加强，确保学生能够方便地获得必要的心理支持。高校中广泛开展的心理健康普查，有助于及时了解新生的心理状况，从而提供定制化的心理辅导。学校课程中也增设了心理健康必修课，并针对学生需求，提供了涉及人际关系、情绪管理、个人成长和职业发展等主题的选修课程，以及多样化的团体辅导和心理文化活动，旨在全面提升学生的心理健康水平，增强学习效率和生活满意度。

总体来看，我国在学生心理健康领域取得了显著进步，但仍存在一些挑战。当前的心理健康教育主要集中在预防精神障碍、处理心理危机和情绪调节等方面。然而，心理健康教育的范畴应该更广泛，它不仅要帮助已经出现问题的学生，更要重视预防措施，培养学生的正面心理特质，构建一个全面的心理预防体系。这种体系旨在从根本上提升学生的心理素质，使他们能够更好地抵御潜在的心理风险，促进他们的全面发展。

为构筑青少年心理健康的坚固防线，社会、学校和家庭需协同作战，共同打造一个全方位的保护网络。青少年成长的主要环境——家庭和学校，有责任建立定期的沟通机制，以监测和评估孩子们的心理健康状态，实现早期的识别与干预，从而预防问题的扩大。最新数据显示，我国心理健康服务机构的数量尚不充足，迫切需要加速建设覆盖全国的青少年心理健康专业服务平台，并激励社会各界力量的积极参与，以确保各地区特别是基层地区的需求得到满足。

社会环境对青少年心理健康的影响不容忽视。媒体作为信息传播的重要渠道，应积极引导公众正确认识心理健康问题。建议政府建立一个权威的心理健康咨询平台，普及相关知识，帮助青少年增强心理适应能力。同时，加强对网络环境的监管，遏制不良信息的传播，为青少年营造一个正面、健康的成长环境，协助他们有效应对学习和生活中的种种挑战。

同时，加强青少年的文化素养也是提升其心理健康水平的有效途径。强化德育教育，深化青少年的国家意识和民族情感，同时通过体育、美育、劳动教育及丰富的校外实践活动，培育青少年的实践技能和坚韧精神，促进其身心的全面健康发展。

例如，广州市白云区同和街的特色青少年心理防护举措，就充分体现了善用资源，联动各部门，筑牢青少年心理健康"防护屏障"的优秀经验。同和街结合党建引领城中村专项治理工作，围绕矛盾纠纷化解、社会治安防控、公共安全监管等关乎群众切身利益的重点难点热点，努力打造市域社会治理现代化新格局，通过购买第三方社会心理服务，针对不同年龄段的服务对象构建社会心理健康支持服务体系，扎实做好调研工作，开展心理辅导，推进社会心理服务体系建设，保障各年龄群体的心理健康，努力保障居民生活平稳、文明和谐的社区环境。

细微服务进网格，建起心理健康"预防"线。依托社区治理中的居民网格阵地，社会心理服务项目设置微信号，加入居民网格群，每周两次在群中发布心理健康或家庭教育的资讯，并接受居民的线上咨询，力求情绪不激化、问题不出网格。社会心理服务项目官微加入同和街270多个网格群，在网格群发布心理健康宣传信息1848条，"同和社心健康"微信添加关注心理健康的居民群众411位。

同时，根据社区、企业、学校对象的不同提供差异性的心理健康服务，设计不同的宣传单，联动街社工站，每月到社区、企业、学校开展心理宣传教育活动，呼吁大家一起行动，关注心理健康，在生活、工作和学习中，践行健康的生活方式和理念，知行合一，身心协调。并且项目积极培育发展"开心志愿者"，提供心理健康知识的训练，组建宣传教育活动"开心志愿队"，在社区中协助进行心理健康的宣传推广，建构起社区居民心理健康防护网的"预防线"。

心理服务进校园，拉起学生情绪"阳光线"。为切实从源头上预防和减少校园各种心理问题以及危机事件发生，进一步完善校园心理危机防范体系建设，同和街社会心理服务项目与同和中学、白云行知职业技术学校就校园心理健康服务签订共建协议，在两所学校及辖内多所职中小学开展服务，关注儿童青少年心理健康，防患于未然。

在"5·25"心理健康日、"10·10"世界精神卫生日等时间节点，设计知觉屋、情绪猜猜看、心口不一、最美C位、情绪急救知识等互动游戏摊位，开展心理健康宣传活动，在互动游戏中倾听同学们在校学习的情况，提高学生对自身心理健康状态的重视。同时，根据学生心理健康需求开展一系列情绪、减压、人际交往、校园欺凌、认知、新生适应等主题的小组及团体辅导活动，共计开展专业性活动74次，服务学生1 762人次。

心理服务进校园，不仅加深了学生对心理服务的认识，拓宽了同学求助渠道，还通过心理咨询师驻校服务，回应师生多元化的动态需求，与学校共同构建儿童青少年支持网络，共同关注儿童青少年心理健康。

家长教育不可少，强化心理健康"保护线"。儿童青少年问题的产生大多源自父母的教养方式、父母的心理状态以及家庭关系的错位。心理工作如果只针对儿童青少年而不改变家庭的互动模式，孩子的改变是无力的。为此，同和街社会心理服务项目针对家长开展正面管教服务，促进家长学习正面教养的方法技巧，建立正面和谐的家庭关系。截至2023年12月，已面向家长开展专业性团体学习辅导活动24节次，服务264人次；开展针对青少年问题调整的家长个案工作27次。

专业团队到社区，搭起心理健康"疗愈线"。通过普及性的知识宣传与推广，针对居民不同的心理危机或障碍程度，由社工、心理咨询师、精神科医生分层跟进介入，建立三层干预机制。社区中一般心理问题的居民由社工跟进，严重心理问题的居民由心理咨询师跟进干预，发现疑似精神障碍的患者转介医院精神科医生治疗。跨专业团队定时地开展三方沟通会议，建立起社工、咨询师、精神科医生联动，社区到医院的无缝对接，为社区有需要的居民搭起心理健康"疗愈线"。

又如，重庆渝中区通过强化联动协作、强化基础能力等举措，努力构建青少年心理健康教育新格局，积极为青少年健康成长保驾护航。截至2023年上半年，全区中小学心理辅导室（中心）覆盖率达100%，培训心理健康骨干教师30余人，开展中小学青少年心理健康教育活动80余场。

强化联动协作，擦亮学生心灵之窗。渝中区教育系统引领各校遵循发展性与预防性相结合、全体性与差异性相结合、主导性与自主性相结合的原则，运用先进的心理健康教育理论、方法和技术，擦亮学生的心灵之窗。为增强心理健康教育工作的针对性和实效性，2023年以来，渝中区教育系统凝聚校内教育力量，联合校外教育力量，充分挖掘资源，携手多个部门、单位开展丰富多彩、形式多样的心理健康教育活动，不断优化开展心理健康教育工作生态，包括与渝中区妇儿工委联合开展"青春护航"教育活动，每学期小学五年级、初中二年级各有两个班参与此项活动；与区妇联携手，组织学校师生、家长参加蓝海教育"好家长、好家庭"项目，指导教师和家长关注学生心理；与卫生健康系统合作，采取"走进来""走出去"的方式，邀请专业心理健康教育师走进学校，组织学生参与社会心理健康实践活动等。后续，渝中区教委将进一步强化联动协作，组织开展更多符合学生身心发展的心理健康宣教活动，帮助学生解决心理困惑、化解心理危机，激发学习内在动力，建立和谐人际关系，不断提高心理素质、完善人格，促进身心健康和全面发展，营造关注心理健康、创建和谐示范校园的良好氛围。

强化基础能力，提升心理健康教育质量。渝中区中小学开设青春健康俱乐部，并组织开展春季"青春护航"健康教育培训课，课程通过理论授课+团辅的形式，让每一位学生参与其中，扮演情境中的不同角色，感受当下的自己该怎样正确处理情绪，学会做情绪的主人。

事实上，组织学生定期参加健康教育培训课，仅是渝中各校强化校园心理健康教育基础能力，打造心理健康教育课程、课堂、特色活动的一个缩影。每学年，各校都会结合学生年龄和身心发展特点，分年龄、分阶段开展心理健康主题教育活动，并针对家长对孩子的入学焦虑、学业担忧、升学困惑、成长疑虑等定期开展专题教育。同时，利用校本培训，面向全体教职员工开展有针对性和实效性的心理健康教育主题培训活动，在打造心理健康教育课程课堂上，各校将心理健康教育统一安排课时并列入教学计划，坚持每班每两周1课时，每学期不低于10课时，确保课时、教材、教师"三落实"。以体验式活动为主，着力融入生活教育、生命教育、生涯教育，培育学生良好心理品质。

渝中区教委还在人民小学打造全区首个家校社一体化联动的未成年人心理健康工作室——"甜甜屋"，着力构建家校社全方面、立体化心理安全防护系统。

自开展心理健康教育以来，渝中区教育系统成立心理健康教育工作领导小组，建立健全管理体制和工作机制，引领各校围绕心理健康教育课程、心理健康教育课堂、日常心理健康分类辅助、提升教育师资力量、加强心理危机预警等工作，织牢全员化、全方位、多层次的心理健康教育防护网。

建设高素质师资队伍是做好中小学心理健康教育的关键。为此，渝中区各校强化职前培训、任用管理以及职后培训等环节，建立以专兼职心理健康教师、班主任教师为骨干，全体教师和家长共同参与的心理健康教育队伍，为心理健康教育储备人才力量。

三、未来方向：四位一体，多措并举筑牢青少年心理防护屏障

近年来，各级各部门密切关注青少年心理健康，各地教育局、卫健局、民政局、妇联等部门在各自职责范围内进行了有益探索，取得了一定成效。然而，在各种因素影响下，青少年群体心理健康状况仍然不容乐观。社会上，仍存在心理健康知识匮乏、认知不足、转介机制不畅、各方合力不够等问题。要彻底解决这些问题，必须深入完善"健康教育、监测预警、咨询服务、干预处置"四位一体的学生心理健康工作体系。

（一）提升健康教育水平

学校应成为心理健康教育的核心力量，各相关部门需在心理教育领域明

确职责。首先，要加速推进心理健康教育示范学校的建设，利用示范效应促进各学校心理健康教育工作的全面提升。其次，完善心理健康教育课程体系，确保每个班级每周有固定时间进行心理健康教育，并把心理活动课程纳入中小学课后服务中。此外，学校应与家庭建立顺畅的沟通机制，通过定期家长会、家访、家长委员会和家长开放日等途径，广泛传播家庭教育的相关知识。同时，加强心理健康的宣传教育工作，卫生健康、妇联、共青团和宣传等部门应利用市民学校、道德讲堂等平台，普及青少年精神卫生和心理健康知识，提高公众对儿童青少年心理和情绪问题的认识。特别是在每年的"5·25"心理健康日和世界精神卫生日，应举办多样化的主题教育活动，确保心理健康教育的有效实施。

（二）完善监测预警机制

中小学生的体检中应包含心理健康筛查项目，并与医疗机构合作，针对春季、毕业季和考试季等关键时期加强心理危机的排查工作。建立完善的"一人一档"危机干预机制，实现家校之间的有效沟通，对学生的学习心理状况进行跟踪，并定期更新他们的心理档案。同时，家庭、学校和社区应联合开展对贫困学生、留守儿童、单亲家庭子女、残疾学生以及遭受欺凌学生的特别关怀活动，完善工作机制，确保这些特殊群体的心理健康得到妥善保护和关注。通过这种联动机制，确保重点群体的心理健康问题能够得到及时发现和有效干预。

（三）整合咨询服务资源

各相关部门须成立区县级青少年心理健康服务领导小组，消除部门间的隔阂，构建高效的协作机制，确保青少年心理健康服务体系的完善。首先，需在学生人数超千人的中小学及乡镇中心学校建立标准化心理咨询室，并逐步增设辅导室、宣泄室、沙盘室、视听放松室和心理书籍阅览室等配套设施。社区应利用现有服务设施设立心理咨询室，为学生和家长提供心理疏导和教育指导服务，并鼓励儿童专科医院和综合医院开设儿童青少年心理咨询门诊。其次，妇联组织应领导推进心理健康服务进入村社，通过购买服务，吸引心理咨询专家为青少年提供心理健康教育和咨询服务。此外，还需招募并培训心理健康服务志愿者，激励学校心理教师、医务工作者和心理学专业学生加入，共同构建青少年心理健康的支持网络。

（四）提升干预处置水平

改进学生心理问题的转介流程，通过家长沟通、医疗教育合作、社区联合等手段，确保有高风险的学生能够迅速获得必要的转介和救治。保持青少年心理危机干预的快速通道畅通，确保他们能够即刻接受到专业的治疗和帮助。同时，建立和完善县级心理援助服务系统，以设有心理咨询门诊的医院为基础，开展线上心理咨询和热线服务，扩大心理援助的覆盖面和可及性。此外，政府需发挥主导作用，协调并促进社会力量参与到青少年心理健康服务中，共同构建一个多方参与、资源共享的心理健康服务体系。

推进儿童青少年心理健康是中国式现代化高质量发展的工作要求，是全生命周期健康的重要基石，是公共卫生领域的优先事项和值得应对的时代挑战，儿童青少年心理健康问题应得到全社会的广泛关注，形成"政策制度—医疗服务—社区—学校—家庭"的系统性合力，筑牢青少年心理健康"防护屏障"，做到早识别、早治疗、全面综合干预。

第四节　实现全员全心全育"共生共长"

家校社全员全心全育的方向要以心理健康促进为导向，共生共长，确保所开展的工作都朝着使儿童青少年受益的方向发展，朝着全员参与的方向发展。不断促进儿童青少年的心理素质提升，优化他们的成长环境，改善他们与周围人的关系，只有这样才能帮助他们更好地应对成长的各种风险和挑战，并且不断超越自我、激发潜能。

一、实现全员全心全育需要突破的几个问题

虽然加强青少年心理健康教育，已成为当前全社会的共识，但要实现全员全心全育仍有一些关键性问题亟需突破。

一是末端服务衔接不上。我国心理咨询服务尚未深入到核心层面，仍停留在初级阶段。一些发达国家的心理咨询专业人员的准入门槛、职业培训、执业资格和伦理规范等方面都有法律层面的明确规范，以及行业管理的严格标准，但我国在这些方面尚缺乏统一的国家层面标准，也缺少行业组织的规范管理。在儿童青少年心理服务的末端环节，如学校、社区、医院等，存在早期发现、预警、跟踪和援助的脱节问题。此外，如何恰当地进行心理健康评估、如何有效利用评估结果，以及如何为学生提供充分的心理咨询和治疗服务等问题，仍是实践中需要解决的难题。

二是心理健康教育不到位。孩子如同幼苗，家庭的人文与自然环境对其成长具有深远的影响。在不良环境中，孩子难以集中精力学习，也难以培养有益的兴趣爱好。家长们应避免在孩子面前展现不良行为，努力为孩子营造一个积

极向上的成长环境。

中小学心理健康课程的开展存在诸多不足，部分教育工作者缺乏必要的专业背景，导致心理健康教育工作难以有效实施。心理健康教育工作者的专业素养有待提升。同时，心理健康教师在工作中面临诸多挑战，如职责不明确、课时不足等，这些问题普遍存在。专业师资的匮乏导致许多心理健康教师角色由其他科目教师兼任，心理健康教师的工作界限模糊，工作压力巨大，且常遭遇外界对其工作的误解。此外，心理健康教师在职称评定和职业发展上也面临障碍，职业晋升路径不清晰，职业发展空间受限。政策在各地各校的执行力度不一，心理健康教师职称评定体系尚缺乏明确的课时、科研、咨询等具体要求，这影响了心理健康教师的职业发展和专业成长。

三是缺少全过程统筹。缺乏全链条的规划与管理，心理健康问题的预防工作尚未充分展开。由于心理健康服务的宣传力度不够，许多家长对于孩子心理健康的重要性认识不足，导致学生和家长在遇到问题时往往不知所措。一些大学生的心理健康问题，实际上在基础教育阶段就已显现迹象。中小学心理健康课程的开设不足，心理教师的配备也不均衡，这些都未能满足当前教育发展的需求。我国心理健康教育起步较晚，过去对这一领域的重视不够，学生和家长对心理健康咨询存在偏见。心理健康服务往往过于侧重"安全维稳"，而忽视了解决儿童青少年及其家庭面临的深层次矛盾和问题。

二、实现全员全心全育从发挥学校、教师作用开始

学校需承担起在教育体系中对心理健康教育的主导作用，发挥其专业性。首先，学校需要深入理解不同年龄段学生的心理和生理特征，以及他们在成长过程中可能遇到的问题，并据此开设具有针对性的心理健康课程。教育应根据学生个体心理发展的规律，并结合当下时代的特点，构建一个从小学至大学的连贯性心理健康教育体系。这一体系应聚焦于个体成长各阶段的关键问题，在普及教育的基础上，针对不同阶段提供重点指导，不断优化心理健康教育的内容和方法。例如，在对初高中学生的心理健康教育中，应特别关注如何减轻他们的学业负担、考试焦虑和抑郁情绪；而对小学生的心理健康教育，则应侧重

于培养他们良好的睡眠习惯和学习习惯。通过这样的教育策略，学校能够更加精准地满足学生的心理发展需求，促进他们健康成长。

学校应深化对学生评价体系的改革，将学生的心理状态、情绪变化、情感发展和态度表现等纳入考核与评价体系。这样的做法有助于促使教师在日常教学中更加关注学生的心理健康，及时发现并解决潜在问题。解决方案需要系统化，结合对学生行为的管理和评价改进，以及对学生个体心理的辅导矫正，共同营造一个有利于学生正常生活和学习的环境。

学校应全力支持心理健康教师的工作，根据教育部的指导在校内配备足够的心理健康教师，并将心理健康教育纳入所有学生的必修课程。特别是在师范教育中，应确保未来所有中小学教师都具备基础的心理健康教育知识。鼓励高校增设心理学相关课程，以提升心理健康教育的普及率和专业性。通过这些措施，可以为学生提供更加全面和专业的心理健康支持。

学校应从课程设置着手，改进心理健康课程的规划和实施，确保课堂教学在心理健康教育中发挥核心作用。这要求学校管理层提升对心理健康教育课程的重视，确保专业心理健康教师能够专注于其专业领域，减少他们在行政杂务上的负担。支持措施包括但不限于：合理配置课时以适应心理健康教学的需求，更新和完善教学设施以提供更好的学习环境，创新教学活动以提高学生的参与度和兴趣，以及加强心理健康教师的专业培训，提升他们的教学能力和专业素养。通过这些综合措施，可以构建一个更加有效和专业的心理健康教育体系，为学生的心理健康提供坚实的支持。

强化心理健康教师的专业成长是提升教育质量的关键。通过定期培训和评估，教师能增强与学生的沟通技巧，提高教育能力，同时提升对常见心理问题的识别与处理能力。一方面，教师需深化专业素养，通过持续的专业发展培训，增强心理健康教育意识，提高指导学生的能力。另一方面，教师要精进咨询技能，包括课题研究和教学方法，不断更新知识体系，紧跟心理健康领域的最新发展，以应对多变的学生心理健康需求。同时，教师应积极参与相关研讨活动，通过交流和科研提升专业认知。

改善心理健康教育环境同样重要。政府需从政策层面优化，明确心理健康教师的职称评定标准，拓展其职业发展路径。心理健康教师的岗位职责应得到明确，以保障其工作的独立性和专业性。教育部门和学校应针对心理健康教育工作中的问题进行改进，提升教师的职业认同感，确保其价值得以实现。

同时需要关注到，解决教师如何更加科学、有效地用"心"育人是实现全员全心全育的重要问题。

在心理健康促进层面，一是提升自身心理健康素养。教师的心理健康水平会影响学生的心理健康发展，教师的自我关怀和照料能有效避免"师源性"伤害。教师可以通过运动、冥想、阅读、倾诉、培养兴趣爱好等方式积极主动地维护自身心理健康，缓解职业倦怠；教师可以通过参加心理成长小组等，掌握一定的助人和自助方法，在同辈互助中觉察自我、挖掘潜能，提升自身的幸福感和心理健康水平。

二是学习相关知识与技能。为了更好地"读懂"学生，教师除了要更新所教学科知识外，还可以通过阅读心理学、教育学书籍，以获取心理学、教育学的相关知识，从而认识学生的心理发展阶段及特点，了解识别和干预学生心理问题的知识与技能，掌握谈话和谈心的技巧，不断提升心理育人能力。

三是实现心理健康教育与学科教学的融合。学科教学建立在学生心理活动基础之上，心理健康教育是学科教学的有机组成部分，应贯穿教学全过程。教学不仅仅是各类知识传授的过程，同时也是学生心理成长、知情意行发展的过程。学科教学是学生获得知识、掌握技能、养成学习态度、建立师生与生生感情、形成心理品质的主要渠道，教学活动则是主要载体。所以，教师要把学科教学与心理健康教育有效融合，将心理健康教育贯穿教育教学全过程，积极挖掘课程中的心理健康教育资源，在教育教学活动中有意识、有目的、合理地运用心理健康教育知识和原理，促进教育教学活动良好开展和学生心理健康发展，实现教学和育人的统一。教师可以在以下几方面大胆探索和实践，如开展"学科教学+心理健康教育"教研活动，邀请心理教师从心理学视角观课、议课，帮助学科教师在教学活动中更娴熟、更准确地把握学生的心理状态，激发学生的学习兴趣，提升课堂教学效率和效果。

四是开展学生心理辅导。心理辅导不是心理教师的"专利"，每一位教师都是学生心理健康的维护者。教师可以定期与学生开展谈话或谈心，了解学生的心理动态，及时帮助学生排解心理困扰；主动宣传普及心理健康知识，提升学生主动求助的意识；积极协助心理教师开展发展类团体活动。

五是营造校园心育环境。教师作为学校的建设者，塑造和维护着学校的物理和人文环境。教师可以主动参与学校的发展和建设，如站在促进学生身心发展的角度，为学校的发展规划和管理制度的制定出台、学校的整体布局以及学校的文化建设等建言献策，运用心理学原理和方法组织和建设良好的班集体。

六是密切家校沟通。教师是学校和家庭之间有效沟通的桥梁。教师可以通过家访、家长学校、家长沙龙等活动，加强与家长的交流，帮助家长了解学生心理发展的特征和规律，并帮助家长改进教育理念和方法，形成教育合力。

在心理问题预防层面，一是协助开展学生心理普查。班主任和学科教师可以协助心理教师做好普查前的家长知情同意、国家相关部门认可的正规软件调试等工作，以及普查中的学生组织管理、指导答疑等工作。二是帮助学校多方评估学生。在学生心理普查和访谈评估工作中，班主任和学科教师要尽可能给行政部门提供信息支持，如学生的日常表现、学习情况和家庭状况等信息，确保多方评估工作更真实、全面、准确。三是密切观察学生动态。班主任和学科教师要密切关注学生的心理健康状况，尤其要掌握有潜在心理风险的学生的动向，必要时请心理教师一起共同关注跟进。

在心理问题干预层面，一是及时发现与报告。当发现学生出现危急情况时，在尽可能稳定学生的情况下，应及时告诉学校领导、相关科室负责人、心理教师，共同处理。二是协助做好转介工作。当学生经过多方评估被认为有必要转介到正规的专业医疗机构进行治疗时，班主任或学科教师可以协助学校做好与学生家长的沟通协商工作，帮助家长进一步了解情况，增加家长的配合度。三是关心学生康复情况。学生不在校期间，班主任应与学生及其家长定期联系，了解学生的心理状况、康复情况，并给予必要的支持和帮助。四是持续跟踪了解。学生康复并返校后，班主任应对其进行密切地观察和持续地跟踪记录，尽量提供安全、接纳的环境，帮助学生巩固治疗效果。

教师用"心"育人需要注意伦理规范。学校心理健康教育工作除了面向全体学生外，还与家长、其他教职工、医疗机构相关人员等产生互动，这其中就回避不了伦理的议题。通俗地讲，伦理就是工作中的人际互动规范。教师只有了解相关的伦理规范，才能更好地为学生服务，同时也保护好自己。学校心理教育遵循《中华人民共和国教师法》《中华人民共和国精神卫生法》《中华人民共和国未成年人保护法》《中国心理学会临床与咨询心理学工作伦理守则（第二版）》等文件中的相关伦理规定。

一是保持善行。学校心理健康教育工作是为提升学生心理素质水平服务的，工作的出发点应是促进和提升，避免伤害。在使用心理测评量表或其他测试手段时要谨慎选择，不得强迫学生接受心理测试，如要进行测试须经学生及其监护人知情同意。同时，不得随意给学生贴上"有心理问题"的标签。

二是建立良好关系。心理健康教育强调尊重和接纳学生的内在需求和想法，最大限度地给予学生共情、理解和包容，以平等、关怀、负责任的态度给学生提供心理支持，与学生建立和谐安全的关系。

三是保护学生隐私。教师在工作中要严格遵循保密原则，保护学生隐私。但在学生可能出现自伤、他伤等极端行为时，应突破保密原则，并及时告知学生的班主任，班主任及时向学校汇报并联系监护人。在教学、研究以及成果发表、经验分享中，涉及学生个体案例的应得到知情同意，并避免使用完整案例，隐藏学生的个人信息。

四是明晰职责边界。学校教师队伍要通过培训和学习不断提升心理育人能力，提高个人心理健康水平，以更好地满足工作需要。但学校不具备心理诊断及治疗的资质，经多方评估，发现可能有严重心理问题或精神障碍的学生，学校应及时将其转介到正规的专业医疗机构，学校教师不做超出职责边界和专业胜任力的工作。

班主任和学科教师开展心理健康教育并不是要脱离现实条件重新开启一项新的工程，而是要在进行手头工作时，增添一种心理学的视角，用"心"投入教育工作，那么"全员全心全育"也就自然落到了实处。

三、实现全员全心全育还需要充分发挥"第三方联接"的作用

一是加大统筹力度。各地应建立市、区、街道三级儿童青少年心理健康服务领导小组,由教育、卫生健康等部门联合组成,以形成强大的工作合力。要深入实施"健康第一"的教育观念,策划并推进青少年心理健康提升项目,打造包含家庭、同伴、社区及网络支持的全面关怀体系,持续跟踪未成年人的成长状态,有效预防和降低风险行为,确保青少年的心理健康得到维护。

二是构建网格化心育体系。成立社会心理服务协会,构建一个由社会组织、机关单位等多方参与的协作网络,涵盖学校、园区、企业、社会组织、专业服务机构以及高校科研院所等,各展其能,共同投身于社会心理服务体系的建设中。在市、区、街道、社区四个层级上建立心理健康的防护网络,设立市县社会心理服务指导中心、街道心理服务站点和社区心理咨询室。同时,通过建立微信群等现代通信手段,实现四级心理服务的即时信息共享和协调联动。此外,重点培育专业的青少年心理咨询与辅导团队,覆盖大中小学各个教育阶段,持续提升学生的积极心理素养。

三是培育全社会对儿童青少年心理健康的关怀氛围。强化儿童青少年心理健康教育的推广力度,在幼儿园副园长、中小学健康副校长以及家庭教育协会组织下,开展多样化的心理健康教育活动。通过科普宣传提升儿童心理健康意识,共同营造一个受青少年喜爱、专业人士认可、家庭支持的心理健康教育环境。同时,注重网络环境的净化,网络媒介应采取青少年模式和亲子平台等措施,从源头上为青少年营造一个健康的网络空间,确保公共利益和社会责任超越商业利益。实施网络实名制,并考虑将网络游戏企业的相关规定扩展至全网新媒体平台,积极推进青少年防沉迷网络的综合治理,承担起守护青少年健康成长的责任。

基于上述三点,山东省济南市教育局采纳了全面而深化的策略来提升学生的心理健康,其行动方案成为了值得推广的典范。其通过项目化方法,成功塑造了一个心理健康教育的全新品牌,这一品牌涵盖了从基础设施的标准化到专业人才的培养,从高质量课程的开设到咨询服务的持续供应,再到心理危机的

精确干预和多元化的服务模式。通过加强顶层设计，确立了市级心理健康指导方针，制定了全面的规章制度，并建立了三级联动的服务体系。此外，通过强化机制建设，组建了专家和专业团队，搭建了服务和干预平台，形成了有效的危机响应闭环。教育局还通过全员覆盖策略，确立了三级学生心理健康联动体系，确保了心理健康教育的普及和重点关照。通过这些创新和突破，济南市在心理健康教育领域取得了积极进展，为学生营造了一个更加健康和支持性的成长环境。

一是顶层设计，强化机制建设。济南市教育局在心理健康教育方面采取了全面的设计和机制强化措施。借鉴国际公认的公共卫生三级预防模型，教育局建立了一套包含"四大体系""两大机制"和"十六项任务"的框架，制定并实施了超过十项规章制度，涵盖了心理健康教育的各个方面。这些规章制度旨在规范和指导学校心理健康工作，包括教师配备、咨询室建设和危机干预流程等，构建起一个从市到区（县）再到学校的三级服务体系，实现学校、家庭、社区、医院和网络的协同共振，并与卫生健康部门等进行有效联动。教育局还制定了《济南市中小学生心理课程建设指南》和《心理健康自助手册》，创新了心理筛查和危机干预机制，以及心理健康教育工作的督导评价机制。通过这些措施，教育局确立了考核标准，对心理健康教育工作者、平台建设和课程实施进行了连续三年的常态化专项督查，确保了心理健康教育工作的全链条保障和持续优化。

二是夯实基础，强化专项突破。济南市教育局致力于强化校园心理健康教育的基础，并在特定领域实现重点突破。面对人力、资源、场所和平台等实操中的挑战，教育局以问题解决为出发点，于2021年5月颁布了《关于加强济南市学校心理健康教育的意见》，确立了"两支队伍"和"三个平台"的系统架构。这包括由高校和医院专家组成的团队以及学校专职心理健康教师的核心团队，还有市级心理健康教育指导中心、全天候心理关爱热线和医教结合的学生心理健康教育促进中心。这两支关键队伍负责对全市心理健康教育工作的全面指导和深入跟进，而三个平台则整合社会资源，共同推动学校心理健康教育的发展。目前，全市学校已100%配备了专职或兼职心理健康教师，这些教师享有与班主任相同的待遇,并定期参与专业技能提升培训。教育局还选派优秀教师到山东省精神卫生中心进行岗位培训,并实施"以干代培"计划,让专职心理教师在心理热线中实践学习。另外,通过组织专家进校为需要特别关注的学生提供一对一的帮助。

三是全员覆盖,"一个都不能少"。济南市在全省率先建立的"发展、预防、干预"三级学生心理健康联动体系,确保了从一般学生到有心理问题倾向再到面临严重心理危机的学生,都能得到适当的关注和支持。教育局不仅强化了心理筛查制度,确保每学期对所有学生进行至少一次的心理筛查,还建立了完善的数据分析和跟踪机制,实时掌握学生心理状态。在个体层面,制订了心理危机干预流程,确立了预警、预防、干预和跟踪的"四步"机制,以及"一案一清"的危机处理制度。此外,构建了学校、年级、班级和宿舍的"四级"预警体系,并设置了班级"心理委员"、宿舍"心晴员"和高危学生的"隐形保护人"等角色,以确保学生的心理问题能得到有效干预。目前,济南市已建立15个市(区)级学生心理健康教育指导中心,实现了大中小学校专职或兼职心理教师、心理健康教育课程、学生心理筛查、心理辅导室以及心理关爱热线的100%覆盖率,确保了每位学生都能获得必要的心理健康支持。

四是家校携手,共同护航成长。学生心理健康的维护不仅依靠学校,更需要家庭与社会的支持和参与。为此,济南市教育局推出了心理健康"三个一"行动,倡导家长每天花一分钟拥抱孩子、花一刻钟进行有效沟通,以及让孩子每周有一小时的自由时间。此外,还推出了"家庭三个践行"活动,通过"养机场""众厨芳""上书房"等趣味场景,鼓励家长陪伴孩子,减少对电子产品的依赖,培养孩子的劳动和阅读兴趣,从而改善家庭亲子关系。针对家长对心理健康教育资源的需求,市教育局开发了"吾心你好"心理微课和"家庭解忧直通车"直播课程,为家庭提供专业指导,帮助解决亲子冲突、学业压力等问题,确保每个有需求的家庭都能受益。同时,推出"泉家共成长"家庭教育品牌,引导家庭教育从单纯关注成绩转向关注孩子的全面发展,实现对孩子身心的全面关怀。经过多年的努力,济南市在学生心理健康教育方面取得了显著成果,多次在国家级和省级会议上分享经验,其"24小时心理关爱热线"被评为志愿服务示范项目，并服务了全国多个省份。此外，"全员育心　全心育人"心理健康提升行动也被评为省级教育改革和制度创新的典型案例，受到了央视、新华社等中央媒体的多次报道。

四、联动"医—教—家"是全员全心全育大势所趋

深入实施儿童青少年心理健康战略，多层次地推进心理健康服务"医—教—家"联动试点工作，是全员全心全育大势所趋。以促进未成年人身心健康为出发点和落脚点，坚持在新形势下开展未成年人心理健康的创新和探索，整合多方资源与力量，进一步落实区域未成年人心理健康服务"医—教—家"联动工作。

广州省深圳市龙岗区实施"医—教—家"，不断深化未成年人心理健康服务"龙岗模式"。

2023年年初，龙岗区精神卫生中心携调研组前往龙岗区仙田外国语学校、华中师范大学龙岗附属中学开展实地调研工作。调研组一行与校方进行深入交流，了解关于心理卫生资源、服务供给、需求困难等方面的情况。龙岗区精神卫生中心研究制订龙岗区未成年人心理健康服务"医—教—家"联动试点工作方案，旨在打造龙岗区未成年人心理健康一体化服务品牌。

自正式启动试点工作以来，龙岗区着力建设区精神卫生中心和试点学校联动的心理健康服务双场所，通过"团体课堂疗愈、心理知识普及、心理体验交流"等多种创意性形式，涵盖未成年人个体层面、家庭层面、社会层面三大板块，持续扩大龙岗区未成年人心理健康教育辐射面。截至2023年8月，已开展心理教师团体医疗督导、青少年心理成长团体课堂、家长学习成长营、家庭教育指导师培训等系列活动40场次，服务近800人次。

医教联动促发展，协同多方共行动。为深入探索实施龙岗区未成年人心理健康服务"医—教—家"联动试点工作，龙岗区精神卫生中心联合区教育局在双试点学校开展心理教师团体督导工作。该工作以龙岗区慢性病防治院心理卫生科为主导，联合市级、区级精神心理医疗专家参与，通过开展心理教师团体督导的方式，将医疗视角深度切入教育视角，加强医教沟通，提升龙岗区心理

健康教师人才的服务能力。后续，将以龙岗区慢性病防治院心理卫生科作为精神心理疾病诊疗科普场所，开展医教观摩学习的系列活动，就未成年人心理健康服务做进一步深度交流，做实心理促进、提高早期预警、及时有效干预的全链条医教联合心理服务，为未成年人心理健康服务提供切实可行的路径。相关负责人表示，希望通过医疗与教育部门的紧密合作，打造医教合作守护未成年人心理健康的可复制推广的模式和经验。

听未成年人心声，建设同辈支持网络。青春期是人生成长的重要阶段，也是不良情绪与矛盾频发的时期，在龙岗区慢性病防治院的指导下，龙岗区心理咨询协会面向全区举办第一期未成年人心理成长团体课堂，聚焦未成年人个体身心健康发展，截至2023年8月，累计开展15次课程，直接服务150人次，间接服务超过1 000人次。在团体疗愈过程中，心理导师通过积极地组建交互过程和创造支持性环境，辅以绘画治疗、纸笔练习、团体游戏、意象剧场等形式，带领本期团体课堂的成员进行个人生命资源觉察，引导未成年人形成积极乐观的心理品质。在团辅过程中，积极发挥同辈群体的作用，在团体课堂中积极引导未成年人及时进行创意性交互与支持性反馈，协助构建未成年人之间相互支持力，帮助未成年人更有力量地向前走出曾经困扰自己已久的囹圄，促进未成年人身心和谐发展。

家长赋能共成长，激活家教新动力。在未成年人家庭层面，为引导广大家庭关注未成年人身心健康成长，承担家庭教育主体责任。龙岗区慢性病防治院、龙岗区心理咨询协会重点开展未成年人系统性家庭治疗服务，截至2023年8月，面向全区家长举办10期"家·孩子"家长学习成长营。学习内容涵盖情绪管理、沟通交流、关系建立、教育引导等多层面，聚焦亲子关系重难点，通过心理知识学习、案例分享、角色模拟、现场答疑等多样化形式，由浅入深、层层递进地引导家长学习真诚与孩子共处、共成长，开启正确的养育方式，打造有温度的家长学习生态圈，为未成年人的身心健康发展创造良好的家庭环境。

至臻匠心育新人，家庭指导焕新力。在未成年人社会层面，龙岗区重点关注未成年人心理服务人才队伍的建设。在龙岗区慢性病防治院指导下，龙岗区心理咨询协会举办龙岗区2023年第一期家庭教育指导员系列培训，课程覆盖教师、社工、医护等多方服务人员，课程参与300人次，辐射服务超过3 000人次。课程以"知识输入，经验内化，实践输出"作为培育脉络，从自我认知、家庭互动模式、原生家庭、亲子关系等多个方面，探索家庭教育，系统开展萨提亚家庭治疗模式教学以及实践指导，协助学员们运用所学知识服务居民群众。经过培训，将组建一支立足龙岗的本土化、专业化家庭教育指导服务队伍，以未成年人身心健康发展为主要宗旨，依托区慢病院、试点学校双试点场所，为龙岗辖区未成年人和家庭提供及时、有效的专业心理服务。

同时，应该关注到，心理健康教师也普遍存在四个方面的困惑，即怎么做好个别辅导、如何厘清心理教师的咨询边界、如何开展与家长和其他教师的合作，以及如何获得支持。在此背景下，进行"医—教—家"联动的心理服务机制的实践探索，引进医学界心理服务专业力量，搭建一个良好的医教协同的平台具有重要意义和价值。

例如，南京市雨花台区的"医教协同"行动，引进了南京小行医院心理健康中心优质资源，与南京脑科医院柯晓燕团队工作站合作，将临床心理和发展心理有机融合，面向心理健康教师、特殊学生及其家长，内容涵盖四大板块，即"教师心理能力培训、重点关注学生心理健康管理、学校—医院沟通与转介平台、家长心理健康教育"，致力于构建"四预"体系，即"全体学生的预防体系、问题学生的预警体系、障碍学生的干预体系、危机学生的预案体系"，通过及时发现重点关注学生，跟踪辅导、及时转介，进行进一步的临床心理干预和心理康复，为心理需要重点关注的孩子构建立体、可持续发展的体系。

雨花台区心理健康教育"医教协同"项目的实施，使心理健康教育专业知识与技能培训覆盖全体心理健康教师，成为心理健康教师的有效助力，有效提升区域心理健康教师业务水平，不但可以在专业理论上给予教师们指导，更可以用更加权威的测评量表对学生进行评测，帮助心理健康教师分析学生的心理状态，有助于对学生的身心健康状况有一个更全面的认识和判断。当学生出现危机行为时专业医生的身份更可以成为教师与家长之间的桥梁，助推学校心理健康教育实效提升。

使学校心理健康教育覆盖全体学生，为广大学生的成长与健康发展提供坚实有力的支持。从干预的角度来说，也提供了更多的途径可以进行最优化的组合辅导，心理医生通过学校更加系统地了解"危机学生"的具体状况，从而制订更加科学的治疗方案，同时也将"危机学生"的就医情况、需要学校配合的具体要求及时反馈给学校。学校了解情况后，根据心理医生的建议做出调整，积极配合医生的治疗，如此形成一个良性循环，这将大大提高学生心理障碍甚至疾病的辅导效果，有效降低恶性事件的发生率。

持续发挥区域精神卫生中心与试点学校双场所作用，持续高质量开展未成年人心理健康服务工作。包括24小时心理服务热线、未成年人心理危机干预、未成年人心理知识课堂、重点未成年人团体疗愈小组、多家庭团体辅导小组等。同时，做好区域家庭教育指导师专业培训，不断壮大区域未成年人心理健康服务队伍，夯实区域未成年人心理服务力量，打造未成年人心理健康服务全员全心全育"共生共长模式"，为未成年人健康成长保驾护航。

第五章 家校社共同体的未来之路

本章展望了家校社协同心理健康教育的未来发展方向。倡导建立智能化监测服务机制,规范心理服务行业,加强医疗资源建设。落实"五育并举"和"双减"政策,构建家校社协同联动机制,以打通心理健康教育的"最后一公里"。发展医教协同和数字技术赋能,以推动家校社的协同发展,实现全域心理健康教育的覆盖与深化。

第一节 打通"最后一公里"

做好新时代学生心理健康工作，把开展心理健康教育的关口前移，由事后"救"转变为事前"教"，由"已病"干预转变为"未病"预防，由"单兵作战"转变为"多措并举"，构建家校社协同的学生心理健康服务体系。

目前，家校社三方在协同推进中小学生心理健康方面仍面临一些挑战。首先，尚未形成一个由教育和卫生健康等行政部门共同主导，学校、家庭和社会三方共同参与的中小学生心理健康管理体系，导致心理健康问题的早期发现和转诊流程不够及时和顺畅。其次，学校在心理健康管理方面的能力需要加强，教师在岗前和在职培训中缺少关于学生心理健康的识别和管理课程，且缺乏一线教师可用的心理健康教育教材和指南，培训资源亟待充实。义务教育阶段的"体育与健康"课程中，涉及心理健康的教育内容和辅导资料相对较少。再者，社会层面对青少年心理健康管理的资源支持不足。公立医院在精神卫生方面的资源紧张，对青少年心理健康诊疗的投入有限。社会上的心理咨询机构在能力、资质和收费标准上存在不足和不规范问题，对新兴的社会业态在影响青少年心理健康方面的监管也需要加强。这些问题的存在，影响了中小学生心理健康问题的及时发现和有效干预，亟需通过跨部门合作和资源整合来共同解决。

儿童青少年的心理健康问题已成为社会关注的焦点、学校教育的痛点、家庭教育的难点。在未成年人的人格发展关键期，家校社协同助力提升其生命力，树立其独立的、健康的生命观，迫在眉睫。为此，尝试从以下几方面入手，以期打通构建家校社协同心理健康教育新样态的"最后一公里"。

一、强化政府组织领导

深圳市教育部门的负责人马彦明建议,政府应构建一个心理健康协作会议体系,以优化心理健康教育的顶层规划。学校应成为心理健康教育的核心,按照既定标准推进心理咨询室的标准化建设,确保师资配备到位。同时,应开发一系列心理健康与生命教育课程,确保课程的定期和足量开展,并推广优秀的心理健康教育课程和特色活动。学校应优化教师团队,实施全员导师制度,加强对学生的职业规划教育。建立针对教育局领导、校长、班主任、学科教师和心理教师的心理培训体系,提高团队的专业能力。加强对区域心理健康教育工作的监督,确保政策的有效执行。同时,需要改变以成绩为导向的教育观念,推动教育评价体系的改革,探索建立多元化的评价机制,并严格禁止学校发布或间接发布中考和高考成绩。

个体可被视为一个由生理、心理和社会三个层面构成的生态系统。中国社会工作学会学校与家庭专委会主任许莉娅教授在接受中青报·中青网的采访时指出,儿童心理健康问题可能源自认知或情绪的紊乱,而个人行为受到这两方面因素的共同影响。

青少年需要培养正确的价值观,这包括对宇宙、生命和人生的看法,进而细化为恋爱、婚姻、家庭观念以及职业、成功和幸福观念。然而,目前许多青少年的价值观存在偏差,这需要政府发挥引导作用,强化青少年价值观的塑造。

政府应进行顶层设计,构建一个跨部门、多方参与的青少年心理健康协调机制,整合学校、家庭、医疗机构、社区及社会资源,建立一个全面的社会化服务体系,包括建立全国性的心理健康服务平台。

面对压力焦虑、情绪波动、学业负担、家庭矛盾等问题,12355青少年服务热线提供专业咨询,由多位资深心理咨询师为青少年解答心理难题。

在内蒙古自治区,12355青少年服务台经过对各级团组织和不同年龄层青少年的深入调研,确定了服务领域,包括心理咨询、法律咨询、考试减压、青春期教育和家庭教育指导。该平台遵循"统一号码接入、集中处理、分层次干预、限时完成、统一反馈"的原则,以及"线上与线下相结合、网络与现实同步处理"的模式。平台组建了一支由115名执业律师和心理专家组成的专业团队,全年无休地为全区青少年提供"7×24小时"的公益服务。

在云南省,12355热线不仅提供电话咨询服务,还积极组织线上线下活动,成功推广了包括"未成年人心理健康直通车"、"绘出安全防线"儿童自护教育、"书香少年成长无忧"家庭教育讲座和"校园清'凌'计划"等项目,这些项目旨在服务青少年,预防校园欺凌。

在福建省,12355青少年服务台与团属青少年事务社工机构建立了紧密联系。拨打12355,就可以联系到青少年事务社工机构。12355会对来电者进行评估,并将需要进一步跟进的个案转介给地方青少年事务社工机构,由他们提供面对面的心理咨询服务。

在"最后一公里"的工程中,依托12355青少年服务台等成熟平台,秉承"以人为本,同理关怀,互动合作,助人自助"的理念,为青少年提供个体增能、危机干预、心理辅导等支持性服务。这些服务旨在帮助青少年发挥潜能,克服成长过程中的危机和挑战,共同营造一个有利于青少年身心健康成长的环境。目标是打造一个统一、高效、便捷的青少年心理健康社会化服务平台。

二、建立智能化监测服务机制

加速推进地区性学生心理健康预警及服务的大数据云平台建设,确保教育、卫生、司法、妇女儿童组织、共青团和社区等机构之间的数据共享与整合。专注于监控并即时通知那些游戏时间过长、深夜在线或在网络上表达消极情绪的学生,实现早期预警。建立一个涵盖"事前识别—事中干预—事后支持—信息保障"的危机处理流程,创建一个从"预警—现场确认—援助处理—反馈"的闭合循环系统。利用信息技术开发智能心理健康服务系统,设计科学的评估工具和定制化服务方案,通过智能化方法实现对学生心理健康的全程管理,包括监测、服务、干预和康复。

浙江省教育科学研究院心理健康教育研究所的庞红卫所长提倡构建一个以人工智能为基础的学生心理健康监测与评估体系。这一体系对于指导学校心理健康教育的方向、质量和专业水平至关重要。一个科学且有效的监测与评估机制能够使学校和教师迅速了解学生的心理状态，及时解决学生的心理障碍，促进学生的全面发展。相反，如果监测和评估工作存在缺失或不准确，可能会导致对学生心理状况的误解，延误必要的辅导和治疗，进而影响学生的身心健康。然而，传统的心理健康监测和评估方法主要依赖于主观和静态的数据收集，在应对当前中小学生日益严重的心理健康问题和危机事件时显得力不从心。因此，迫切需要我们采用新技术来加强对学生心理健康的监测和管理，实现从静态监测到动态评估和管理的转变，从依赖主观和低效的方法转向使用更高效、客观的技术进行评估和预警，最大程度地预防心理危机的发生。这要求我们采用基于人工智能的系统，通过持续的、实时的数据分析，为学生提供个性化的心理健康支持。

人工智能（英文缩写为AI）的进展为心理健康的监测与评估开辟了新途径。尽管AI在这一领域的广泛应用面临诸多限制，但通过构建一个集成AI技术的学生心理健康监测与评价系统，我们能够通过多渠道收集数据并综合分析学生的心理状态，应用多维度指标进行评估。这不仅标志着从静态监测到动态管理的转变，也意味着评价方式将从主观判断转向基于大数据算法的客观分析，从而克服了传统方法的不足，并有助于推动教育实践的前进。

庞红卫领导的团队提出了一个创新的学生心理健康监测与评价框架，该框架依托人工智能技术，通过智能设备收集关键数据，比如利用微表情分析、生理监测手环和标准化问卷调查来抓取学生的心理健康指标。接着，该数据将输入到一个大数据支持的分析系统中，采用算法模型对个体的心理状况进行深入分析和实时监测。此外，该体系还包括一个自动化的危机干预机制，以及一个基于数据驱动的评估模块，用于持续跟踪和评价干预措施的效果，确保学生心理健康的监测和干预既全面又精准。

在科技迅猛发展的时代，人工智能的融入为心理健康领域带来了革命性的变化。机器人通过学习"望闻问切"等传统心理技术，使得心理服务的标准化和精确复制成为可能。这种智能化的监测和评价系统，能够高效地解决学校在心理健康评估中遇到的低效性、不准确性和不完整性问题。它不仅推动了学校精神卫生工作的发展，而且能够全面地反映学生的心理状态，实现早期发现、预警和干预，从而科学地提升学生的心理健康素质。

人工智能的多维监测指标为学校提供了一种新的工具，使得在自然状态下对学生的心理健康进行动态监测成为现实。结合大数据技术的强大处理和分析能力，学校能够快速识别出存在心理问题的学生，并将信息及时传达给相关责任人，以便采取后续行动和心理危机干预。这种技术应用的最终目的，是为了提高心理健康服务的效率，通过前沿技术提供更加便捷、成本效益更高的产品，全面服务于学校的精神卫生管理，支持学生的心理健康发展。

南京师范大学心理学院的中小学生心理韧性调研团队，针对学生心理状态的准确把握，提出了创新性的"双维双向"筛查建档机制。这一机制在传统心理危机筛查的基础上，增加了心理韧性的评估，形成了问题与韧性的双维度筛查。通过这种匹配分析，调研团队能够识别出四种不同的风险等级：高危脆弱型、低危脆弱型、高危坚韧型和低危坚韧型。这样的分类有助于教育工作者更科学、系统地关注、指导和干预不同类型学生的心理发展。

"双向"机制强调家庭与学校之间的信息共享与合作。通过这种双渠道方法，团队不仅收集和验证学生的心理发展信息，还对教师和家长进行社会调查，构建学生生活环境的详细画像，并动态更新学生心理档案。这一过程旨在全面、准确地评估学生的心理状况，提高筛查的准确性，降低危机事件的发生率，并提升资源的有效利用。

为了进一步整合儿童青少年的心理健康信息，并加强学校、家庭和社会的协同作用，调研团队还建立了一个基于数字化平台的学生心理健康档案共建共享机制。该机制允许家长、心理教师、班主任和社区志愿者等不同角色根据授权向平台提供学生的成长信息，实现心理档案的定期动态更新。通过这种"一人一档"的模式，各参与方能够及时访问档案信息，识别潜在的心理危机，并在危机发生时采取更有针对性的干预措施，为学生提供持续的科学指导和评估。

三、规范心理服务行业管理

目前,心理咨询行业亟需规范化管理。自2017年国家取消心理咨询师资格考试以来,行业内部出现了一些混乱现象,包括资质不一、水平参差不齐,以及广告宣传的夸大其词等问题,这些都对未成年人的心理健康构成了潜在威胁。

为了解决这些问题,建议对那些专业能力强、社会声誉良好、资质等级高,并积极参与公益事业的心理专业社会组织给予政策上的支持,包括政府购买服务、资金扶持、税收优惠、场地租金减免以及提供顺畅的工作渠道等。同时,相关部门应确保心理咨询师职业资格认证渠道的畅通,对已经获得资质的心理咨询师,特别是那些专注于青少年心理实务工作的专业人士,进行系统的备案和登记管理。此外,还需建立一套完善的青少年心理工作的准入机制、年度审查、持续培训,以及有序退出的制度,以规范心理咨询行业的健康发展。

青少年心理健康服务需构建一个三级预防体系。在初级阶段,重点是普及心理健康知识,全社会应共同营造一个关爱青少年的环境,让他们感受到社会的善意和支持。二级预防中,学校应开展心理健康筛查,同时为家长提供必要的教育指导。在三级预防层面,专业心理医生的参与变得至关重要。此外,青少年事务社工也应参与到二级预防中,如学校社工定期进行学生心理健康评估,并根据评估结果采取相应措施。

然而,我国青少年心理健康服务机制还不健全。首先,社会心理服务体系尚未形成统一协调的机制,各部门职能分散,缺乏有效的合作与协同,这导致了资源的浪费和效率的降低。其次,学校在心理健康教育方面存在专业力量不足的问题,难以满足学生的需求。此外,专业的社会心理机构参与学校心理健康服务的渠道不够畅通,影响了服务的质量和效果。在心理健康问题的发现、预警、治疗、跟踪和康复等关键环节,目前还存在着工作和信息的断层。学校、医疗机构和心理咨询机构之间的联系不够紧密,没有形成一个有效的工作网络。为了改善这一状况,需要加强顶层设计,建立多部门协同联动的工作机制,同时提升学校的心理健康服务能力,促进专业机构的参与和合作,确保青少年在心理健康方面得到全面和有效的支持。

从未成年人的角度出发，促进涉及未成年人的心理服务行业的健康发展至关重要。基于最有利于未成年人的原则，我们应该以未成年人的保护为起点，推动行业规范化，并以具体案例为基础，深化社会治理。对于涉及未成年人的心理咨询服务，行业协会应从规范市场、完善服务标准和提升服务人员水平三个方面提出建议。建议包括制订儿童和青少年心理咨询的方法清单、增加特殊风险的告知条款，以及设计"未成年人心理咨询服务伦理规范"等，从而丰富了为未成年人提供心理咨询服务的内容。

以上海市闵行区心理咨询师协会为例，该协会积极采取措施加强行业治理，公开监督邮箱以扩大监督渠道和力度，建立从业禁止和强制报告的沟通机制。此外，协会还探索制订了专门针对未成年人心理咨询场景的知情同意书、告知书和伦理细则。在专业能力提升方面，协会在"心理健康从业人员的专业能力与个人成长"培训中特别设立了儿童青少年和家庭关系领域的系列讲座，并推动在《上海市心理咨询从业人员实习考核理论培训大纲》中加入涉及未成年人心理咨询业务的要求，以提高从业人员的专业水平。

上海市闵行区检察院通过公益诉讼推动行业治理，针对心理咨询从业人员和机构资质不符合要求及其虚假宣传、误导公众等问题，从多个维度推动行业溯源治理。这包括依法清理整顿、严格资质要求、加强监督管理、加大处罚力度等，从资质、管理、宣传和自律等多方面推动行业规范化发展，确保政策和权利保障对未成年人友好。

另外，通过现有的平台和工作机制，整合优质、规范的专业机构、资源和团队，支持和孵化专业的心理社会组织。这些组织面向学校、社区和青少年家庭提供心理健康服务和心理危机应急干预，并进行全过程监管，确保服务的专业性和有效性，为未成年人的心理健康提供坚实的支持。

四、加强心理健康医疗资源建设

强化心理健康的医疗服务体系建设，促进医疗与教育的深度结合，并确立定期的儿童青少年心理健康状况检查制度，覆盖每学期初和结束时。搭建学校与指定医疗机构间的线上咨询服务和线下紧急干预的联动机制,确保心理支持服务的连贯性,包括在线咨询、转诊指引、现场干预、康复指导及学生复课流程,并制订相应的操作手册和技术标准,同时设立快速通道以便急需时使用。将心理健康辅导服务纳入医院的儿童青少年保健常规服务项目,扩展儿童青少年精神健康专科服务,并引入更多专业医疗资源以推进心理治疗的临床实践。着力提升心理门诊服务能力,确保县级医院能够全面提供青少年心理健康专科服务。同时,推动心理健康产业的发展,支持高水准民营康复机构的发展,并尝试实施心理健康服务的采购试点项目,激励社会各界资源的参与,以提供更多元化的心理健康服务。

开展促进性心理健康服务。积极推进未成年人的心理健康促进服务,重视预防和基础工作,以实现长远效果的积累。这种服务是对于将重点放在预防、基础建设和效果积累上的未成年人心理健康服务战略需求的积极响应。学校、家庭、社区和社会应协同合作,共同为未成年人的心理健康促进服务贡献力量。学校作为制度化环境,应通过心理健康教育课程、讲座、活动和咨询辅导,加强心理健康教育,培养学生的心理素质和人格发展。家庭则作为生活化环境,提供温馨、安全的氛围,家长应通过学习和实践,将心理健康教育融入日常生活中,支持孩子的心理成长。社区应利用专业资源,特别关注留守、流动、单亲、残障和贫困儿童的心理健康,提供必要的服务。社会和政府则应通过各种媒介宣传心理健康知识,营造全社会关心未成年人心理健康的文化氛围。通过这种协同合作,不仅可以共享服务经验和资源,避免资源浪费,还能为未成年人创造一个全方位的心理健康支持环境,促进他们在认知、情感、意志和行为方面的积极发展和协调。

开展矫正性心理健康服务。在儿童青少年出现心理异常初期,家庭与学校的沟通合作是构建服务联盟的第一步。学校作为专业心理健康服务的提供者,拥有必要的资源和条件,扮演着核心角色。专业心理健康教师在同事的支持下,通过建立真诚的咨询关系,帮助学生分析问题并寻找解决方案,服务方式可以多样化,包括面对面咨询、在线、电话或书面形式。家长的参与和支持对于矫正服务的效果至关重要,他们需要提供背景信息,学习有效的心理干预策略，并与学校共同制订综合干预计划。在某些情况下，精神科医生的专业指导对于教师的咨询工作和家长的指导都是不可或缺的，他们可以提供定期或特定案例的督导。社区和社会机构也应参与到心理健康服务中，为有特殊需求的家庭提供帮助，并通过多种途径为家长提供支持。重要的是，所有这些服务的整合和实施都必须遵循心理健康服务的伦理原则，确保儿童青少年的隐私和福祉得到保护。

开展治疗性心理健康服务。针对重度心理异常的未成年人，提供治疗性心理健康服务需依靠学校、家庭与医院精神科在政府的协调下构建紧密的合作关系。学校在专业医生的指导下进行初步评估和干预，并通过绿色通道将高风险个案转介至医院，以便获得更专业的治疗。医院则根据诊断结果和治疗方案，与学校共享信息，指导学校对受影响儿童进行跟踪和辅导。学校与医院应共同建立一个综合评估、诊断、治疗和康复的医教结合体系，确保儿童在治疗和康复过程中得到连续性的关怀和支持。家长在整个治疗过程中的同意和支持至关重要，他们应被鼓励参与孩子的治疗并从医生那里获得必要的医疗知识和信息。同时，社区和社会也应在遵守专业伦理的前提下，为有特殊需求的家庭提供援助和支持。政府则需发挥主导作用，建立和完善未成年人心理危机的协同防控体系，确保在危机发生时，能够迅速有效地进行联防联控。这一体系要求所有参与方具备高度的专业性和响应能力，以保障未成年人在心理危机中的及时得到适当的支持和干预。

五、扎实落实"五育并举"和"双减"

开展学生心理健康工作专项行动，旨在深化"双减""双升"政策的实施，促进社会对学生心理健康的科学理解与支持。通过这一行动，我们期望建立一个更加完善的"四位一体"学生心理健康工作体系，涵盖健康教育、监测预警、咨询服务和干预处置。同时，推动学校、家庭、社会和相关部门形成协同联动，共同营造一个全面支持学生心理健康的生态环境。

实施"以德育心"促进行动。将心理健康教育与德育工作紧密结合，贯穿于学生的思想政治教育全过程。通过将心理健康教育纳入"三全育人"的大格局，我们旨在坚定学生的理想信念，厚植爱国情怀，引导他们树立正确的世界观、人生观和价值观。这一行动通过实施"时代新人铸魂工程"，强化"大思政课"建设机制，推动思政课程与课程思政的深度融合，帮助学生扣好人生的第一粒扣子。

实施"以智慧心"促进行动。优化教育教学内容和方法，减轻学生和教师的负担，调整考试科目的分值，建立科学的教师考核评价体系。加强睡眠、手机、作业、考试等常规管理，保障学生休息时间，建立学科老师、辅导员与学习困难学生等特殊群体的结对帮扶机制。教师在教学中注重维护学生心理健康，实现既教书又育人的目标，同时推进教育评价改革，深化高等学校学分制改革。

实施"以体强心"促进行动。发挥体育在调节情绪、疏解压力方面的作用，实施学校体育固本行动，确保体育与健康课程的质量和时间。支持学校开展体育课后服务，保障学生每天有足够的体育活动时间，熟练掌握运动技能，享受体育锻炼的乐趣，增强体质，健全人格，锤炼意志。

实施"以美润心"促进行动。实施学校美育浸润行动，建立健全美育课程体系，让每个学生都能培养艺术特长或爱好。广泛开展美育实践活动，教会学生认识美、欣赏美、创造美，并通过高水平艺术团和定期的艺术展演，提升学生的艺术素养。

实施"以劳健心"促进行动。开展"劳动教育塑心"行动，通过劳动教育，让学生动手实践、出力流汗，磨炼意志品质，养成劳动习惯，珍惜劳动成果。在中小学开展"我的环境我管护"行动，实行分班责任管护，开展劳动教育月系列活动，邀请劳动榜样人物进校园，建设劳动基地，让学生在劳动体验中锤炼意志，培养责任感。

全面贯彻"五育并举"教育理念，深化"双减"政策，强化体育、美育和劳动教育的课程实施，确保学生在多元智能的培养中实现全面发展。通过引入丰富的体育和艺术资源，举办多样化的艺术展演和体验式学习活动，我们让学生在艺术的陶冶中涵养心灵，同时在劳动教育中锻炼实践能力和意志。严格作业管理，控制作业量，以及对校外培训的规范治理，为学生营造了一个轻松学习的环境，确保他们能在健康和谐的氛围中茁壮成长。

六、构建家校社协同联动机制

构建家校社协同联动机制是实现学生心理健康教育的关键。通过加强与妇联等单位的合作，完善家庭教育指导服务，促进市、区家庭教育指导中心的建立，并在社区、街道组建由多部门联合的家庭教育公益服务队伍。探索实施家庭心理医生签约制度，以提供更专业的心理支持。家长学校将采用学分制管理，鼓励家长参与学习，同时建立教师家访制度，加强家校联系。组织具有心理学知识的家长，建立心理服务义工团队，支持学校心理健康教育的实施。与医疗机构、高校等专业科研团队的产研融合，将促进心理辅导体系的建立和完善。加强企业监管，通过游戏分级和人脸识别等技术手段，建立未成年人游戏监管体系，保护学生远离不良游戏的影响。创新心理科普宣教模式，不仅能帮助家长掌握心理健康教育技能，也能促进全社会对学生心理健康工作的关注和参与。通过这些措施，我们期望形成全社会共同关心和支持学生心理健康的良好氛围。

家校社协同通过融合机制培养学生心理韧性。强化学生的心理韧性对于预防心理危机具有显著作用。心育课程作为培养学生心理韧性的关键途径，其效果的提升和保障需要学校、家庭和社区三方面的共同努力。

一是学校作为心育课程的核心，需规范课程设置，包括专项心育课程和融入各学科教学中的心育元素。专项心育课程是学校教学计划中明确的独立课程，而心育学科课程则是在德智体美劳等课程中融入心理健康教育的要素，通过各科教师的配合，增强学生的心理韧性。此外，学校课程应向家庭和社区拓展，通过家庭生活和社区活动的参与，加强课程的实践性和生活化。

二是家庭在心育课程中扮演重要角色，学校应结合学生的家庭生活环境，开发与学校心育目标相结合的生活化心育课程，如"家务劳动中的韧性体验"等，通过家庭生活的实践，培养学生的情绪韧性。同时，学校应加强与家庭的沟通与指导，鼓励家长参与社区活动，利用社区资源，丰富心育课程的内容。

三是社区活动课程是推动心育课程活动化和社区活动心育化的关键。学校需与社区保持紧密联系，开发以社区活动为基础的实践性心育课程。例如，在"五一"国际劳动节期间，组织学生和家长参与社区服务活动，聆听劳模分享，通过实际行动提升学生的意志品质和心理韧性。

家校社协同全方位关注减少心理危机事件的发生。为了更好地对每一个心理高危学生进行有效关注与干预，需要建设"全时全程"的家校社心理危机联席干预机制，以减轻学生突发心理危机带来的危害和损失。

"全时"干预意味着在学生一天的各个时段，监护人和相关各方需采取协调一致的措施来应对心理危机。例如，孩子在离家上学前，家庭和社区应共同努力，预防孩子离开家庭后可能在社区闲逛或逃避上学的行为。社区若在上学时间发现有未成年人逗留，应立即与家庭沟通。学校则通过教师、行政人员、心理辅导员、后勤和保安等多方的协作，确保学生获得必要的帮助和干预，构建一个全面覆盖的保护和干预网络，为心理高危学生提供持续的关怀和支持。

"全程"协同干预包括四个关键步骤：二次评估、预警锁定、预警处置和转介。在二次评估阶段，心理教师应与班主任和家长合作，综合考虑心理韧性、危机事件和环境因素等多个维度，对学生的心理状况进行深入评估。预警锁定环节，通过查阅心理档案和分析普测数据，成立心理危机预警小组，以识别潜在的高危学生。在预警处置阶段，家庭、学校和社区需建立全方位的监控体系，通过信息共享机制，确保三方能够及时获取学生的异常行为信息，并迅速采取干预措施，防止学生出现紧急行为。最后，在转介阶段，对于表现出严重心理危机的学生，学校、家庭和医疗机构应联合进行干预，确保学生能够得到专业的治疗和支持。这一流程旨在为心理高危学生提供连贯、全面的关怀和帮助。

同时，还应意识到，打通"最后一公里"，需要进一步增加建设资金投入，加强社会化资金募集力度；完善接询转介机制，打通绿色就医通道；建立心理健康服务专家库、志愿者库，健全人力资源共享调配机制；加强心理服务对策研究，研发科学普惠的心理健康宣教产品，最终实现社会力量参与发现报告、转诊转介、技术支持、协调干预、宣传科普全链条服务无缝对接。

第二节　医教协同护航心灵

《全面加强和改进新时代学生心理健康工作专项行动计划（2023-2025年）》《教育强国建设规划纲要（2024-2035年）》等一系列重要的规划和政策文件，提出推动各级各类教育平台互联、数据互通，促进心理健康、规范心理健康监测、完善心理预警干预、构建完整的学生心理健康状况监测体系。但中小学现有的心理健康教育专业力量难以满足不同层次学生的心理服务需求，学校常态化的心理健康教育系列活动，只能满足绝大多数学生的心理健康需求，无法满足已产生"心理危机"的这部分群体的心理健康需求。中小学生心理健康仅在校园内闭环管理，其医疗就诊及诊治情况、康复过程受到种种限制。

一、存在的问题

一是在校中小学生存在学习、情绪、个性等心理健康问题。小学1年级至3年级学生以学习障碍、性格缺陷、情绪障碍、社会适应障碍、行为障碍等问题为主，小学4年级至初中3年级以学习焦虑维度最为突出。中小学生呈现出学习问题、情绪问题、个性问题等不同维度情绪及行为问题。医院青少年心理门诊也存在就诊人数多、情绪问题较重等现状，80%以上就诊青少年呈现不同程度的睡眠、焦虑、抑郁等问题。据有关研究表明，近三年青少年到心理类门诊就诊人次增幅占比8%。但上述数据仅在系统内流转，缺乏学校、医院、家长之间沟通协作，中小学生心理健康服务无法有效延伸到学校、医院、家庭等场所。

二是中小学生心理健康服务工作体系尚不健全。目前国内中小学生心理健康心理服务体系不健全，不同部门缺乏协作、力量分散且同质重复，心理专业人员人数少且力量薄弱，而医院作为专业医疗心理服务机构无法参与有心理问题中小学生的识别、预警、治疗、跟踪、康复等各个环节。存在工作和信息上的断层，学校、综合医院心理科或精神卫生医疗机构之间尚未建立有效的工作链接。

三是联动机制不到位，危机识别干预能力有待提升。目前，国内多数中小学心理危机状况主要依靠每年1次的心理危机筛查、班主任等教师日常观察、专兼职心理教师辅导等方式检出，但由于个体心理问题存在差异性，部分学生有意识回避；部分学生家长对心理健康问题存在偏见或错误认识，导致青少年心理需求无法及时转换成求助，造成当前学生心理危机状态判别准确率低、主动识别困难等不足，与学生心理问题整体发生率存在巨大差异。同时，调研中发现，学生心理筛查报告仅有纸笔记录，干预方案策略单一、可操作性有待完善，现有心理健康筛查结果无法得到有效延展，青少年心理问题追踪情况不明确。同时医院、学校发现有问题的青少年，无法双向沟通协商，存在信息脱轨，学校、医院、家庭三方信息无法联动。因此，在青少年学生心理问题动态管理过程中存在很大的信息壁垒。

二、发展医教协同模式的必要性

"医教协同"是一种新兴的教育模式，它强调医疗和教育系统的深度融合，通过整合专业医疗资源和学校教育资源，为学生提供全面的心理健康支持。这种模式最初在特殊教育领域受到关注，通过医学与教育学的跨学科合作，实现了理论、技术和研究方法的整合，推动了"医教协同"理念的发展。随着实践的不断深入，"医教协同"模式已经超越了特殊教育的范畴，被广泛应用于普通学校学生的心理健康服务中。它通过学校和医疗机构的紧密合作，为学生提供个性化、专业化的心理健康干预，帮助学生应对心理问题，促进他们的身心健康和个人成长。这种模式的推广，不仅提升了学校心理健康服务的专业水平，也为学生的全面发展提供了更加坚实的支持。

中小学生心理健康的三级预防系统构成了一个全面的防护网络，旨在从不同层面上维护学生的心理健康。一级预防工作面向所有学生，致力于提升他们的积极心理品质，保障他们的健康发展。二级预防专注于对那些存在心理和行为风险的少数学生进行深入辅导。三级预防则针对极少数有严重心理障碍或处于危机中的学生，提供专业的转介服务。在二级和三级预防中，医学界的专业力量是不可或缺的，这就需要实施"医教协同"的工作模式。

"医教协同"模式的实施，旨在发挥教育部门在学生管理和学科人才方面的优势，同时借助精神卫生部门的专业技术人才，定期对中小学生的心理健康状况进行评估。这有助于全面、动态地掌握学生的心理健康资料，实现心理问题的早期发现和早期干预。此外，还需加强心理健康管理服务人才队伍的建设，形成并完善中小学生心理健康服务体系，为构建这一体系打下坚实的基础。

"医教协同"中小学生心理健康服务体系建设包含以下四个方面的内容：

（1）心理体检：采用前瞻性流行病学调查研究方法，分筛查和诊断两个阶段。首先，培训学校心理教师和班主任，指导学生家长或学生本人通过线上平台进行初步筛查。其次，由儿童精神科医生对筛查中发现的高风险学生进行面访和临床评估，根据DSM-5标准进行诊断，并提出应对策略。

（2）教育培训：培训对象包括教师、家长和学生。对教师的培训旨在提升他们对心理问题的早期识别和干预能力。对家长的培训目的是提高他们对儿童心理健康的认识和家庭干预能力。对学生的培训则着重于普及心理健康知识，提升他们的自我调节能力和抗压性。

（3）心理健康档案：每年对学生进行一次心理体检，形成包括网上筛查、面访评估和应对建议的报告，这些报告将整合成学生的心理健康档案，反映个体和群体的心理健康变化趋势。

（4）心理健康管理服务模式：以北京市朝阳区的"纵横结合的预防型和发展型模式"为例，该模式包括五个层级和三个体系。五个层级分别为：第一层级是班主任的监测监护；第二层级是心理健康教育教师的初步筛查、初步鉴别、初步辅导；第三层级是学校德育负责人的保障支持；第四层级是精神卫生医疗机构的专业支持和守护；第五层级是教委德育部门的管理监督以及区中小学心理健康教育指导中心的支持指导。三个体系则涵盖心理健康教育、心理咨询服务以及心理疾病预防、诊治与危机干预服务。

中小学心理健康教师在开展工作时常常面临一些挑战，包括如何进行有效的个别辅导、界定咨询边界、与家长及其他教师合作，以及获取必要的支持。在这种情境下，探索"医教协同"心理服务机制显得尤为重要，它通过整合医疗和教育资源，为儿童青少年的心理健康提供更全面的保护。

（1）严重精神障碍的识别与处理：医教协同模式强化了对严重精神障碍学生的及时识别和专业治疗。根据《中华人民共和国精神卫生法》，心理咨询人员不得从事心理治疗或精神障碍的诊断和治疗，而应建议疑似患者到正规医疗机构就诊。医教协同模式下，医疗系统的专业人员可以对这些学生进行准确的诊断和评估，避免心理危机的发生，同时弥补了学校心理辅导教师在心理治疗和精神障碍诊断方面的不足。

（2）精神疾病防治知识的普及：通过医教协同模式，可以加强对师生的精神疾病防治知识宣传，提高他们对精神疾病的认识和重视，减少偏见。这有助于解决一些学生因害怕被歧视而拒绝治疗，或因担心药物副作用而擅自改变治疗方案的问题，这些问题不仅影响学生的康复和学习，也给学校管理带来挑战。

（3）精神医学专业知识的补充：医教协同模式为学校心理教师提供了精神医学方面的专业知识和培训，促进了心理健康教育团队的专业化发展。医院的精神卫生专业人员可以为心理教师提供理论知识培训、个案督导，以及普及精神药物相关知识，这有助于教师在与学生及家长沟通用药和治疗问题时更加专业，同时也促进了学校心理健康教育教师队伍整体水平的提升。

三、医教协同路径与策略

医教协同策略旨在通过整合医疗和教育资源，打造一个覆盖筛查、预警、干预及追踪的全方位服务体系。这一策略强调建立一个由学校、家庭、医疗机构和社区共同参与的合作模式，以实现对青少年心理健康问题的早期识别和有效管理。学校负责开展心理健康教育和初步干预，而医疗机构则提供专业的诊断和治疗服务。同时，通过"家长课堂"等途径加强家庭教育，教育部门则作为连接各方的桥梁，确保资源和服务的顺畅对接。整体而言，这一策略致力于构建一个家校社协同的育人环境，优化儿童青少年心理健康服务体系，以科学和精准的方法促进学生的心理健康发展。

打造校内心理健康服务团队，组建一个由教师、医生、心理咨询师等专业人员构成的团队，共同推进协同育人。政府应在购买服务、资金援助和工作渠道畅通等方面，对那些专业素质高、社会评价正面、积极参与公益的互联网+心理医疗团队给予支持。校内应设立心理咨询门诊，采取就近解决问题的策略，为学生、教师及家长提供及时的心理健康服务和危机干预，并确保服务的全程监管。这一流程将涵盖心理问题的识别、评估、干预以及效果评价，形成一个完整的闭环管理系统，以提高心理健康服务的专业性和有效性。

加强心理健康教育的科学有效供给，打通医教融合"最后一公里"。目前，多地政策已强调建立学校、社区、家庭与医疗卫生机构的联动机制，涉及文明办、网信、教育、卫健等多部门，它们在不同层面提供心理健康服务与宣传。在此基础上，需进一步引进心理和精神卫生专业人才，扩充专业人才库，并对教师及精神科医生进行专业培训和继续教育，以提升现有人员的专业水平。通过加强中小学心理健康服务的科学有效供给，促进教育与卫健等部门的协同合作，实现校内专业心理诊疗，进而推动学校教育德育工作与医疗健康服务形成对青少年健康成长的全面支持。此外，还需加强精细化对接，实现部门间的联动、信息共享及资源整合，消除"最后一公里"的障碍，集中力量，提高工作的整体质效，共同促进青少年的心理健康和全面发展。

四、衢州二中"校—医结合"模式

衢州二中自2016年起采纳了"校—医结合"模式，致力于个性化服务严重心理障碍学生，成立"胡伟明专家工作室"，与衢州市第三人民医院协作，由胡伟明院长担任心理健康副校长角色。该模式整合了心理健康的多个方面，包括普遍筛查、专业咨询、必要治疗、准确评估、教育活动和系统培训，形成了规范化的工作流程。胡伟明院长作为精神科领域的资深专家，他的加盟为衢州二中的心理健康服务提供了坚实的专业支撑。此外，衢州市第三人民医院通过与其他医疗机构的合作，致力于提升心身疾病的诊疗质量。衢州二中的这一创新模式受到了教育界的关注，并被视为心理健康教育实践的有效案例，为学生营造了一个更全面、更专业的心理健康支持环境。

（一）心理普测，筛查问题学生，"校—医"联动识别

学校每年实施心理普测，结合线上评估和线下观察，旨在全面掌握学生的心理健康情况。线上使用《中学生心理健康综合测量（MHT）》问卷进行初步筛查，而线下则由班主任结合家访和日常观察，进一步识别需要关注的学生。这些信息将汇总至心理预警登记表，并提交给学校心理健康辅导中心。中心的专业心理健康教师会根据评估结果，对需要的学生进行个别访谈和进一步的评估（如使用PHQ-9量表），并根据评估结果提供相应的辅导或在必要时转介至医院，确保严重心理障碍的学生能得到专业的诊断和治疗。这一流程体现了学校与医疗机构在识别和处理学生心理问题上的紧密合作。

（二）心理咨询，透视心理问题，"校—医"协同辅导

在"校—医结合"模式下，学校通过心理咨询为学生提供深入的心理问题透视和个性化的干预策略。对于心理问题较轻的学生，学校心理咨询与辅导能够帮助他们恢复到正常的学习和生活状态。学校实施三级跟踪关注制度，确保班主任和心理健康教师能够定期沟通，持续关注学生的心理状态变化。在心理咨询中，若发现学生存在心理障碍，学校心理健康教研组会进行深入分析和研讨，通过心理疏导和训练，促进学生认知和心理状态的改善。对于情况特别严重的学生，学校会及时与医院合作，进行更深入的鉴别和诊断。一旦学生被确诊为严重心理障碍或精神疾病，学校将与学生的父母或监护人进行深入交流，推荐结合药物治疗和心理治疗的综合治疗方案，确保学生能够得到全面和专业的心理健康支持。这一流程展现了学校在心理健康教育方面的专业能力和对学生心理健康的高度重视。

（三）心理治疗，干预心理危机，"校—医—家"合作互助

在衢州二中"校-医-家"合作模式下，心理治疗成为干预学生心理危机的关键环节。家长作为学生的法定监护人，在面对孩子的心理障碍时扮演着至关

重要的角色。然而，因对心理健康知识的认识不足，一些家长可能会对心理治疗持有疑虑。为了解决这一问题，自2016年3月起，学校便开始实施校—医—家三方协同干预机制。胡伟明院长定期为家长举办家庭教育讲座和沙龙，提供专业的指导，帮助家长了解心理健康的重要性，掌握发现和应对孩子心理问题的方法。对于已被诊断为抑郁症等心理障碍的学生，包括那些休学后返校的学生，学校通过组建家长微信群，组织有针对性的家长沙龙，增进家长对治疗重要性的认识，消除对药物治疗的顾虑，鼓励家长积极参与孩子的治疗过程，并承担起监护责任。通过这种方式，学校和医院能够与家长紧密合作，共同为学生的心理危机提供有效的干预和支持。

（四）心理评估，休学学生复学，"校—医"联合把关

在衢州二中，心理评估是决定学生是否适合复学的重要环节。每年，部分因严重心理障碍或精神疾病而休学的学生在治疗后可能希望复学。为了确保学生的健康和安全，学校心理辅导中心与衢州第三医院共同负责评估学生的复学申请。学生需先向指定医院提交复学申请，并由精神科专业医生进行评估，出具康复证明。该证明随后提交至学校心理辅导中心，中心的专业心理健康教育教师会与学生进行深入会谈和评估，以确定学生是否已具备复学的条件。评估结果将提交至学校教务处，经审核同意后，学生方可正式复学。复学后，学校心理辅导中心继续对学生进行定期跟踪，及时发现并解决可能出现的心理问题。必要时，还会邀请胡伟明院长到校进行复诊，确保学生在校园中的心理健康和稳定。这一流程体现了学校对学生心理健康的高度重视和负责任的态度。

（五）心育活动，优化心理素质，"校—医"合作预防

学校通过一系列心育活动，致力于提升学生的心理素质，这些活动不仅关注问题学生的发现与帮助，更注重发挥每个学生的潜力和优势，培养他们的积极心理品质。学校以积极心理学为基础，开展多样化的活动来满足学生的心理需求。每年5月，学校会举办心理健康活动周，包括以"你好，小确幸""逐梦在路上""我心向阳，筑梦青春"等为主题的活动，以及心理小报评比、心理电影展播和趣味心理运动会等。这些活动旨在通过寓教于乐的方式，普及心理健康知识，提升学生的自我认知和心理调适能力。学校还定期邀请心理专家

和精神科医生，通过宣传图片、讲座、沙龙等形式，向师生传授心理健康常识，传播积极的人生态度和正确的心理认知。这些活动不仅有助于解决师生的心理问题，也起到了预防和隐性干预的作用，促进了全校师生的心理健康和个人成长。通过"校—医"合作，衢州二中为学生营造了一个积极、健康、有益的校园环境。

（六）心理培训，提升专业技能，"校—医"取长补短

学校通过"校-医结合"模式强化了心理健康教育师资的专业能力。胡伟明院长及其医疗团队定期对学校心理健康教师进行专业培训，内容涵盖精神障碍的识别与处理技巧，旨在提升教师们对相关问题的敏感度和应对能力。胡伟明院长还安排了每月两次的校内个案咨询和治疗，为心理健康教师提供了宝贵的现场观摩学习机会。在确保个案隐私的前提下，教师们可以参与旁听，记录咨询过程，并学习临床心理诊断和咨询技巧。咨询结束后，胡院长会分享诊断和咨询的方法，同时解答教师们在实际工作中遇到的难题，促进了教师专业技能的提升。这种培训和实践相结合的方式，不仅加强了学校心理健康教育的专业性，也帮助教师们在实际工作中更好地理解和支持学生的心理需求，实现了"校—医"双方在心理健康教育领域的互补与共同成长。

五、医教协同的成效与启示

医教协同模式的实施，为中小学生心理健康管理带来了显著成效，并提供了重要的启示。这种"三位一体"的工作机制，涵盖了家庭、学校和医疗机构的协同合作，有效地推动了心理健康管理工作从传统的补救型向更加主动的预防型和发展型转变。这不仅提升了心理健康问题的反应速度和处理效率，还有助于培养学生的自我心理调适能力，为他们营造了一个更加健康和支持性的成长环境。

（一）医教协同的成效

一是构建了"预防—辅导—干预"三位一体的心理健康教育工作模式。在专业发展上，学校心理教师往往在医学知识方面存在不足，缺少对心理问题学生进行有效识别的能力，通常依赖于心理健康教育和咨询；而医生很少有机会

进入学校参与健康促进和预防性措施，精神科医生在诊断和治疗中往往偏重于药物治疗和医疗设备，缺乏心理辅导的实践经验，对心理辅导技术的应用倾向于简化。医教结合促进了教育学、心理学和精神医学三个领域的互补优势，创建了一个综合的工作模式。对于潜在的精神障碍学生，通过年度心理体检和精神科医生的校内访问，能够及时提供咨询和诊断服务。北京市朝阳区的实践数据表明，近年来，83%的心理行为问题学生通过心理体检得到了及时干预，其中超过60%的干预措施包括医学干预。对于重度抑郁障碍的学生，95%以上都接受了及时的门诊或住院治疗。这不仅实现了中小学生心理问题的早期发现和干预，还探索了心理问题的发展规律。

二是显著增强了心理健康教育工作者的专业素养。通过资深的儿童精神科医生和临床心理学家共同为学校心理健康教育工作者提供培训，课程内容注重理论与实践的结合，覆盖了精神疾病的识别、诊断、治疗以及预防措施的实施。教学方法采用问题导向学习，强化案例指导和实际操作演示。此类培训有效弥补了学校心理健康教育工作者在专业知识和技能上的不足，显著提升了他们的专业水平。

三是提高了中小学生整体心理健康水平。医教结合在中小学生心理健康服务体系的建设中取得了积极成效，为中小学生心理健康管理确立了一套持久有效的机制。该服务体系全面关注学生，涵盖了学校心理健康教育的所有方面，实现了管理部门、专业机构、学校、家庭以及社会资源的全面参与，具有广泛的覆盖面和受益人群，推动了中小学心理健康教育向更加均衡、规范和品牌化的方向发展。例如，北京市朝阳区在服务体系方面的探索有效解决了中小学生心理健康服务缺乏有效手段的问题，从而提升了学生的心理健康水平。多项研究指出，疫情可能会增加中小学生的心理健康问题。在新冠疫情之后，对朝阳区初中学生进行的心理健康抽样调查显示，与疫情前相比，学生心理问题的检出率并没有显著增加，这在一定程度上验证了该服务体系的实际效果。

（二）医教协同的启示

诚然，医教协同模式融入中小学心理健康教育工作是一项多层面的系统工程，要更好发挥其作用，还需要注意以下三个方面：

一是明确学校主导地位，避免心理健康教育医学化倾向。在医教协同模式中，学校应保持其主导地位，避免心理健康教育过度依赖医学方法。学校心理健康教育面向所有学生，大多数学生的心理状态属于正常范围，而需要医学干预的严重心理疾病或精神障碍的学生仅占少数。医教协同模式为这些特殊需求的学生提供了定制化服务。

二是平衡教育和医疗的关系，侧重学生心理素质的提升。在医教协同模式下，应平衡教育与医疗的比重，重点提升学生的心理素质，避免随意给学生贴上心理问题的标签或导致过度医疗。心理健康教育的目标不仅是控制心理疾病和干预心理危机，更重要的是普及心理健康知识，激发学生的内在潜能，并提高他们的自我调节能力。

三是注重家庭影响，做到"家—校—医"三方协同。很多心理问题的根源与家庭环境密切相关。家长作为孩子的法定监护人，在孩子面临精神障碍或心理危机时扮演关键角色。然而，许多家长缺乏精神医学知识，对精神科治疗存在顾虑，忽视了孩子的心理健康和家庭教育。因此，需要强化家庭的作用，实现家庭、学校和医疗的三方协作，提高家长对心理健康教育的认识，承担起监护责任，共同促进每个孩子的身心健康发展。

第三节　数字赋能协同育心

在数字化时代，数据的产生和交换已成为推动经济增长的新动力。信息技术的迅猛发展，已成为促进生产力提升的关键因素。教育行业正在经历由政策和外部环境变化引发的深刻变革，尤其是信息技术的快速发展，对青少年心理健康教育产生了显著且持久的影响。互联网、大数据、云计算、人工智能和区块链等技术正在逐渐渗透到社会的各个层面，引领着教育模式的创新、教育理念的更新和教育体系的改革。随着教育信息化建设的加快，探索信息技术如何促进家庭、学校和社会在青少年心理健康教育中的协同作用，开展相关实践研究显得尤为迫切。信息技术的赋能是完善青少年心理健康教育体系，实现健康教育、预警监测、咨询指导和干预处理"四位一体"模式的关键途径。通过信息技术的推动，可以促进家庭、学校和社会的协同发展，构建一个全面的心理健康教育体系。

一、智能技术对家校社协同育心的作用

在数字化纪元，教育的协同发展需依托5G等先进信息技术，以实现家庭、学校和社会三方的全面参与。通过现代科技手段，构建起一个整合三方资源的一体化教育框架，为教育的持续发展注入活力。

家校社三方协同育心的核心在于实现"协同合作"，创建一个包容多元参与主体的平台，共同营造一个有利于中小学生心理健康成长的和谐环境。当今社会，协同育心涉足的骨干领域为学校教育和家庭教育，学校实施心理健康教育，家庭协助学校顺利开展心理健康教育工作，社会巩固心理健康教育提升。

开展家校社协同育心的基础是知人、懂人，即系统中各主体均能清晰、

全面认识自身发展样态及青少年心理发展需求。智能技术的广泛应用有利于充分挖掘教育数据、促进教育资源共建共享，为科学认识系统中不同协同主体提供了可行路径，有效帮助家庭、学校、社会充分了解、洞察青少年的心理健康状态，使各方更加有针对性地维护青少年的心理健康，不断完善家校社联动机制，提升协同育心的科学性、精准性。

智能技术通过扩展交流的时空维度，极大地推动了心理健康教育的界限。智能技术为家庭、学校和社会三方的协同育心提供了网络平台，加深了彼此间的联系。例如，微信这样的社交平台，通过讨论组和小程序，可以分享视频、图片和文字，这不仅丰富了教育内容，也使得协作更加便捷。

此外，智能技术促进了教育资源的共享，有助于实现优质教育资源的均衡分配，并支持学生的个性化成长。互联网的开放性和灵活性为社会各阶层提供了平等获取心理健康教育资源的机会，使得教师、家长和社会工作者能够跨越时间和空间的限制，实现持续学习和无处不在的学习。同时，借助云计算和大数据技术，可以实时收集学生在日常生活和社会实践中的数据，根据学校的具体情况，制订更加个性化的心理健康教育计划。

智能技术可以巩固学校协同育心的主导作用。在协同育心机制中，学校的任务重在及时沟通学生心理发展情况、加强家庭心理健康教育指导、用好社会心理健康教育资源。在具体心理健康教育工作中，学校可运用智能技术构建数字化沟通空间，实现家校社信息互通，确保学生信息及时反馈沟通；搭建网上家长心理健康教育学习平台，发挥学校育心专业优势，优化家庭心育指导效果；建立数字教育资源共建共享机制，汇聚丰富优质教学、育人、文化资源。

智能技术可以提升家庭教育的主体地位。借助智能设备，家长能够实时接收并回应孩子的心理成长情况，确保家校间的学生数据保持动态更新和共享。家长通过智能技术平台，不仅能够掌握获取信息的途径和应用技巧，还能获取在线心理健康教育资源，满足智能时代家庭教育的需求。智能技术还为家长和孩子提供了多样化的互动方式和资源共享途径，例如，通过在线心理健康教育辅导等活动，为亲子间的数字化互动创造了空间。通过这些技术，家长和孩子能够跨越传统教育的界限，共同参与到一个充满互动和资源共享的数字化学习环境中。这种环境不仅促进了家庭教育的现代化，也为家长和孩子之间的沟通和理解提供了新的渠道和工具。

云端活动结合智能社群，为学习者提供了一个高度智能化的学习环境。智能技术被积极地应用于开展包括"云课堂""云咨询"和"云论坛"在内的一系列线上服务。例如，浙江省桐乡市的"阳光桐心"数字课程，它由四大模块组成：心理健康教育的基础知识、心理危机的预防与识别技巧、家庭教育的指导与服务支持，以及家长自我心理调适的技巧。这些课程通过桐乡市的互联网学校等在线平台，向家长传递关键的心理健康知识，为建立一个有利于儿童青少年健康成长的家庭环境打下了坚实的基础。同时，通过智慧社区心育的实施、智慧心育教室的建设和资源共享平台的建立，实现了社区心理健康教育资源的个性化服务。

二、数字化时代家校社协同育心的体系要素

数字化时代的家校社协同育心，要求信息技术和智能技术深度融入教育全过程，注重创新引领、生态变革，打造个性化、终身化、网络化、数字化及智能化的"五化"心育体系，构建一个时时可学、处处能学、人人皆学的学习型社会。数字化时代的协同育心体系，需立足协同学理论，打造学校、家庭等多元主体一起参与的心育体系，为共同育人目标凝聚强大合力。这就要求多元主体间要彼此积极互动、相互促进，从而形成全新交流互动体系。

（一）发挥学校作为心理健康教育主阵地的作用

随着"互联网+"和人工智能技术的兴起，教育的版图正在以前所未有的速度拓宽。为了迈向教育的现代化，必须探索并完善家庭、学校和社会三方在青少年心理健康教育中的协同育人机制，建立一个全面、智慧、协作的教育生态系统。这种机制将有助于形成教育的全过程覆盖，促进三方的共同参与和培养，为学生提供一个更加丰富多元的学习环境。

中国人民大学俞国良教授认为，应将数字技术纳入新时代学校心理健康服务的核心工具和实践渠道。尽管我国学生心理健康问题受到广泛关注，学校心理健康服务在质量和水平上仍存在不均衡现象，且近十年学生心理健康问题的

检出率持续高企。数字技术在心理健康领域的应用,为学校心理健康服务体系的创新和发展注入了新动力,被视为及时的援助。数字技术在提升学校心理健康服务中扮演着关键角色,具有深远的影响。

一是数字技术正逐渐成为缓解学校心理健康服务发展不平衡的有效手段。我国教育资源分配的不平等一直是一个突出问题,特别是在心理健康教育方面,这造成了不同地区学生在心理健康意识和能力上的明显差距。通过网络平台和云计算服务,数字技术不仅能够普及心理健康知识,提供必要的技能训练,还能让学生无论身在何处都能接触到全球顶尖的心理健康教育资源。这样的技术应用,有助于减少地域乃至国际间的教育不平等,保障学生能够随时获取高质量的心理健康支持。

二是数字技术的进步为学校心理健康服务的不足提供了解决方案。在我国,专业心理健康教育人员相对不足,这限制了对学生心理问题及时有效的响应。数字技术的融入,犹如一把钥匙,为解决这一问题提供了可能。现在,学生可以通过网络便捷地获得专业心理咨询师的帮助,利用各种应用程序和虚拟现实技术来改善自身的心理状态,这极大地提升了心理健康服务的专业性和便捷性。

三是数字技术在提高学校心理健康服务评估测量的客观性和规范性方面发挥着至关重要的作用。在现有条件下,学生心理健康的评估多通过量表进行,但这种方法存在一定的缺陷,可能会影响评估的精确度。然而,随着可穿戴设备和人工智能技术的不断进步,我们现在能够收集到更加客观、连续且标准化的数据,这些数据有助于更准确地评估和诊断学生的心理状态。这种基于技术的评估方法不仅提高了心理健康监测的科学性,也为教育和干预措施提供了可靠的数据支持。

学校领导和心理教师作为心理健康教育的主导力量,需要与时俱进,更新心理健康教育观念,积极采纳信息化和数字化的教育手段。他们首先要意识到数字化在教育中的核心地位,认识到大数据、云计算等技术在心理教育课程中的应用价值,并积极探索这些技术以提升教学成效。此外,他们应当勇于尝试人工智能、虚拟现实等新兴技术在心理辅导和评估中的新用途,利用这些技术突破传统限制,拓宽服务范围,增强辅导的有效性。同时,鼓励教师提高自身的数字技能，推动数字技术与心理健康教育的深度结合，创新教育模式，如实施"翻转课堂"，以促进学校心理健康教育的持续进步和创新。

完善学生心理健康工作体系，涵盖健康教育、监测预警、咨询服务和干预处置"四位一体"的模式，学校需建立一个综合性的心理健康教育平台。该平台能够集成评估、监控、预警和咨询服务于一体，利用数字技术为学生提供全方位的心理健康支持。在教育数字化转型的浪潮中，创建这样一个平台对于推动心理健康教育的深入发展至关重要，它标志着教育方式向更高效、更定制化的方向发展。

在数字化教育转型的大潮中，学校必须不断加强心理健康教育的基础设施建设，确保其与时俱进，实现心理辅导室的数字化升级。这不仅意味着改善网络设施和引入多媒体教学工具，以构建一个信息化的教育环境，而且还要深化心理辅导室的特色和功能，积极整合物联网、虚拟现实和云计算等尖端技术。通过引入如多功能减压舱、智能身心反馈训练系统、智能击打宣泄放松系统和电子沙盘等高科技设备，实现线上与线下心理健康教育活动的无缝衔接和数据整合。学校应致力于将线上系统开发与线下硬件配置相结合，创建一个人机互动、技术融合的创新心理健康教育环境。

构建中小学心理健康教育平台。采用模块化设计以满足不同用户需求。该平台整合了心理咨询、心理健康知识库、心理社区互动、个性化用户服务、家校沟通、数据驱动分析、心理健康档案管理和紧急情况监控等八大核心功能。心理咨询模块提供心理测量、在线咨询、留言、预约和紧急求助服务，以全面覆盖教师、家长和学生的心理健康需求。心理健康知识库模块通过科普材料、专业书籍、专家讲座和心理电影，致力于提升心理健康意识。心理社区互动平台为中小学心理健康教育平台提供了一个在线交流空间，让学生、家长和教师能够分享经验、获取支持，并参与心理健康知识的讨论与活动，增强社区凝聚力，及时识别并响应心理危机，共同营造积极的心理健康氛围。个性化用户服务模块提供个性化服务，包括收藏、咨询记录、测量结果、消息接收和预警提示，特别是预警功能，帮助教师和管理人员及时进行干预。家校沟通模块通过通信录、育儿咨询和留言功能，促进家校之间的协作和沟通，共同营造数字化的家校共育环境。数据驱动分析、心理健康档案管理和紧急情况监控模块专为心理健康教师和管理者设计，通过分析学生的行为数据和家庭背景，为学生提供个性化的心理健康支持。通过这些模块的协同工作，平台为学生、家长和教师提供了一个综合性的心理健康教育环境，促进了心理健康教育的深入发展，标志着教育模式向更高效、更个性化的方向转变。

心理健康教育平台的监测和预警功能的有效性，建立在对大量数据的积累和深入分析之上。这些数据的收集和分析对于准确识别和理解学生的心理健康状况及其变化至关重要，确保了监测的科学性和预警的准确性。研究表明，在线学习平台上的互动，如留言和评论，可以作为预测小学生心理特质的重要指标。因此，心理健康教育平台应该考虑与网络学习空间等其他学习平台进行整合，以收集学生的日常行为数据。通过利用先进的数据模型进行深入挖掘、分析和处理，平台能够生成既具有操作性又科学及时的决策信息，从而为学生提供更加精准的心理健康服务和支持。这种整合和分析不仅提高了心理健康服务的针对性和有效性，而且为教育工作者提供了宝贵的洞察途径，帮助他们更好地理解和应对学生的心理需求。

建立健全心理健康教育资源库。教育资源是教学活动的核心，对教育的深度和广度具有重大影响。为了推动心理健康教育的信息化，创建资源库成为核心战略的一部分。实施这一战略可以通过两个途径：一是与国家级智慧教育公共服务平台等进行整合，集中和分享心理活动方案、辅导案例、教育个案和数字教材等资源，为教师提供丰富的数字化资源库；二是激励教师利用多媒体和互联网技术开发多样化的教学课件，这些课件应符合学生需求和教育目标，同时教师也可以根据学校的教育理念和特色开发校本课程，并将资源上传至心理健康教育平台，不断充实和更新学校的心理健康教育资源。这些措施将确保教育资源的丰富性和教学方法的现代化，进一步促进心理健康教育的发展，满足学生个性化学习需求，适应时代的发展。

（二）打造数字化时代家校社协同育心的新平台

在数字化时代背景下，打造家校社协同育心的新平台是心育发展的必由之路。这一平台的建设旨在通过数字化技术手段，开辟新的沟通渠道，创建新型平台，构建创新模式，以大数据为基础，形成一个教育信息资源的共享平台。我们致力于坚持创新、协调、绿色、开放和共享的发展理念，打破传统心理健康教育的局限，充分利用网络学习空间和社区资源，建立一个即时、广泛、精准的教育数字化传播网络。目标是打造一个网络化、数字化、智能化的教育资源公共服务平台，以促进家校之间的有效沟通，加强社区在教育过程中的作用，共同营造一个支持学生心理健康和全面发展的教育环境，确保教育资源的充分利用和优化配置，满足数字化时代学生、家长和教育工作者的需求。

通过与社区、妇联等机构的紧密合作，打造一个多功能的家长学校在线指导平台，以及社区心理健康教育中心和家庭幸福驿站。这些举措可提升家长在心理健康教育方面的知识和技能，促进家校社三方在育人理念上的共识，共同营造一个有利于孩子心理健康成长的环境。通过这样的合作与资源共享，能够为家长提供必要的支持和指导，帮助他们在家庭中更好地实践心理健康教育，从而形成一种全面的、多维度的育人模式。

例如，创建一个名为"父母宝典"的微信公众号，通过多样化的内容形式，如文字、视频和音频，提供全面的通识课程、专题讲座、个性化咨询服务和亲子活动课程，以满足不同家庭的特定需求。这样的平台使家长能够轻松获取现代的教育理念和科学的家庭教育方法。同时，学校可以在网上平台引入"微约单"功能，允许家长预约与心理教师的交流时间，这不仅加强了家校之间的沟通，也促进了双方在学生心理健康教育方面的合作。通过这些创新的数字化工具和渠道，家长和学校能够更有效地协同工作，共同促进学生的全面发展和心理健康。

（三）构建数字化时代优质心理健康教育资源供给

在数字化时代，构建一个以"互联网+心理健康教育"为核心的新体系是提升心理健康教育质量和效度的关键。这一新体系通过创新数字资源供给模式，丰富数字心理健康教育资源和服务供给，以实现心理健康教育的数字化转型和智能升级。这不仅能够满足不同学习阶段学生和各类学校的需求，而且能够从传统的"专用资源服务"向"大资源服务"转变，利用大数据等现代工具，整合互联网上的丰富的科研、教育和文化资源。

为了加强课程资源的开发，可以提供多样化的教育资源，如微课、网络直播课、音频、PPT和文稿等，涵盖生理保健、心理健康、安全适应、生命角色、人格志向、交往修养、学习品质、综合素养和自主专长等多个方面。这些资源将为家长学校在网络环境下开展教育、培训或指导提供支持。

学校可以成立由行政人员、家长代表、社区成员和学生代表组成的协同育心工作小组，共同讨论和实施"家校社协同育心"的方案。例如，建立"心路e通"这样的学生心理健康数字化管理平台，整合学校、家庭和社会的教育资源，构建区域性的服务体系。该平台能够实现对学生心理健康动态的跟踪记录，及时进行心理健康教育，并有效干预心理高危学生，形成全员参与、全程管理和全面覆盖的教育工作格局。

建立"学生关爱帮扶"平台，利用数字化改革的优势，打造一个能够进行困境学生排摸上报、信息进库、帮扶任务派单、帮扶记录与档案迁移的平台。通过信息共享、分类处置和协同帮扶，协调政府部门和社会力量，共同参与困境学生的帮扶工作，实现教育资源的充分利用和优化配置，满足学生、家长和教育工作者的需求。

（四）探索数字化时代家校社协同育心新机制

在数字化时代，构建家校社协同育心的新机制是整合教育力量、推动教育创新的关键。这一机制强调学校、家庭和社会三者之间的合作与协调，明确各自的角色与责任，以实现教育资源的最优配置和教育效果的最大化。学校应作为心理健康教育的引领者，家庭则为孩子提供情感的滋养和价值观的塑造，社会则贡献其资源和实践平台，共同促进孩子的全面发展。

为推广这一机制，需构建一个多维度的联合体系，以共同的教育目标为纽带，促进各方优势的互补与协作，提升教育的整体效能。通过升级数字化平台、扩展内容的多样性、增强功能的互动性，探索出一条适应家校社协同发展的数字化新路。

利用数字化理念和智能技术，结合互联网工具，将这些元素深度融合到教育的每一个环节中，形成一个联动的、指导性强、可持续的育心新机制。这涉及组建由教育者、家长、社区成员和学生共同参与的工作小组，创建家庭教育的在线指导平台，以及执行专项的协调和治理策略，确保教育活动的顺畅执行和持续优化。通过这些措施，可以确保家校社协同育心机制的有效实施，促进学生的全面发展，满足数字化时代教育的新需求。

三、数字化时代家校社协同育心的行动路径

在数字化时代，家校社协同育心的活力源自对新问题的不断发现与解决，关键在于加强三方合作，探索有效的实践路径。智能技术的发展为这一协同育心路径提供了技术支撑，确保了协同育人的高质量发展。

在家庭与学校协同方面，教育信息化的深入实施为家校之间搭建了新的沟通桥梁，提供了持续的互动支持。例如，智能化预约系统的引入简化了心理健康教育咨询的预约流程，减少了家长与教师之间的时间冲突，有效提升了咨询的效率。同时，"云端学校"的观摩让家长能够更全面地了解学校的教育资源和文化建设，为家庭教育提供了有力的支持。

在学校与社会协同方面，心理健康教育信息化的推进为校社共育提供了新的学习空间。通过云端课堂和网络学习平台，学校能够引入心理专家和家庭教育资源，丰富了教学内容，促进了立德树人的教育目标。此外，与社区、高校和心理机构的合作，共同构建了适应不同学生需求的云端"第二课堂"，有效解决了学校心理健康教育资源的时空限制。

在家庭与社会协同方面，通过学习强国、全国网上家长学校等平台，开展家庭教育和家风主题的宣传活动，传播了积极的家教理念。同时，在确保安全和伦理的基础上，通过网络课堂、咨询辅导等形式，提供了个性化、多元化的指导，加强了家庭与社会的联动。

智能技术的运用为家校社协同育心提供了强大的支持，不仅为学校和学习者带来了丰富的心理健康教育资源，还实现了针对性的资源服务，开辟了"全纳育人"的新途径。例如，利用智能研修平台进行的"影子教师"培训和督导，以及人工智能技术在及时诊断与干预方面的辅助，为困境儿童提供了个性化的学习指导和行为支持，为促进教育平等和包容性提供了有效途径。

在数字化时代，家校社协同育心应将"数字化"作为核心，努力使智能技

术和互联网在教育全过程中深度融合。在此基础上，不断优化活动育心、环境育心、服务育心，从构建机制、明确步骤、深挖渠道、健全评价等方面着手，以确保家校社协同育心的有效实施。

同时，构建家校社协同育心体系，需要学校、家庭和社会等多元主体共同参与，形成合力，共同推动协同育心体系的发展。这需要依托协同学理论，明确各方的角色和责任，建立有效的沟通和协作机制，实现资源共享和优势互补。

多元主体间要相互推动和促进，从而构建新的互动模式。与此同时，依靠微传播等信息技术平台，家长学校间要加强沟通与合作，积极互动和交流，这也是契合当前学生特点协同育心体系的题中应有之义，完全符合当前心理健康教育发展趋势。家校社协同育心行动步骤要明确"四步"。

第一步，明确共同目的，促成合力协作。这一目标是三方合作的基石，旨在共同促进学生的全面发展。为了达成这一目标，学校、家庭和社会必须在理念上达成一致，确保教育的连贯性和有效性。学校应以科学和规范的方法主导教学活动，而家长则需积极参与，通过心理健康教育为学校的教学提供支持，并在家庭生活中巩固教育成果。三方应共同承担起塑造学生健康心理品质的责任，并维持紧密的协作关系。在整个教育过程中，家校社应充分利用各自的优势，相互补充，形成有效的协同，引导学生将知识内化，激发其将所学应用于实践。

第二步，优化沟通机制，确保信息顺畅。家校沟通的不足往往因为家长忽视了与教师日常沟通的重要性，只在学生出现特殊情况时才与学校交流。这种沟通的缺失可能导致双方在关键时刻难以有效交流。此外，家长与学校之间的距离也成为沟通不畅的一个障碍。因此，保障家校之间的信息流通对于加强双方合作至关重要。

要改善这一状况，可以采取以下两个策略：从学校角度出发，教师应重视与家长的日常沟通，及时分享学生在校的表现和进展，这有助于预防问题的发生。教师需要从传统的沟通模式中转变，主动与家长建立联系，不仅限于问题发生时的沟通。从家长的角度来看，他们应主动与教师进行定期的沟通，了解孩子在学校的情况，并积极参与到孩子的教育过程中。家长需要意识到教育不只是学校的责任，而是需要家校双方共同参与的。

通过家长和教师之间的有效沟通，教师可以更有效地进行教学，家长也能更精准地指导和教育孩子。只有实现了家校之间的双向沟通，才能实现双方的共赢和促进孩子的全面成长。

第三步，搭建数字平台，促进三方发力。在数字化时代背景下，学校在推进家校社协同育心的工作中，需要将共同的理念转化为实际的行动。通过网络平台和媒体工具，学校可以营造一个支持三方共同育人的环境，并通过积极的引导和持续的激励，构建起一个高效的育人平台。

学校可以通过官方网站设立专栏，发布教育政策和实施策略等信息，帮助家长深入理解学校的教育目标和教学模式。同时，利用QQ群、微信群等即时通信工具，家长能够即时获取学生在校的表现和心理状况。

学校可以利用微信平台或其他软件平台，建立公众号或开发专门的家校社协同育心应用。这些工具的开发目标是简化家长获取学校信息的流程，鼓励家长从被动接收信息转变为主动参与，使家校沟通更加自由、平等、及时、透明和互动。这些措施将激发家校社协同育心的潜力，实现教育信息的无缝对接，推动教育目标的高效达成。

第四步，培育信任机制，增强协作凝聚力。由于学校教育和家庭教育在角色和功能上的不同，可能会引发矛盾和信任上的缺失。因此，建立信任机制是确保家校社协同育心体系有效运作的关键因素。

首先，要确认并尊重家校双方在教育过程中的地位和作用，认识到双方的平等重要性。无论是学校还是家庭，都是教育过程中不可或缺的合作伙伴，没有哪一方更为优越。其次，在家校合作育人的过程中，双方都应持有开放和包容的态度，相互理解，特别是在意见不合时，应努力寻找共识，增强合作。最后，家校双方应加强互助与合作，形成更加紧密的团结。在追求教育目标的过程中，学校和家庭应共同构建一个育人共同体，特别是在面对挑战和危机时，应共同应对和解决问题，而不是相互推诿责任。

这一框架代表了对教育研究实践的深入探索，旨在通过持续优化数字化平台、丰富内容和提升功能，寻找适应数字化时代家校社协同育心的更高效行动方案。

总之，建立一个全面的家校社协同育心机制是至关重要的。这需要完善工作协调、沟通衔接和干预督促的机制，确保三方能够高效地合作。通过建立具有特色的沟通平台，有效链接学校和社会的教育资源，同时依法促进家长或监护人履行其在家庭教育中的责任，并接受相应的指导和服务。推广"家校共育"的试点经验，根据地区的具体情况调整和完善工作机制，发挥统筹规划、协调关系和整合资源的能力，形成家校社的协同合力。家庭教育指导服务中心和创新实践基地应积极发挥作用，探索有效的协同育心机制和模式，并通过宣传和推广成功的经验和做法，营造一个有利于协同育心的社会环境。

四、智能技术赋能协同育心面临的挑战

在数字化教学环境的全面升级与智能技术深度融合的泛在学习环境中，家校社协同育心的实践获得了强有力的技术支持。数字教育生态系统正逐步实现对所有学习者的普惠。国家需增强智能技术的推广力度，扩大智能公共终端的应用，并提升各协同育心主体的数字技能。教育管理部门应积极构建教育信息化共同体，推动在线协同育心的发展。智能技术企业也应与国家政策和地方需求保持一致，开发易于获取、使用便捷、体验优良的社会学习资源，以增强智能技术在教育领域的应用效果。

对于具有鲜明特色和显著成效的实践方案，应通过国家智慧教育公共服务平台等多渠道进行广泛宣传。这有助于引导不同地区根据具体情况，加快家校社协同育心的实践进程，推动教育向更高质量的发展。

同时，规范数据采集和应用行为、保护数据信息安全是教育治理中不可或缺的一环。必须进一步完善相关法律法规，确保教育资源的合法建设、智能技术的合法应用以及教育数据的合法采集和共享。此外，提高各参与主体在隐私保护方面的意识和能力至关重要，确保他们能够理解并运用相关法律，以保护他们的合法权益。

随着中国教育数字化战略的持续推进，智能技术将在完善学校、家庭和社会的协同育心机制中发挥更大作用。各地的协同育心路径和方案将通过智能化升级，展现出多样化的实践，使智能技术带来的益处能够普及更多的家庭和社会群体。

参 考 文 献

[1] 曾光，赵昱鲲等.幸福的科学［M］.北京：人民邮电出版社，2018：6-25.

[2] 苏巧妙.积极心理学在小学心理健康课中的应用［J］.基础教育研究，2018（21）：74-76.

[3] 苏巧妙.朋辈心理辅导在小学心理健康教育中的应用［J］.校园心理，215（1）：56-58.

[4] 阳志平.积极心理学团体活动课操作指南［M］.北京：机械工业出版社，2011：66-69.

[5] 张宝山，朱月龙.学习不良儿童自我概念的实验干预［J］.中国临床心理学杂志，2007，15（3）：329-331.

[6] 苏巧妙.探寻心理活动课课后延续性的有效实操［J］.中小学心理健康教育，2017（20）：31-33.

[7] 阳志平.以积极心理学为导向的幸福课对学校心理团体活动课的启示［J］.中小学心理健康教育，2009（21）：28-31.

[8] 苏巧妙.序列化专题式工作坊在家庭心理健康教育中的应用［J］.中小学心理健康教育，2019（13）：61-63.

[9] 温尼科特.婴儿与母亲［M］.北京：世界图书出版有限公司北京分公司，2023：29-35.

[10] 科胡特.自体的分析［M］.北京：世界图书出版公司北京公司，2012：28-38.

[11] 杨忠健.家庭心理健康教育［M］.北京：开明出版社，2012：2-5.

[12] 卡帕卡.这样跟孩子定规矩，孩子最不会抵触［M］.南京：江苏教育出版社，2012：42-43.

[13] 苏巧妙.积极心理学理念下中小学生疫后心理防护策略［J］.中小学心理健康教育，2020（16）：17-19.

[14] 董旻晔，贾芷莹，王建玉，等.情境学习对心理危机干预技能提升效果的评价［J］.上海交通大学学报（医学版），2019（5）：539-543.

[15] 张荣伟.积极心理学视野下的心理危机预防与干预机制［J］.福建商业高等专科学校学报，2014（4）：79-83.

[16] 赛利格曼.真实的幸福［M］.沈阳：万卷出版公司，2010：12-15.

[17] 苏巧妙.积极养育理念下的家庭心理健康教育［J］.基础教育参考，2021（3）：74-77.

[18] 孙蕾，王苏，盖笑松.积极养育的理论研究与教育启示［J］.东北师大学报（哲学社会科学版），2016（5）：213-217.

[19] 张丽纳，盖笑松，王苏.校本化积极养育家长学校课程的研发与试用［J］.现代教育科学，2017（10）：101-107.

[20] 孟万金，张冲，Richard Wagner.中国小学生积极心理品质测评量表研发报告［J］.中国特殊教育，2014（10）：62-66.

[21] 叶一舵.家庭心理健康教育概论［J］.福建师范大学学报（哲学社会科学版），2003（1）：123-128+132.

[22] 杜德耶.积极养育法：十堂课教出乐观自信的孩子［M］.曹杨，译.北京：中信出版社，2018：84-91.

[23] 侯清珺.建设家长教育课程提升家庭教育胜任力［J］.中小学管理，2019（5）：47-50.

[24] 苏巧妙.家校社协同，让同伴交往为幼小衔接"添色彩"［J］.福建教育，2021（44）：7-9.

[25] 何晓丽，王娜娜.积极教育：积极心理学的理念与实践［J］.教育导刊，2012（11）：62-65.

［26］沈秀萍，朱爱云.积极心理学指导下的团队合作——对城市初中农民工子女健康心理品质养成的探索［J］.中小学心理健康教育，2016（8）：44-45.

［27］张婧.从"我——你"到"我们"：积极心理学视域下师生关系走向论［J］.华北理工大学学报（社会科学版），2020，20（3）：98-103.

［28］杨周健.改善师生关系的行动研究——基于积极心理学视角［D］.武汉：华中师范大学，2015：1-1.

［29］孟万金.积极心理健康教育：奠基幸福有成人生［J］.中国特殊教育，2010（11）：3-8+12.

［30］武晓静，刘德磊.浅谈心流体验及其课堂教学策略［J］.课程教育研究，2019（10）：156-157.

［31］苏巧妙.借助积极心理学理念，看见高效心理课里的"慢艺术"［J］.中小学心理健康教育，2023（2）：26-28.

［32］甄鹏.农村小学学习后进生心理特征与教育对策的研究［J］.特殊儿童与师资研究，1996（1）：20-25.

［33］苏巧妙."双减"背景下以"积极心理+"构建学校七彩教育体系［J］.中小学心理健康教育，2022（30）：71-73.

［34］蔡素文.基于积极心理生态系统的学校"心育"成长共同体的实践［J］.现代教学，2019（13）：60-62.

［35］《人民教育》编辑部."双减"与深化教育改革［J］.人民教育，2022，1（21）：1.

［36］曹瑞.积极心理品质：核心素养的DNA［J］.天津市教科院学报，2017（2）：25-28.

［37］边玉芳，吴洪健，张玲玲.积极心理学视角下学校心理健康教育体系的构建［J］.江西师范大学学报（哲学社会科学版），2018（6）：115-118.

［38］仲理峰.心理资本研究评述与展望［J］.心理科学进展，2007，15（3）：482-487.

［39］张计蕾.创建校本七彩课程满足学生发展需求［J］.基础教育参考，2016（8）：15-16.

［40］苏巧妙."双减"背景下家庭心理健康教育工作坊的实施策略［J］.中小学心理健康教育，2024（12）：63-66.

［41］傅小兰，张侃.心理健康蓝皮书中国国民心理健康发展报告2021-2022［M］.北京：社会科学文献出版社，2023.

［42］李一凡."双减"政策下家庭教育将面临三个转变［N］.中国教育报，2021-09-19（4）.

［43］田宏杰."双减"后家长亟需走出多重困境［N］.中国教育报，2022-01-23（4）.

［44］中华人民共和国教育部.中小学心理健康教育指导纲要（2012年修订）［EB/OL］.［2012-12-11］.http://www.moe.gov.cn/srcsite/A06/s3325/201212/t20121211_145679.html.

［45］王萍，严芳."三网合一"，构建区域中小学心理健康教育服务体系——以上海市普陀区为例［J］.现代教学，2019（8）：9-13.

［46］张馨匀，沈世勇.儿童友好社区为心理健康教育家校合作提供延伸路径［J］.福建教育，2021（40）：61.

［47］邝颖茵，黄喜珊.积极心理学对中小学家校合作的启示［J］.中小学心理健康教育，2019（18）：66-68.

［48］万维钢.美国KIPP：让穷孩子学会自控［J］.云南教育（视界综合版），2015（7）：43-47.

［49］王晓波.如何面对孩子犯错？［J］.新班主任，2023（4）：57-59.

［50］席居哲，叶杨，左志宏，等.积极心理学在我国学校教育中的实践［J］.华东师范大学学报（教育科学版），2019，37（6）：149-159.

［51］朱业标，徐中收.体验教学：如何提高中小学心育活动课实效性［J］.中小学心理健康教育，2019（32）：28-30.

［52］曾盼盼.积极心理学视角下中小学生积极心理品质的培养策略［J］.基础教育参考，2021（1）：3-6.

［53］刘洋，郭明春.父母积极教养课程及其在中国的社会和文化适应［J］.心理科学，2020，43（6）：1376-1383.

［54］姚成刚.家庭教育指导途径的实践探索［J］.当代教育实践与教学研究，2019（14）：211-212.

［55］任慧娟.创设良好的家庭环境，让孩子健康成长［J］.幼儿教育（父母孩子），2019（3）：6-7.

［56］李翠华.积极心理学视域下积极家庭环境的构建［J］.济南职业学院学报，2022（3）：97-100.

［57］边玉芳.让孩子浸泡在怎样的家庭环境中？［N］.人民政协报，2019-06-12.

［58］刘志军，王娟娟.论家庭教育中青少年积极心理品质的培养［J］.云梦学刊，2015，36（2）：120-123.

［59］孙小平，董舒琪.家庭教育中需要温和而坚定的父母［J］.中小学心理健康教育，2022（25）：75-77.

［60］中华人民共和国教育部.全面加强和改进新时代学生心理健康工作专项行动计划（2023—2025年）［EB/OL］.［2023-04-27］.http：//www.moe.gov.cn/srcsite/A17/moe_943/moe_946/202305/t20230511_1059219.html.

［61］陈凤莉，刘明珠.共青团12355青少年网络服务平台启动仪式在京举行［N］.中国青年报，2023-05-15.

［62］苟晓玲，彭玮婧，刘旭.全域视野下教师心理健康教育素养：内涵、构成与发展路径［J］.当代教育论坛，2020（4）：40-47.

［63］周围围.加强青少年心理健康社会化支持体系建设［N］.中国青年报，2023-03-11.

［64］马彦明.家校社协同推进新时代学生心理健康工作［J］.民主，2023（8）：53.

［65］庞红卫，王翠芳，李刚，等.基于人工智能的学生心理健康监测与评价体系的构建［J］.教育测量与评价，2022（3）：31-39.

［66］闫新全，单洪雪.“医教结合”中小学心理健康服务体系建设的实践探索——以北京市朝阳区为例［J］.中小学心理健康教育，2023（13）：71-74.

［67］翁胜华.“校—医结合”化解心理健康教育难题——以浙江省衢州第二中学为例［J］.人民教育，2023（5）：57-60.

［68］李书慧，覃耀文.教育数字化转型背景下中小学心理健康教育策略研究［J］.中国现代教育装备，2023（22）：17-19+30.

后记

做真心育，共育真人

在本书的创作过程中，我深刻体会到了"真心育"的重要性和深远意义。这本书不仅是对教育实践的一次深入探讨，更是对如何培养具有健全的人格和良好的个性心理品质的"真人"的一次思考。

"真心育"作为此书的核心理念，它不仅仅是一种教育理念，更是一种深入实践的教育方法。它要求我们以真诚和爱心对待每一个孩子，这不仅是对孩子们的尊重，也是对他们个性发展的支持。在这本书中，探讨了如何在家庭、学校和社会三个维度上实现这一理念，以构建一个全面支持孩子成长的环境。

书中强调，"真心育"需要我们深入孩子的内心世界，理解他们的情感和需求，这是建立信任和沟通的基础。我们倡导的是一种以孩子为中心的教育模式，它要求教育者具备敏锐的洞察力和同理心，能够发现并培养孩子们的潜能。

此外，"真心育"也关注孩子们价值观和人生观的形成。希望通过家校社的共同努力，引导孩子们形成积极向上、富有同情心和责任感的价值观。这样的价值观将成为他们人生的指南针，帮助他们在复杂多变的世界中找到方向。

《家校社协同做"真心育"》一书，不仅提出了理念，更提供了具体的策略和方法。我相信，通过家校社三方的协同合作，我们可以为孩子们营造一个充满爱、尊重和理解的成长环境，让他们在健康和快乐中成长为具有健全人格的"真人"。

在撰写此书的过程中，我不断地反思自己的教育实践，努力将"真心育"的理念渗透到日常教育教学的每一个细节。这个过程并非易事，它要求我跳出传统教育的框架，以全新的视角审视孩子们的成长需求。我结合自己多年来的教育教学经验，分享了自己的教育故事和案例，以及走访各地学习的所见所闻，这些都是我在实践"真心育"理念过程中的真实体验与感悟。我学会了积极倾听孩子们的声音，这不仅仅是对他们言语的聆听，更是对他们情感和想法的深刻理解。我意识到，每个孩子都是一个独立的个体，拥有自己独特的感受和需求。通过倾听，我能够更好地理解他们的困惑和挑战，从而提供更为精准和有效的帮助。

"共育真人"是"真心育"的终极目标。这不仅是一个教育理想，更是一个行动的号召。在书中，我深入探讨了实现这一目标的路径，强调了家校社三方协同合作的重要性。我们需要为孩子们构建一个更加开放和包容的成长环境。在此，我想特别指出，关注并加强对孩子们的社会责任感、创新精神和实践能力的培养，这些能力是助力他们成长为"真人"的关键要素。社会责任感使他们能够理解个人与社会的关系，学会为共同的利益贡献力量。创新精神激发他们探索未知，勇于挑战传统，形成独立思考的能力。实践能力则是他们将理论应用于现实，解决实际问题的基础。

为了培养这些能力，我在书中提出了一系列具体的教育策略和实践活动。从学校课程的创新设计到家庭环境的支持性构建，再到社会资源的有效整合，每一项举措都旨在为孩子们提供一个更加丰富和多元的成长平台。我相信，通过我们的共同努力，我们能够激发孩子们的潜能，帮助他们发展成为具有健全人格、健康心理和积极价值观的"真人"。

随着此书的出版，我站在新的起点上，对未来的"真心育"实践充满了无限的期待和热忱。我将继续深入研究家校社协同下的心理健康教育的理论和方法，不断更新自己的知识体系，以更科学、更系统的方式指导实践。我也期待与热爱心理健康教育的同仁探索更多有效的心理健康教育模式，如项目式学习、探究式学习等，以适应不断变化的社会需求和孩子们多样化的学习风格。持续关注教育技术的发展，利用数字工具和平台，提高心理健康教育的科学性、互动性、趣味性和个性化。

此外，我希望能够与更多的教育工作者、家长和社会人士建立联系，共同推动"真心育"的实践和创新。我相信，通过跨学科、跨领域的合作，我们可以汇聚更多的智慧和力量，为孩子们创造更加丰富、多元的成长环境。

在书的最后，我怀着一颗感恩的心，向所有给予我支持和启发的人表达最真挚的感激之情。感谢我的家人，他们的理解和支持是我写作的动力源泉；感谢福建省普通教育教学研究室心理教研员程奇老师，厦门市（区）级的各位心理健康教育教研员，我所在学校的领导、同事们以及我的母校闽南师范大学陈顺森院长所带领的优秀心理专业老师们对这本书出版的大力支持与帮助。感谢厦门市湖里区心理健康教育团队伙伴们和我所教的每一届学生，所带的工作坊的家长们，他们的见解和反馈不仅丰富了本书的内容，也启发了我对未来心理健康教育的深入思考。感谢每一位读者，是你们的关注和期待让本书的每一个字都充满了意义和生命力。

我期待着与你们的进一步交流，期待着这本书能够成为我们共同探讨和实践"真心育"理念的平台。我期待听到你们的声音、了解你们的想法，共同解决教育实践中遇到的问题。让我们携手前行，在"真心育"的道路上，共同培养出更多具有健全人格和健康心理的"真人"。让我们的教育不仅仅是知识的传授，更是心灵的碰触、是人格的完善、是潜能的激发、是希望的点燃。让我们共同期待，通过家校社的合力共育，能许给孩子们一个更加美好的未来。

苏巧妙

2024年8月于厦门